스페인어–한국어
한국어–스페인어
입문 소사전
ESPAÑOL -COREANO
COREANO-ESPAÑOL

김충식 저

초보자를 위한
스페인어-한국어
ESPAÑOL - COREANO

김충식 저

머 리 말

　21세기는 바야흐로 여행의 세기라 해도 과언이 아닐 정도로 이제 지구촌 어느 곳이고 우리나라 사람들이 가지 않은 곳이 없다. 스페인은 말할 것도 없고 중남미의 오지까지도 마치 안방 드나들 듯하고 있는 것이다. 우리가 어느 나라를 여행하건 그 나라의 역사와 풍습 등을 연구하고 가면 좋지만 그러기는 어려울지 모른다. 그러나 그 나라의 언어는 최소한의 말만이라도 익혀 가면 여행의 맛이 더할 것이다. 이러한 취지에서 본 저자는 앞서「스페인 여행 단어장」을 집필한 바가 있고, 이번에는「스페인어-한국어 단어장」을 쓰게 되었다. 스페인어 여행 단어장(한국어-스페인어)과 더불어 여행자들이 지참하기 편하게 만들었으므로 여행자들이 스페인 어 사용 국가의 여행을 할 때 많은 도움이 되리라 믿는다. 아무쪼록 이 두 단어장이 여러분의 스페인이나 중남미 제국을 여행하는데 큰 힘이 되길 바란다.

김 충 식

약자 풀이

감	interjección	감탄사
남	sustantivo masculino	남성 명사
남여	sustantivo masculino y femenino	남성 및 여성 명사
대	pronombre	대명사
복	sustantivo plural	복수 명사
부	adverbio	부사
여	sustantivo femenino	여성 명사
자	verbo intransitivo	자동사
전	preposición	전치사
접	conjugación	접속사
타	verbo transitivo	타동사
형	adjetivo	형용사
재귀	verbo reflexivo	재귀 동사
inf.	동사원형(infinitivo)	

차례

머리말 ········· 3
약자 풀이 ········· 4
A ········· 7
B ········· 37
C ········· 51
D ········· 103
E ········· 141
F ········· 177
G ········· 193
H ········· 205
I ········· 217
J ········· 241
K ········· 247
L ········· 250
M ········· 263
N ········· 291
O ········· 303
P ········· 315
Q ········· 353
R ········· 359
S ········· 377
T ········· 399

차례

U · 417
V · 421
W · 435
Y · 437
Z · 438

abajo 부 아래로, 아래에 아바호	abismo 남 심연 아비스모
abandono 남 포기 아반도노	ablandar 타 부드럽게 하다 아블란다르
abarcar 타 품다 아바르까르	abogado, da 남여 변호사 아보가도, 다
abastecer 타 보급하다 아바스떼세르	aborrecer 타 혐오하다 아보레세르
abeja 여 (곤충) 벌 아베하	abotonar 타 단추를 채우다 아보또나르
abierto, ta 형 열린 아비에르또, 따	abrasar 타 굽다 아브라사르
Abierto [게시] 열려 있음 아비에르또	abrazar 타 껴안다, 포옹하다 아브라사르

a 전 …에게, 로, 으로, 를, 을; 에
아

abandonar 타 버리다, 포기하다
아반도나르

abastecimiento 남 보급, 공급
아바스떼시미엔또

abonar 타 불입하다; 비료를 주다
아보나르

abonarse 재귀 예약하다, 구독하다
아보나르세

abrazo 아브라소	남 포옹
abrelatas 아브렐라따스	남 깡통따개
abrigar 아브리가르	타 보호하다
abrigo 아브리고	남 오바
abril 아브릴	남 4월
abrir 아브리르	타 열다
abrir la puerta 아브리르 라 뿌에르따	문을 열다
abstracto, ta 압스뜨락또, 따	형 추상적인
abuela 아부엘라	여 할머니
abuelo 아부엘로	남 할아버지
abuelos 아부엘로스	남복 조부모(祖父母)
abundancia 아분단시아	여 풍부함
abreviar 아브레비아르	타 요약하다; 단축하다
abreviatura 아브레비아뚜라	여 생략형, 약어(略語)
Abra la puerta 아브라 라 뿌에르따	문을 열어 주십시오
abrocharse 아브로차르세	재귀 (자기 옷의) 단추를 잠그다
absolutamente 압솔루따멘떼	부 절대로, 전혀
absoluto 압솔루또	형 절대의, 절대적인

abundante 형 풍부한 아분단떼	acción 여 행위, 행동, 활동 악시온
aburrido, da 형 지루한 아부뤼도, 다	accionista 남여 주주(株主) 악시오니스따
aburrir 타 지루하게 하다 아부뤼르	aceite 남 올리브유, 기름 아세이떼
aburrirse 재귀 지루하다 아부뤼르세	aceituna 여 올리브 아세이뚜나
acá 부 이리, 이쪽으로 아까	acento 남 악센트 아센또
Ven acá. 이리 오너라 벤 아까	aceptación 여 수락 아셉따시온
acabar 자타 끝나다, 끝내다. 아까바르	aceptar 동 받아들이다 아셉따르
acceder 자 동의하다 악세데르	acera 여 보도, 인도(人道) 아세라
accesorio 남 액세서리 악세소리오	acercar 동 가까이하다 아세르까르
accidente 남 사고(事故) 악시덴떼	acercarse 재귀 가까이하다 아세르까르세

abundar 자 (이) 많이 있다, 풍부하다
아분다르

academia 여 아카데미, 전문학교
아까데미아

acero 아세로	남 강철	acordarse 아꼬르다르세	재귀 상기하다
ácido 아씨도	남 산(酸)	acordeón 아꼬르데온	남 아코디언
ácido, da 아씨도, 다	형 (맛이) 신	acostar 아꼬스따르	타 눕히다
acierto 아씨에르또	남 적중	actitud 악띠뚣	여 태도

acomodador, ra 남여 극장 안내원
아꼬모다도르, 라

acompañar 타 동반[동행]하다
아꼼빠냐르

Te acompañaré 너를 따라가겠다
떼 아꼼빠냐레

acompañamiento 남 동반, 동행
아꼼빠냐미엔또

acondicionador 남 에어컨(디셔너)
아꼰디씨오나도르

aconsejar 타 권고하다, 조언하다, 충고하다
아꼰세하르

acordar 타 정하다, 결정하다
아꼬르다르

acostarse 재귀 눕다, 잠자리에 들다
아꼬스따르세

acto 악또	📛 행위
en el acto 엔 엘 악또	즉시
actor 악또르	📛 남자 배우
actriz 악뜨리스	여 여자 배우
actual 악뚜알	형 현재의, 지금의
actualidad 악뚜알리닫	여 현재; 현실
actualmente 악뚜알멘떼	부 현재, 지금
acumular 아꾸물라르	타 축적하다
acusación 아꾸사씨온	여 비난; 고발
acusado, da 아꾸사도, 다	남여 피고인
adaptación 아닪따씨온	여 적합; 각색
adaptar 아닪따르	타 적합하게 하다

acostumbrado, da 아꼬스뚬브라도, 다	형 익숙해진
activo, va 악띠보, 바	형 활동적인, 활발한
acuerdo 아꾸에르도	남 동의; (의견의) 일치; 협정
Estoy de acuerdo 에스또이 데 아꾸에르도	나는 동의한다
acuñar 아꾸냐르	타 (화폐 등을) 주조하다
adelantar 아델란따르	타 추월하다, 자 나아가다

adecuado, da 아데꾸아도, 다	형 적합한	adición 아디씨온	여 부가, 첨가
adelanto 아델란또	남 전진, 진보	adjetivo 아드헤띠보	형 형용사
además 아데마스	부 더욱이, 그밖에	admirable 아드미라블레	형 감탄할 만한
además de 아데마스 데	… 이외에	admisión 아드미씨온	여 허가, 용인
adentro 아덴뜨로	부 안으로	admitir 아드미띠르	타 허가하다
adiós 아디오스	감 안녕!	adolescencia 아돌레센씨아	여 사춘기
adhesivo 아드에씨보	남 접착제	adolescente 아돌레쎈떼	남여 청소년

adelante
아델란떼
부 앞에, 앞으로, 감 들어오세요!

adelgazar
아델가사르
자 여위다, 타 가늘게 하다

adicionar
아디씨오나르
타 부가하다, 더하다

administración
아드미니스뜨라씨온
여 관리, 경영, 행정

administrador, ra
아드미니스뜨라도르, 라
남여 관리자, 경영자

adonde   튄 …하는 (곳에)
아돈데

adónde   튄 어디로, 어디에
아돈데

adopción   여 채용, 채택
아돕씨온

adoptar   타 채용[채택]하다
아돕따르

adoración   여 예배, 숭배
아도라씨온

¿Adónde va usted?   어디에 가십니까?
아돈데 바 우스뗄

¿Adónde vamos?   우리 어디에 갈까?
아돈데 바모스

adorar   타 열애하다; 예배하다
아도라르

Yo te adoro   당신을 사랑하오
요 떼 아도로

adornar   타 장식하다, 꾸미다.
아도르나르

adquisición   여 취득(물); 구입
아드끼씨씨온

adversario, ria   남여 적, 라이벌
아드베르사리오, 리아

adorno   남 장식(품)
아도르노

adquirir   타 얻다, 입수하다
아드끼리르

aduana   여 세관
아두아나

aduanero, ra   남여 세관원
아두아네로, 라

adulto, ta   남여 성인, 어른
아둘또, 따

adverbio 아드베르비오	남 부사(副詞)
aéreo, a 아에레오, 아	형 공중의, 항공의
aeropuerto 아에로뿌에르또	남 공항
afecto 아펙또	남 애정
advertencia 아드베르뗀씨아	여 경고, 주의
advertir 아드베르띠르	타 알리다, 주의하다
Vamos al aeropuerto 바모스 알 아에로뿌에르또	공항에 갑시다
afeitar 아페이따르	타 (남의) 수염을 깎아주다
Aféiteme 아페이떼메	면도 좀 해주세요
afeitarse 아페이따르세	재귀 자신의 수염을 깎다
aficionado, da 아피씨오나도, 다	형 …을 좋아하는, 남여 애호가
afirmar 아피르마르	타 긍정하다; 단언하다
afición 아피씨온	여 취미
aficionarse 아피씨오나르세	재귀 좋아하다
afirmación 아피르마씨온	여 긍정; 단언
afortunado, da 아포르뚜나도, 다	형 행운의

agencia 아헨씨아	여 대리점	agosto 아고스도	남 8월
agencia de viajes 아헨씨아 데 비아헤스	여행사	agradar 아그라다르	자 기쁘다
agente 아헨떼	남 대리점 직원	agradecer 아그라데쎄르	타 감사하다
ágil 아힐	형 민첩한	agradecimiento 아그라데씨미엔또	남 감사
agilidad 아힐리닫	여 민첩함	agrario, ria 아그라리오, 리아	형 농지의

afortunadamente 부 다행히
아포르뚜나다멘떼

afuera 부 밖에, 밖으로. 여복 교외
아푸에라

agradable 형 기분 좋은, 즐거운, 유쾌한
아그라다블레

Se lo agradezco 감사합니다
셀 로 아그라데스꼬

agradecido, da 형 감사하는
아그라데씨도, 다

Muy agradecido (남자가) 감사합니다
무이 아그라데씨도

Muy agradecida (여자가) 감사합니다
무이 아그라데씨다

agrícola 아그리꼴라	형 농업의	aguantar 아구안따르	타 견디다
agricultor, ra 아그리꿀또르, 라	남여 농민	aguardar 아구아르다르	타 기다리다
agricultura 아그리꿀뚜라	여 농업	agudo, da 아구도, 다	형 예리한
agrio, gria 아그리오, 그리아	형 (맛이) 신	águila 아길라	여 독수리
agua 아구아	여 물	aguja 아구하	여 바늘
el agua caliente 엘 아구아 깔리엔떼	뜨거운 물	agujero 아구헤로	남 구멍
el agua fría 엘 아구아 프리아	찬 물	ah 아	감 아!
el agua tibia 엘 아구아	미지근한 물	ahí 아이	부 그곳에, 거기에
aguacero 아구아쎄로	남 소나기	ahogar 아오가르	타 질식시키다

El agua, por favor
엘 아구아, 뽀르 파보르   물 좀 부탁합니다

aguardiente
아구아르디엔떼   남 증류주, 소주

aguinaldo
아기날도   남 크리스마스 선물

ahogarse 재귀 익사하다 아오가르세	al + 동사 원형 …할 때 알
ahora 부 지금 아오라	ala 여 날개; (모자의) 차양 알라
ahora mismo 지금 당장[곧] 아오라 미스모	alabanza 여 칭찬 알라반사
ahorita 부 지금 곧, 당장 아오리따	alabar 타 칭찬하다 알라바르
ahorro 남 저축, 절약 아오르로	alambre 남 철사 알람브레
aire 남 공기 아이레	alargar 타 연장하다 알라르가르
ajedrez 남 서양 장기 아헤드레스	alarma 여 경보; 경계 알라르마
ajo 남 마늘 아호	alba 여 여명(黎明) 알바
al(a + el) …에게, …로 알	albañil 남 미장이 알바닐

Ahora me voy 　　　　　지금 갑니다
아오라 메 보이

Hasta ahorita 　　　　　금방 오겠습니다
아스따 아오리따

ahorrar 　　　　　타 저축하다, 절약하다
아오라르

albaricoque 남 살구 알바리꼬께	aldea 여 촌(村) 알데아
álbum 남 사진첩, 앨범 알붐	aldeano, na 남여 촌사람 알데아노, 나
alcalde, desa 남여 시장(市長) 알깔데, 데사	alegrar 타 기쁘게 하다 알레그라르
alcázar 남 성(城) 알까사르	alegrarse 재귀 기쁘다 알레그라르세
alcoba 여 침실 알꼬바	alegre 형 기쁜, 즐거운 알레그레
alcohol 남 알코올 알꼬올	alegría 여 기쁨, 즐거움 알레그리아
alcohólico, ca 형 알코올의 알꼬올리꼬, 까	Alemania 여 독일 알레마니아

   albaricoquero   남 살구나무
   알바리꼬께로

   albergue juvenil   남 유스호스텔
   알바르게 후베닐

   Me alegro de verte.   너를 만나서 기쁘다.
   메 알레그로 데 베르떼

   alegremente   부 즐겁게, 기쁘게
   알레그레멘떼

   alemán, na   형 독일의, 남여 독일 사람, 남 독일어
   알레만, 나

alfabeto 알파베또	남 알파벳	almendra 알멘드라	여 아몬드
alfiler 알필레르	남 핀	almirante 알미란떼	남 제독, 해군 대장
alhaja 알아하	여 보석; 보물	almohada 알모아다	여 베개
alianza 알리안사	여 동맹	almorzar 알모르사르	자 점심을 먹다
aliento 알리엔또	남 호흡, 숨	almuerzo 알무에르소	남 점심
alimento 알리멘또	남 식품, 음식	alojamiento 알로하미엔또	남 숙박
alma 알마	여 영혼; 사람	alojar 알로하르	타 숙박시키다
almacén 알마쎈	남 창고; 백화점	alojarse 알로하르세	재귀 숙박하다, 묵다

algo   대 어떤 것, 무엇인가. 부 약간, 다소
알고

alguien   대 누구, 어떤 사람, 누구인가
알기엔

algún   형 어떤 (alguno의 o 탈락형)
알군

alguno, na   형 어떤, 대 누군가, 어떤 것
알구노, 나

alpinismo 알삐니스모	남 등산	allá 아야	부 저쪽으로, 저리
alpinista 알삐니스따	남여 등산가	allí 아이	부 저곳에, 저기
alquilar 알낄라르	타 임대하다	alubia 알루비아	여 강낭콩
alquiler 알낄레르	남 임대; 임대료	alubia morada 알루비아 모라다	팥
altar 알따르	남 제단(祭壇)	ama 아마	여 여자 주인
altavoz 알따보스	남 확성기	ama de llaves 아마 데 야베스	가정부
alto, ta 알또, 따	형 높은; 키가 큰	amabilidad 아마빌리닫	여 친절
altura 알뚜라	여 높이	amable 아마블레	형 친절한
aluminio 알루미니오	남 알루미늄	amablemente 아마블레멘떼	부 친절히
alumno, na 알룸노, 나	남여 생도, 학생	amanecer 아마네세르	자 날이 새다
alzar 알사르	타 올리다, 높이다	amante 아만떼	남여 애인
alrededor 알레데도르			부 주위에; 약, 대략

amapola 아마뽈라	여 양귀비
amar 아마르	타 사랑하다
amargo, ga 아마르고, 가	(맛이) 쓴
amarillo, lla 아마리요, 야	형 노란
ambición 암비씨온	여 야망
ambicioso, sa 형 야심적인 암비씨오소	
ambiente 남 환경; 분위기 암비엔떼	
América 여 아메리카 아메리까	
americana 여 상의(上衣) 아메리까나	
amigo, ga 형 친한, 남여 친구 아미고, 가	

Yo te amo 당신을 사랑한다.
요 떼 아모

ambos, bas 대 양자(兩者). 형 양쪽의, 쌍방의
암보스, 바스

ambulancia 여 앰뷸런스, 구급차
암불란씨아

América Central 중앙 아메리카
아메리까 쎈뜨랄

América del Norte 북아메리카
아메리까 델 노르떼

América del Sur 남아메리카
아메리까 델 수르

americano, na 형 아메리카의, 남여 아메리카 사람
아메리까노, 나

amistad 아미스딸	여 우정	anchoa 안초아	여 멸치
amo, ma 아모, 마	남여 주인	anchura 안추라	여 넓이, 폭
amor 아모르	남 사랑, 애정	andar 안다르	자 걷다
amplio, plia 암쁠리오, 쁠리아	형 넓은	andén 안덴	남 플랫폼
análisis 아날리시스	남 분석	anécdota 아넥도따	여 일화(逸話)
analizar 아날리사르	타 분석하다	ángel 앙헬	남 천사
analogía 아날로히아	여 유사; 유추	angosto, ta 앙고스또, 따	형 좁은
análogo, ga 아날로고, 가	형 유사한	anguila 앙길라	여 뱀장어
anatomía 아나도미아	여 해부(학)	ángulo 앙굴로	남 각, 각도
ancho, cha 안초, 차	형 넓은	angustia 앙구스띠아	여 불안, 고뇌

anaranjado, da
아나랑하도, 다
형 오렌지색의

anciano, na
안씨아노, 나
형 늙은. 남여 노인

anhelar 자타 절망하다 안엘라르	anteayer 부 그저께 안떼아예르	
anillo 남 반지, 링 아니요	antemano 안떼마노	
animación 여 활기 아니마씨온	de antemano 미리 데 안떼마노	
animal 형 동물의. 남 동물 아니말	antena 여 안테나 안떼나	
animar 타 생기를 돋우다 아니마르	anteojos 남복 안경 안떼오호스	
aniversario 남 기념일 아니베르사리오	antepasados 남복 선조 안떼빠사도스	
anoche 부 어젯밤 아노체	anterior 형 전(前)의 안떼리오르	
anochecer 동 날이 저물다 아노체쎄르	antes 부 이전에, 전에 안떼스	
ante 전 …의 앞에 안떼	antes (de) que … 전에 안떼스 (데) 께	
anteanoche 부 그젯밤 안떼아노체	antes de comer 식전에 안떼스 데 꼬메르	
ánimo 아니모	남 정신; 원기. 감 힘내라!	
antes de 안떼스 데	… 전에, …하기 전에	

anual 형 매년의; 일년의 아누알	apagar 타 (불을) 끄다 아빠가르
anunciar 타 알리다 아눈씨아르	Apaga la luz 불을 꺼라 아빠가 라 루스
anuncio 남 보고; 광고 아눈씨오	aparcamiento 남 주차(장) 아빠르까미엔또
añadir 타 부가하다 아냐디르	aparcar 타 주차하다 아빠르까르
año 남 해, 연; 나이 아뇨	apariencia 여 외견, 외관 아빠리엔씨아
año pasado 작년 아뇨 빠사도	apartado 남 사서함 아빠르따도
año próximo 내년 아뇨 쁘록시모	apartamento 남 아파트 아빠르따멘또

antiguo, gua 형 낡은, 오래된
안띠구오, 구아

¿Cuántos años tienes? 너 몇 살이니?
꾸안또스 아뇨스 띠에네스

aparato 남 기구, 기기, 기계, 비행기
아빠라또

aparecer 자 나타나다, 출현하다
아빠레쎄르

aparte 부 따로, 나누어; 별도로
아빠르떼

aparte de 아빠르떼 데	… 이외에는	apóstol 아뽀스똘	남 사도(使徒)
apellido 아뻬이도	남 성(姓)	apoyar 아뽀야르	타 지지하다
nombre y apellido 놈브레 이 아뻬이도	성명	apoyo 아뽀요	남 지지
apetito 아뻬띠또	남 식욕	aprecio 아쁘레씨오	남 평가; 존중
aplauso 아쁘라우소	남 박수갈채	aprender 아쁘렌데르	동 배우다
aplazar 아쁠라사르	타 연기하다	aprisa 아쁘리사	부 급히

apearse
아뻬아르세
재귀 (탈것에서) 내리다

apenas
아뻬나스
부 거의 … 아니다; 간신히, 겨우

aperitivo
아뻬리띠뽀
남 아페리티프 (식전 술)

Buen apetito
부엔 아뻬띠도
많이 드십시오

aplaudir
아쁠라우디르
타 박수갈채를 보내다

apreciar
아쁘레씨아르
타 평가하다; 존중하다

aprobación 여 승인; 합격 아쁘로바씨온	por aquí 이쪽으로 뽀르 아끼
aprobado 남 합격점 아쁘로바도	arañazo 남 긁힌 데, 할퀸 데 아라냐소
aprovechar 타 이용하다 아쁘로베차르	árbitro 남 심판원 아르비뜨로
aquel, lla 형 저 아껠, 야	árbol 남 나무 아르볼
aquello 대 저것 아께요	arco 남 아치 아르꼬
aquí 부 여기 아끼	área 여 지역, 구역 아레아

Vamos a aprender español 스페인 어를 배웁시다
바모스 아 아쁘렌데르 에스빠뇰

aprobar 타 승인하다; 합격하다
아쁘로바르

Que aproveche 많이 드십시오.
께 아쁘로베체

aquél, lla 대 저것, 저사람; 전자
아껠, 야

¿Qué es aquello? 저것은 무엇입니까?
께 에스 아께요

árabe 형 아라비아의, 남여 아라비아 사람, 남 아랍어
아라베

arena 아레나	여 모래
aristocracia 아리스또끄라시아	여 귀족 계급
aristócrata 아리스또끄라따	남여 귀족
aristocrático, ca 아리스또끄라띠꼬, 까	형 귀족의
arma 아르마	여 무기
armada 아르마다	여 해군; 함대
armario 아르마리오	남 옷장
armonía 아르모니아	여 조화; 협조
aroma 아로마	여 향기
arpa 아르빠	여 ((악기)) 하프
arqueología 아르께올로히아	여 고고학
arquitecto, ta 아르끼떽또, 따	남여 건축가
arquitectura 아르끼떽뚜라	여 건축
arrepentirse 아레뻰띠르세	재귀 후회하다
arrestar 아레스따르	타 체포하다
arroyo 아르로요	남 개울

Argentina ((나라)) 아르헨티나
아르헨띠나

argentino, na 형 아르헨티나의. 남여 아르헨티나 사람
아르헨띠노, 나

arreglar 타 정리하다; 수리하다
아레글라르

arreglarse 재귀 정리하다, 정돈하다
아레글라르세

arroz 閏 쌀, 쌀밥, 벼 아르로스	asa 예 손잡이 아사
arruga 예 주름, 구김살 아르루가	asado 閏 불고기 아사도
arrugar 탸 구김살을 만들다 아르루가르	asado, da 형 구운 아사도, 다
arte 閏(여) 예술; 미술 아르떼	asamblea 예 집회, 회의 아삼블레아
arteria 예 동맥; 간선 아르떼리아	asar 탸 굽다 아사르
artesanía 예 수공예(품) 아르떼사니아	ascensor 閏 엘리베이터 아센소르
artículo 閏 항목, 기사, 물품 아르띠꿀로	asearse 재귀 몸단장하다 아세아르세
artista 閏여 예술가 아르띠스따	así 분 그렇게, 그처럼 아씨
arriba 아뤼바	분 위로, 위에; 위층에
ascender 아센데르	자 오르다; 승진하다
asear 아세아르	탸 깨끗이 하다, 청소하다
aseo 아세오	閏 청소; 몸단장; 화장실

Asia 아시아	여 아시아	astronomía 아스뜨로노미아 · 여 천문학
asiento 아씨엔또	남 자리, 좌석	astucia 아스뚜시아 · 여 교활함, 영악함
asir 아씨르	타 잡다, 붙잡다	asunto 아순또 · 남 일; 문제
asno 아스노	남 당나귀	asustar 아수스따르 · 타 놀라게 하다
aspecto 아스뻭또	남 외모	asustarse 아수스따르세 · 재귀 놀라다
aspiración 아스삐라씨온	여 흡입	atacar 아따까르 · 타 공격하다
aspirar 아스삐라르	타 흡입하다	atajo 아따호 · 남 지름길
astro 아스뜨로	남 천체(天體)	ataque 아따께 · 남 공격

cuarto de aseo 화장실 (딸린 방)
꾸아르또 데 아세오

asiático, ca   형 아시아의. 남여 아시아 사람
아시아띠꼬, 까

asistir   자 참석하다, 출석하다
아씨스띠르

astuto, ta   형 교활한, 영악한
아스뚜또, 따

atar 아따르	타 묶다, 매다
atardecer 아따르데쎄르	자 해가 저물다
ataúd 아따운	남 관(棺)
ataviar 아따비아르	타 장식하다
ataviarse 아따비아르세	재귀 장식되다
atención 아뗀씨온	여 주의, 관심
aterrizaje 아떼리사헤	남 착륙
aterrizar 아떼리사르	자 착륙하다
atleta 아뜰레따	남여 운동 선수
atmósfera 앋모스페라	여 대기; 분위기
átomo 아또모	남 원자(原子)
atracción 아뜨락씨온	여 인력; 매력
atrás 아뜨라스	부 뒤에
atravesar 아뜨라베사르	타 횡단하다
atrevido, da 아뜨레비도, 다	형 대담한
atroz 아뜨로스	형 잔인한

atlántico, ca 아뜰란띠꼬, 까   형 대서양의. 남 대서양

atómico, ca 아또미꼬, 까   형 원자(原子)의

atractivo, va 아뜨락띠보, 바   형 매력적인, 남 매력

atreverse 아뜨레베르세   재귀 (a+동사 원형) 감히 …하다

| atún 아뚠 | 남 참치, 다랑어 | aumentar 아우멘따르 | 타 증가하다 |

atún　　　남 참치, 다랑어
아뚠

aumentar　　타 증가하다
아우멘따르

audacia　　여 대담함
아우다씨아

aumento　　남 증가, 증대
아우멘또

audaz　　형 대담한
아우다스

aun　　부 조차
아운

audiencia　　여 법정; 청중
아우디엔씨아

aún　　부 아직
아운

audiovisual　　형 시청각의
아우디오비수알

ausencia　　여 부재(不在)
아우센씨아

auditorio　　남 청중; 강당
아우디또리오

ausente　　형 부재의, 결석의
아우센떼

auge　　남 절정
아우헤

autobús　　남 버스
아우또부스

aula　　여 교실, 강당
아울라

automático, ca　형 자동의
아우또마띠꼬, 까

aunque　　접 …이지만; 설령 …일지라도
아웅께

auricular　　남 수화기; 인터폰
아우리꿀라르

auto　　남 자동차 (automóvil의 생략형)
아우또

autocar　　남 장거리 버스, 관광 버스
아우또까르

automóvil 아우또모빌	남 자동차	autorizar 아우또리싸르	타 인가하다
autonomía 아우또노미아	여 자치(권)	auxilio 아우실리오	남 원조, 구원
autónomo, ma 아우또노모, 마	형 자치의	avanzar 아반사르	자 전진하다
autopista 아우또삐스따	여 고속 도로	ave 아베	여 새
autor, ra 아우또르, 라	남여 작가	avellana 아베야나	여 개암
autorización 아우또리사씨온	여 인가	aventura 아벤뚜라	여 모험

autoestop
아우또에스똡   남 자동차 편승 여행

autoridad
아우또리닫   여 당국, 권력; 권위

autostop
아우또스똡   남 자동차 편승 여행

avaro, ra
아바로, 라   형 인색한, 욕심 많은

avenida
아베니다   여 가로수길, 가로, …가(街)

aventurarse
아벤뚜라르세   재귀 모험을 하다

avería 아베리아	여 고장, 손상	ayudante, ta 아유단떼, 따	남여 조수
averiguar 아베리구아르	타 조사하다	ayudar 아유다르	타 돕다, 도와 주다
aviación 아비아씨온	여 항공, 비행(술)	ayudarse 아유다르세	재귀 스스로 돕다
avión 아비온	남 비행기	azafata 아사파따	여 스튜워드
avisar 아비사르	타 알리다, 보고하다	azúcar 아수까르	남 설탕
aviso 아비소	남 알림, 통보, 보고	azufre 아수프레	남 유황
ayer 아예르	부 어제	azul 아술	형 푸른
ayuda 아유다	여 도움, 협력, 조력	azulejo 아술레호	남 타일

avergonzar 아베르곤사르 타 부끄럽게 하다

Ayúdeme 아유데메 저를 도와 주십시오

ayuntamiento 아윤따미엔또 남 시청; 시의회

B

bacalao 바깔라오	남 ((어류)) 대구
bahía 바이아	여 만(灣)
bailar 바일라르	자타 춤추다
bailarín, na 바일라린, 리나	남여 발레 댄서
baile 바일레	남 춤, 발레
bajada 바하다	여 하락, 하강, 저하
piso bajo 삐소 바호	아래층, 1층
planta baja 쁠란따 바하	아래층, 1층
bala 발라	여 탄환
balance 발란세	남 결산; 잔고
balanza 발란사	여 저울
balcón 발꼰	남 발코니
baldosa 발도사	여 타일
baloncesto 발론세스또	남 농구
bachiller, ra 바치예르, 라	남여 중등 교육 수료자
bachillerato 바치예라또	남 중등 교육 과정
bajar 바하르	자 내려가다, 타 내리다
bajarse 바하르세	재귀 (탈것에서) 내리다
bajo, ja 바호, 하	형 낮은; 키가 작은, 전 …의 아래, 부 낮게

ballena 바예나	여 고래	bañar 바냐르	타 목욕시키다
bambú 밤부	남 대나무	bañarse 바냐르세	재귀 목욕하다
banco 방꼬	남 은행; 벤치	bar 바르	남 바, 주점
banda 반다	여 밴드, 악단	baraja 바라하	여 트럼프 (한 벌)
bandeja 반데하	여 쟁반	barato, ta 바라또, 따	형 값이 싼
bandera 반데라	여 기(旗)	barba 바르바	여 수염
banquete 방께떼	남 향연	barbero, ra 바르베로, 라	남여 이발사

balón
발론
남 (큰) 공; 기구(氣球)

Banco de España
방꼬 데 에스빠냐
스페인 은행

baño
바뇨
남 목욕; 목욕물; 목욕탕

Lo barato sale caro
로 바라또 살레 까로
싼 것이 비지떡

barbaridad
바르바리닫
여 야만; 많은 양

barca 바르까	여 소형 배	base 바세	여 기지; 기초
barco 바르꼬	남 배, 선박	bastar 바스따르	동 충분하다
en barco 엔 바르꼬	배로, 배를 타고	bastón 바스똔	남 지팡이
barniz 바르니스	남 니스	basura 바수라	여 쓰레기
barra 바르라	여 막대기, 몽둥이	basurera 바수레라	여 쓰레기통
barrio 바르리오	남 구역, 지역, 촌	bata 바따	여 가운

¡Qué barbaridad!
께 바르바리닫

지독하군요!

Barcelona
바르셀로나

((지명)) 바르셀로나

dos barras de pan
도스 바르라스 데 빤

빵 두 개

barrera
바르레라

여 울타리, 바리케이트

básico, ca
바씨꼬, 까

형 기초의; 기본의

bastante 형 충분한, 상당한, 부 충분히, 상당히, 매우
바스딴떼

batalla 여 전투, 싸움
바따야

batería 여 전지, 배터리
바떼리아

baúl 남 트렁크
바울

bautismo 남 세례
바우띠스모

bautizar 타 세례를 주다
바우띠사르

beber 자타 마시다
베베르

bebida 여 음료, 마실 것
베비다

beca 여 장학금
베까

becario, ria 남여 장학생
베까리오, 리아

béisbol 남 야구
베이스볼

belleza 여 미(美); 미녀
베예사

salón de belleza 미장원
살론 데 베예사

bello, lla 형 아름다운
베요, 야

bellas artes 여복 미술
베야스 아르떼스

bendecir 타 축복하다
벤데씨르

bendición 여 축복
벤디씨온

bendito, ta 형 축복 받은
벤디또, 따

beneficio 남 이익; 은혜
베네피씨오

benéfico, ca 형 자선의
베네피꼬, 까

besar 타 입맞추다
베사르

beso 남 입맞춤, 키스
베소

bestia 여 짐승, 가축
베스띠아

benigno, na 형 온화한, 인자한
베니그노, 나

Biblia 비블리아	여 성서	bigote 비고떼	남 콧수염
Santa Biblia 산따 비블리아	성서	billete 비예떼	남 표; 지폐
biblioteca 비블리오떼까	여 도서관	biografía 비오그라피아	여 전기(傳記)
bicicleta 비씨끌레따	여 자전거	biología 비올로히아	여 생물학
bidé 비데	남 비데 (국부 세척용)	biquini 비끼니	남 비키니
bienestar 비엔에스따르	남 복지; 안락	bisté 비스떼	남 =bistec
bienvenida 비엔베니다	여 환영	bistec 비스떽	남 비스테이크

bien 부 잘, 남 선(善), 남 복 재산(財産)
비엔

bienvenido, da 형 환영합니다, 잘 오셨습니다
비엔베니도, 다

Bienvenido a Corea 방한을 환영합니다
비엔베니도 아 꼬레아

Bienvenidos a bordo 탑승을 환영합니다
비엔베니도스 아 보르도

blanco, ca 형 흰, 남 흰색; 공백; 표적
블랑꼬, 까

bloque 남 블록, 권(圈) 블로께	bofetada 여 따귀를 때림 보페따다
blusa 여 블라우스 블루사	boina 여 베레모 보이나
boca 여 입 보까	bola 여 공, 구슬 볼라
bocacalle 여 거리 입구 보까까예	bolera 여 볼링장 볼레라
bocadillo 남 샌드위치 보까디요	boletín 남 회보, 공보 볼레띤
bocado 남 한 입, 한 모금 보까도	bolígrafo 남 볼펜 볼리그라포
boda 여 결혼, 결혼식 보다	Bolivia ((국명)) 볼리비아 볼리비아
bodega 여 술창고 보데가	bolo 남 볼링 볼로

blando, da   형 연한, 부드러운
블란도, 다

bobo, ba   형 우둔한, 바보의
보보, 바

bacadillo de calamar   오징어 샌드위치
보까디요 데 깔라마르

dar una bofetada   따귀를 때리다
다르 우나 보페따다

bolsillo 볼씨요	남 호주머니	bombilla 봄비야	여 전구
bolso 볼소	남 핸드백	bombón 봄본	남 봉봉 과자
bombero 봄베로	남 소방사	bondad 본닫	여 친절; 상량함

boliviano, na 볼리비아노, 나   형 볼리비아의, 남여 볼리비아 사람

bolsa 볼사   여 자루, 봉투; 주식 시장

bomba 봄바   여 폭탄; 펌프, [부사적으로] 굉장히, 매우, 아주

¡Lo pasé bomba!   나는 아주 잘 보냈다!
로 빠세 봄바

bombardear   타 포격하다, 폭격하다
봄바르데아르

tener la bondad de + inf.   …하여 주시다
떼네르 라 본닫 데

Tenga la bondad de sentarse   앉아 주십시오
땡가 라 본닫 데 센따르세

Tengan la bondad de abrocharse los cinturones de seguridad   안전 벨트를 매 주십시오
뗑가 라 본닫 데 아브로차르세 로스 씬뚜로네스 데 세구리닫

bordado 보르다도	남 자수(刺繡)	botella 보떼야	여 병(瓶)
borde 보르데	남 가장자리, 모서리	botica 보띠까	여 약국
bordo 보르도	남 현측(舷側)	botón 보똔	남 단추
borrador 보라도르	남 초고; 지우개	bóveda 보베다	여 둥근 천장
borrar 보라르	타 (쓴 것을) 지우다	boxeador, ra 복세아도르	남여 권투 선수
borrico 보리꼬	남 당나귀	boxeo 복세오	남 권투
bosque 보스께	남 숲	bragas 브라가스	여 복 여자의 팬티

bondadoso, sa
본다도소, 사
형 친절한; 상냥한

bonito, ta
보니또, 따
형 예쁜, 아름다운

a bordo
아 보르도
비행기 안에, 기내에

borracho, cha
보라초, 차
형 술 취한, 남여 술 취한 사람

bota
보따
여 장화; (가죽) 술 자루

46

brasa 브라사	여 숯불구이	brigada 브리가다	여 여단(旅團)
a la brasa 알 라 브라사	숯불구이로	brillar 브리야르	자 빛나다
brasero 브라세로	남 화로	brillo 브리요	남 광채, 광택
Brasil 브라질	((나라)) 브라질	brindar 브린다르	자 건배하다
brazo 브라소	남 팔	brindis 브린디스	남 건배
brazo derecho 브라소 데레초	오른 팔	brío 브리오	남 활기, 활력
brazo izquierdo 브라소 이스끼에르도	왼팔	brocha 브로차	여 솔, 붓
breve 브레베	형 간단한; 잠시의	broche 브로체	남 브로치
en breve 엔 브레베	이내, 곧	broma 브로마	여 농담

brasileño, ña   형 브라질의, 남여 브라질 사람
브라실레뇨, 냐

brillante   형 번쩍이는, 남 다이아몬드
브리얀떼

brisa   여 미풍(微風), 산들바람
브리사

bronce 남 청동 브론세	buen 형 좋은, 착한, 선한 부엔
brotar 자 새순이 나오다 브로따르	bueno, na 형 좋은, 착한 부에노, 나
brote 남 싹, 순 브로떼	buey 남 (거세한) 황소 부에이
brujo, ja 남여 마법사 브루호, 하	bufanda 여 머플러 부판다
bruma 여 바다 안개 브루마	bufé, bufet 남 뷔페 부페
brutal 형 잔인한, 난폭한 브루딸	bulbo 남 구근, 알뿌리 불보
bruto, ta 형 전체의; 난폭한 브루또, 따	bulto 남 부피; 화물; 꾸러미 불또
bucear 자 잠수하다 부쎄아르	buñuelo 남 튀김 과자 부뉴엘로
buceo 남 잠수 부쎄오	buque 남 배, 선박 부께
budismo 남 불교 부디스모	burbuja 여 거품 부르부하

medalla de bronce 동메달
메다야 데 브론세

budista 형 불교의, 남여 불교도
부디스따

burla 여 조롱, 야유 부를라	busto 남 상반신; 흉상 부스또
burro 남 ((동물)) 당나귀 부르로	butaca 여 안락의자 부따까
busca 여 수색, 탐구 부스까	buzón 남 우편함, 우체통 부손
buscar 타 찾다, 구하다 부스까르	

   burlar   타 조롱하다, 야유하다
   부를라르

   en busca de   (무엇을) 찾아서
   엔 부스까 데

   Busco un banco.   나는 은행을 찾고 있다
   부스꼬 움 방꼬

C

caballa 여 ((어류)) 고등어 까바야	cacahuete 남 땅콩 까까우에떼
caballo 남 말(馬) 까바요	cada 형 각각의, 낱낱의 까다
cabaña 여 오두막 까바냐	cada año 해마다, 매년 까다 아뇨
cabello 남 머리털 까베요	cada día 날마다, 매일 까다 디아
cabeza 여 머리 까베사	cada semana 주마다, 매주 까다 세마나
cabo 남 곶; 끝; 밧줄 까보	cada uno 각자, 저마다 까다 우노
cabra 여 산양 까브라	cadáver 남 주검, 시체 까다베르

caballero　　　　　　　　　남 신사; 기사(騎士)
까바예로

damas y caballeros　　　　신사 숙녀 여러분
다마스 이 까바예로스

caber　　　　자 들어갈 수 있다, 여유가 있다
까베르

cabina　　　　여 (전화의) 박스; 작은 방
까비나

cable　　　　남 케이블; 해저 전신
까블레

cadena 까데나	여 체인; 채널	cajero, ra 까헤로, 라	남여 회계 담당
cadera 까데라	여 히프	cajón 까혼	남 서랍
caer 까에르	자 떨어지다	calabaza 깔라바사	여 호박
caerse 까에르세	재귀 넘어지다	calamar 깔라마르	남 오징어
café 까페	남 커피; 카페	calamidad 깔라미닫	여 재난
café con leche 까페 꼰 레체	밀크 커피	calavera 깔라베라	여 두개골
café solo 까페 솔로	블랙 커피	calcetín 깔쎄띤	남 양말
cafetera 까페떼라	여 커피 포트	calculadora 깔꿀라도라	여 계산기
cafetería 까페떼리아	여 카페테리아	calcular 깔꿀라르	자타 계산하다
caída 까이다	여 낙하; 붕괴	cálculo 깔꿀로	남 계산
caja 까하	여 상자; 회계과	caldera 깔데라	여 보일러; 가마솥
cajero automático 까헤로 아우또마띠꼬			자동 인출기

caldo 깔도	남 수프	calificar 깔리피까르	타 평가하다
calefacción 깔레팔씨온	여 난방 장치	Cállate 까야떼	입 닥쳐라
calendario 깔렌다리오	남 달력	Callaos 까야오스	너희들 입 닥쳐라
calidad 깔리닫	여 품질; 자격	calle 까예	여 거리
cálido, da 깔리도, 다	형 더운, 뜨거운	callo 까요	남 티눈, 못
caliente 깔리엔떼	형 뜨거운	calma 깔마	여 고요함, 잔잔함
agua caliente 아구아 깔리엔떼	뜨거운 물	calmante 깔만떼	남 진정제

calefacción central 중앙 난방 장치
깔레팍씨온 쎈뜨랄

calentador 남 히터, 가열기
깔렌따도르

calentar 타 데우다, 뜨겁게 하다
깔렌따르

callar 자 침묵을 지키다, 입을 다물다, 잠자코 있다.
까야르

callarse 재귀 입을 다물다, 잠자코 있다
까야르세

calmar 깔마르	탁 진정시키다
calor 깔로르	남 열; 더위
Hace calor 아쎄 깔로르	날씨가 덥다
tener calor 떼네르 깔로르	몸이 덥다
calzada 깔사다	여 차도(車道)
calzado 깔사도	남 신, 신발
calzar 깔사르	탁 신발을 신기다
calzarse 깔사르세	재귀 신발을 신다
cama 까마	여 침대
cámara 까마라	여 카메라
camarada 까마라다	여 동료
camarero, ra 까마레로, 라	남여 종업원
casa de cambio 까사 데 깜비오	환전소
cambista 깜비스따	남여 환전상
caluroso, sa 깔루로소, 사	형 더운; 열렬한
calvo, va 깔보, 바	형 대머리의, 남여 대머리
calzoncillos 깔손씨요스	남 복 팬티; 속바지
cambiar 깜비아르	동 바꾸다, 교환하다; 환전하다
cambio 깜비오	남 교환; 환전; 잔돈

camello 까메요	남 낙타	camiseta 까미세따	여 속셔츠
camilla 까미야	여 담가	campana 깜빠나	여 종(鐘)
caminar 까미나르	자 걷다	campaña 깜빠냐	여 캠페인, 운동
camino 까미노	남 길	campeón 깜뻬온	남 챔피언
camioneta 까미오네따	여 소형 트럭	campo 깜뽀	남 들, 들판; 시골
camisa 까미사	여 와이셔츠	campo de recreo 깜뽀 데 리끄레오	운동장

Camino de Santiago 까미노 데 산띠아고 — 산띠아고 순례자의 길

camión 까미온 — 남 화물 자동차, 트럭

camisería 까미세리아 — 여 와이셔츠 가게

campamento 깜빠멘또 — 남 야영, 캠프

campanilla 깜빠니야 — 여 방울, 초인종

campeonato 깜뻬오나또 — 남 선수권 (시합)

cana 여 백발 까나	candidato, ta 명 입후보자 깐디다도
canal 남 운하; 해협; 채널 까날	candidatura 여 입후보 깐디다뚜라
canapé 남 겹 비스킷, 빵 까나뻬	cándido, da 형 순진한 깐디도, 다
canasta 여 바구니 까나스따	canoa 여 카누 까노아
cáncer 남 암(癌) 깐쎄르	cansancio 남 피로, 피곤 깐산씨오
canción 여 노래 깐씨온	cansar 타 피곤하게 하다 깐사르
cancha 여 (테니스) 코트 깐차	cansarse 재귀 피곤해지다 깐사르세

cáncer del estómago 깐쎄르 델 에스또마고	위암
cantar una canción 깐따르 우나 깐씨온	노래를 부르다
candidato a Presidente 깐디다도 아 쁘레씨덴떼	대통령 입후보자
cansado, da 깐사도, 다	형 피곤한, 지친
estar cansado 에스따르 깐사도	피곤하다, 지쳐 있다

cantante 깐딴떼	남여 가수	caoba 까오바	여 마호가니

cantante 깐딴떼 　　남여 가수

caoba 까오바 　　여 마호가니

cantar 깐따르 　　자타 노래하다

caos 까오스 　　남 혼돈

cántaro 깐따로 　　남 항아리, 단지

capa 까빠 　　여 망토

cantidad 깐띠닫 　　여 양(量); 금액

capacidad 까빠씨닫 　　여 용량; 능력

canto 깐또 　　남 노래; 가장자리

capaz 까빠스 　　형 유능한

caña de azúcar 까냐 데 아수까르 　　사탕수수

capilla 까삐야 　　여 예배당

cáñamo 까냐모 　　남 삼, 대마

capitalismo 까삐딸리스모 　　남 자본주의

cañón 까뇬 　　남 대포

capitalista 까삐딸리스따 　　남여 자본가

　llover a cántaros
　요베르 아 깐따로스
　　　　　비가 억수처럼 내리다

　caña
　까냐
　　　　여 갈대; 낚싯대; 사탕수수

　capital
　까삐딸
　　　　남 자본. 여 수도(首都)

　capitán
　까삐딴
　　　　남 선장, 기장(機長); 대장

capricho 까쁘리초	남 변덕	carbón 까르본	남 석탄
cápsula 깝술라	캡슐	carcajada 까르까하다	여 폭소
captura 깝뚜라	여 체포	cárcel 까르쎌	여 교도소
capturar 깝뚜라르	타 잡다, 체포하다	cardenal 까르데날	남 추기경
cara 까라	여 얼굴	cardinal 까르디날	형 기본의
caracol 까라꼴	남 달팽이	carecer 까레쎄르	자 (+de) 부족하다
carácter 까락떼르	남 성격, 성질	carga 까르가	여 하물; 충전; 부담
caramelo 까라멜로	남 캐러멜	cargar 까르가르	타 싣다; 충전하다
caravana 까라바나	여 대상, 카라반	cargo 까르고	남 직무; 임무; 담당

capítulo 까삐뚤로　　　남 (책 등의) 장(章)

característico, ca 까락떼리스띠꼬, 까　　　형 특징적인, 여 특징

caramba 까람바　　　감 제기랄!, 빌어먹을!, 맙소사!, 저런!

caricatura 여 만화; 풍자화
까리까뚜라

caricia 여 애무(愛撫)
까리씨아

caridad 여 자선
까리닫

cariño 남 애정
까리뇨

cariñoso, sa 형 사랑스러운
까리뇨소, 사

carnal 형 육체의
까르날

carnaval 남 카니발
까르나발

carne 여 고기
까르네

carne de vaca 쇠고기
까르네 데 바까

carné de conducir 운전 면허증
까르네 데 꼰두씨르

carrera 여 경력; 과정; 궤도
까레라

carro 남 마차; ((남미)) 자동차
까로

carne de cerdo 돼지고기
까르네 데 쎄르도

carne de gallina 닭고기
까르네 데 가이나

carné 남 신분증
까르네

carnero 남 양; 양고기
까르네로

carnicería 여 정육점
까르니쎄리아

caro, ra 형 값비싼
까로, 라

carpintero 남 목수
까르삔떼로

carretera 여 도로
까레떼라

carta 여 편지; 트럼프; 메뉴
까르따

cartel 까르뗄	남 포스터
cartelera 까르뗄레라	여 게시판
cartera 까르떼라	여 지갑, 서류 가방
cartero 까르떼로	남 우체부
cartón 까르똔	남 판지, 마분지
casa 까사	여 집
casamiento 까사미엔또	남 결혼
casar 까사르	타 결혼시키다
casarse 까사르세	재귀 결혼하다
cáscara 까스까라	여 껍질
casco 까스꼬	남 헬멧
caseta 까세따	여 움막; 탈의소
casi 까씨	부 거의; 하마터면
casino 까씨노	남 카지노
caso 까소	남 경우, 사례; 문제
casta 까스따	여 혈통

casado, da 형 결혼한, 기혼의, 남여 기혼자
까사도, 다

casero, ra 형 수제(手製)의; 집에서 만든
까세로, 라

en caso de que …할 경우에는
엔 까소 데 께

castaño, ña 형 밤색의, 남 밤나무, 여 ((열매)) 밤
까스따뇨, 냐

castañuela 여 캐스터네츠 까스따뉴엘라	catálogo 남 목록, 카탈로그 까딸로고
castigar 타 벌하다 까스띠가르	catarro 남 감기 까따르로
castigo 남 벌(罰) 까스띠고	catástrofe 여 대참사 까따스뜨로페
castillo 남 성(城) 까쓰띠요	catedral 여 성당, 교회 까떼드랄
casual 형 우연의 까수알	catolicismo 남 천주교 까똘리시스모
casualidad 여 우연 까수알리닫	catorce 형 14의, 남 14 까또르세
por casualidad 혹시 뽀르 까수알리닫	caucho 남 고무 까우초

castellano, na 형 카스티야의; 스페인 어의, 남 스페인 어.
까스떼야노, 나

catalán, na 형 까딸루냐(Cataluña)의, 남여 까딸루냐 사람
까딸란, 나

catedrático, ca　　　　　　남여 대학 교수, 정교수
까떼드라띠꼬, 까

categoría　　　　　　　　여 범주; 등급; 카테고리
까떼고리아

católico, ca　　　　　　형 천주교의, 남여 천주교 신자
까똘리꼬, 까

caudal 남 수량(水量); 재산 까우달	cazar 타 사냥하다 까싸르
caudillo 남 수령, 지도자 까우디요	cazuela 여 토제 냄비 까수엘라
causa 여 원인, 이유 까우사	cebada 여 보리 세바다
cautela 여 주의, 조심 까우뗄라	cebo 남 사료(飼料) 세보
cautivo, va 남여 포로 까우띠보, 바	cebolla 여 양파 세보야
cavar 타 (땅을) 파다 까바르	cebra 여 얼룩말 쎄브라
caza 여 사냥 까싸	cédula 여 주민 등록증 쎄둘라
cazador 남 사냥꾼 까싸도르	ceja 여 눈썹 쎄하

caudaloso, sa 형 수량이 많은; 풍부한
까우달로소, 사

causar 타 불러 일으키다, 야기시키다
까우사르

caviar 남 캐비아 (철갑상어 알젓)
까비아르

ceder 타 양보하다, 자 굴복하다
쎄데르

célebre 쎌레브레	형 유명한	cenicero 쎄니쎄로	남 재떨이
cementerio 쎄멘떼리오	남 공동묘지	ceniza 쎄니사	여 재
cemento 쎄멘또	남 시멘트	censo 쎈소	남 국세 조사
cena 쎄나	여 저녁밥, 만찬	censura 쎈수라	여 검열; 비난
cenar 쎄나르	자 저녁밥을 먹다	centímetro 쎈띠메뜨로	남 센티미터

celebrar   타 개최하다, 행하다
쎌레브라르

celestre   형 하늘색의, 남 하늘색
쎌레스뜨레

celo   남 열의, 열심, 남 복 질투
쎌로

celoso, sa   형 열심인; 질투심이 강한
쎌로소, 사

cemento armado   철근 콘크리트
쎄멘또 아르마도

la Última Cena   최후의 만찬
라 울띠마 세나

tomar la cena   저녁밥을 먹다
또마르 라 쎄나

céntrico, ca 쎈뜨리꼬, 까	형 중심의	cerámica 쎄라미까	여 도자기
centro 쎈뜨로	남 중앙, 중심지	cerca de 쎄르까 데	… 가까이
cepa 쎄빠	여 가문, 조상, 선조	cercano, na 쎄르까노, 나	형 가까운
cepillar 쎄삐야르	타 솔질하다	cerdo 쎄르도	남 돼지
cepillo 쎄삐요	남 솔	carne de cerdo 까르네 데 쎄르도	돼지고기
cera 쎄라	여 초, 납, 왁스	cereal 쎄레알	남 곡물, 곡류

censurar
쎈수라르
타 검열하다; 비난하다

centavo
쎈따보
남 센타보 ((화폐 단위))

céntimo
쎈띠모
남 센티모 ((화폐 단위))

central
쎈뜨랄
형 중앙의. 여 본점, 본사; 전화국; 발전소

cerca
쎄르까
부 가까이, 여 담장, 울타리

cercanía
쎄르까니아
여 근처, 여 복 교외

cerebro 쎄레브로	남 뇌, 두뇌
cereza 쎄레사	여 버찌
cerezo 쎄레소	남 벚나무
cerilla 쎄리야	여 성냥
cero 쎄로	남 영, 제로
cerradura 쎄라두라	여 자물쇠
cerrar 쎄라르	타 닫다
cerrar la puerta 쎄라르 라 뿌에르따	문을 닫다
cerrojo 쎄로호	남 빗장, 걸쇠
certamen 쎄르따멘	남 콩쿠르
certeza 쎄르떼사	여 확실함, 확신
cerveza 쎄르베사	여 맥주
cesar 쎄사르	타 그만두다, 중지하다
césped 쎄스뻴	남 잔디

ceremonia
쎄레모니아
여 의식, 식전(式典)

ceremonioso, sa
쎄레모니오소, 사
형 격식을 차린; 근엄한

cerrado, da
쎄라도
형 닫힌, 닫혀진

certificado
쎄르띠피까도
남 증명서; 등기 우편

certificar
쎄르띠피까르
타 증명하다; 등기로 하다

cesta 쎄스따	여 바구니	charla 차를라	여 이야기, 잡담
cesto 쎄스또	남 큰 바구니	chato, ta 차또, 따	형 코가 납작한
chalé 찰레	남 별장; 산장	cheque 체께	남 수표
chaleco 찰레꼬	남 조끼	chicle 치끌레	남 추잉검
champán 참빤	남 샴페인	chile 칠레	남 ((식물)) 고추
chapa 차빠	여 금속판; 엷은 판	Chile 칠레	((나라)) 칠레
chaparrón 차빠르론	남 폭우(暴雨)	chimenea 치메네아	여 굴뚝

No pisar el césped
노 삐사르 엘 쎄스뻳

잔디 밟지 마세요

chaqueta
차께따
여 (양복의) 저고리, 웃옷, 자켓

charlar
차를라르
자 이야기하다, 잡담하다

cheque de viajero
체께 데 비아헤로
여행자 수표

chico, ca
치꼬, 까
남여 소년, 소녀. 형 작은, 어린

China 치나	((나라)) 중국	choza 초사	여 오두막, 초가집
chispa 치스빠	여 불똥; 스파크	chubasco 추바스꼬	남 소나기
chocolate 초꼴라떼	남 초콜릿	chuleta 출레따	여 (소의) 갈비
choque 초께	남 충돌; 충격	chupar 추빠르	타 빨다
chorizo 초리소	남 순대, 소시지	ciclo 씨끌로	남 주기; 사이클
chorro 초르로	남 분출	ciego, ga 씨에고, 가	형 눈 먼, 남여 장님

chileno, na 형 칠레의. 남여 칠레 사람
칠레노, 나

chino, na 형 중국의. 남여 중국 사람. 남 중국어
치노, 나

chocar 자 부딪치다, 충돌하다
초까르

chófer, chofer 남 운전 기사
초페르

churro 남 추로 (튀김 꽈배기의 일종)
추르로

El cielo es azul 하늘은 푸르다
엘 씨엘로 에스 아술

cielo 씨엘로	남 하늘; 천국	cifra 씨프라	여 숫자; 암호
cien libros 씨엔 리브로스	책 백 권	cigarrillo 씨가료	남 궐련
cien casas 씨엔 까사스	집 백 채	cigarro 씨가르로	남 여송연
ciencia 씨엔씨아	여 과학	cigüeña 씨구에냐	여 황새
cierto, ta 씨에르또, 따	형 확실한; 어떤	cima 씨마	여 정상
cierva 씨에르바	여 암사슴	cimiento 씨미엔또	남 기초, 토대
ciervo 씨에르보	남 사슴, 수사슴	cine 씨네	남 영화; 영화관

cien
씨엔
형 100의 (명사 앞에서 to 탈락형)

científico, ca
씨엔띠피꼬, 까
형 과학적인, 남여 과학자

ciento
씨엔또
남 백, 100. 형 100의, 100번째의

cinco
씽꼬
남 5, 다섯. 형 5의, 다섯의; 다섯 번째의

cincuenta
씽꾸엔따
남 50, 쉰. 형 50의; 쉰 번째의

cinema 명 영화; 영화관
씨네마

ciruela 여 살구, 자두
씨루엘라

cinta 여 테이프; 리본
씬따

cirugía 여 외과(外科)
씨루히아

cintura 여 허리
씬뚜라

cirujano, na 남여 외과의사
씨루하노, 나

cinturón 남 혁대, 띠, 벨트
씬뚜론

cita 여 약속, 데이트.
씨따

circo 남 서커스
씨르꼬

ciudad 여 도시, 시.
씨우닫

circuito 남 주위; 회로
씨르꾸이또

ciudadano, na 남여 시민
씨우다다노, 나

círculo 남 원; 원주; 분야
씨르꿀로

civil 형 시민의; 민간의
씨빌

Voy al cine
보이 알 씨네

나는 영화관에 간다

cinturón de seguridad
씬뚜론 데 세구리닫

안전 벨트, 안전 띠

circunstancia
씨르꾼스딴시아

여 상황, 사정

ciruelo
씨루엘로

남 살구나무, 자두나무

citar
씨따르

타 만날 약속을 하다; 인용하다

civilización 여 문명 씨빌리사씨온	clavete 남 작은 못 끌라베떼
civilizar 타 문명화하다 씨빌리사르	clavo 남 못 끌라보
clarín 남 나팔, 신호 나팔 끌라린	clérigo 남 성직자 끌레리고
clasificar 타 분류하다 끌라씨피까르	cliente, ta 남여 고객, 손님 끌리엔떼, 따
clausura 여 폐회, 폐회식 끌라우수라	clima 남 기후, 풍토 끌리마
clave 여 (문제의) 열쇠 끌라베	clínica 여 병원, 진료소 끌리니까
clavel 남 카네이션 끌라벨	club 남 클럽 끌룹

claridad 여 밝음; 맑음; 명백함
끌라리닫

claro, ra 형 밝은; 맑은, 개인; 명백한, 감 물론!
끌라로, 라

clase 여 종류; 등급; 학급; 교실
끌라세

clásico, ca 형 고전의, 고전적인
끌라씨꼬, 까

climatizado, da 형 냉난방 완비의
끌리마띠사도, 다

coacción 여 강제, 강요
꼬악씨온

cocaína 여 코카인
꼬까이나

cobre 남 동(銅)
꼬브레

cocer 동 삶다, 요리하다
꼬쎄르

coche 남 자동차
꼬체

coche de alquiler 렌터카
꼬체 데 알낄레르

cochinillo 남 새끼 돼지
꼬치니요

cocina de gas 가스 레인지
꼬씨나 데 가스

cocinar 타 요리하다
꼬씨나르

cocinero, ra 남여 요리사
꼬씨네로, 라

coco 남 야자, 야자나무
꼬꼬

codicia 여 탐욕, 욕심
꼬디씨아

cobarde 형 겁이 많은, 비겁한
꼬바르데

cobardía 여 비겁함, 겁이 많음
꼬바르디아

cobrador, ra 남여 수금원; (버스의) 차장
꼬브라도르, 라

cobrar 타 수금하다, (돈을) 받다
꼬브라르

cocido, da 형 삶은, 찐, 남 냄비 요리, 전골
꼬씨도, 다

cocina 여 부엌, 주방; 요리; 조리대
꼬씨나

código 꼬디고 　冒 법전, 법규; 암호	col 꼴 　여 캐비지, 양배추
codo 꼬도 　冒 팔꿈치	cola 꼴라 　여 꼬리; 열, 줄
coexistencia 꼬엑시스뗀씨아 　여 공존	colaborar 꼴라보라르 　자 협력하다
coexistir 꼬엑시스띠르 　자 공존하다	colar 꼴라르 　타 여과하다
cofre 꼬프레 　冒 궤, 큰 상자	colcha 꼴차 　여 침대 시트, 이불
coger 꼬헤르 　타 잡다, 붙잡다	colchón 꼴촌 　冒 방석, 요
cohete 꼬에떼 　冒 로켓	colección 꼴렉씨온 　여 수집, 컬렉션
coincidir 꼬인씨디르 　자 일치하다	coleccionar 꼴렉씨오나르 　타 수집하다
cojín 꼬힌 　冒 쿠션	coleccionista 꼴렉씨오니스따 　남여 수집가

cojo, ja
꼬호, 하
　형 절뚝거리는. 남여 절름발이

Hay una cola muy larga   무척 긴 줄이 서 있다
아이 우나 꼴라 무이 라르가

colectivo, va   형 집단의, 단체의. 冒 [중남미] 승합 버스
꼴렉띠보, 바

colega 남여 동료, 동업자 꼴레가	colmena 여 벌통 꼴메나
colegio 남 (사립) 학교 꼴레히오	colmillo 남 송곳니 꼴미요
coliflor 여 꽃양배추 꼴리플로르	colmo 남 절정, 극한 꼴모
colina 여 언덕 꼴리나	colocar 타 놓다; 배치하다 꼴로까르
colisión 여 충돌 꼴리씨온	Colombia ((국명)) 콜롬비아 꼴롬비아
collar 남 목걸이 꼬야르	colonia 여 식민지; 거류민 꼴로니아
colmar 타 가득 채우다 꼴마르	coloquial 형 구어(口語)의 꼴로끼알

cólera 여 노함, 격노. 남 콜레라
꼴레라

colgar 타 걸다; 수화기를 놓다
꼴가르

colocación 여 배치; 직(職), 직책
꼴로까씨온

colocar el tenedor 포크를 놓다
꼴로까르 엘 떼네도르

colombiano, na 형 콜롬비아의. 남여 콜롬비아 사람
꼴롬비아노, 나

color 꼴로르	남 색, 빛	comarca 꼬마르까	여 지방, 지역
colorado, da 꼴로라도, 다	형 붉은	combate 꼼바떼	남 전투, 싸움
colosal 꼴로살	형 거대한	combustible 꼼부스띠블레	남 연료
columpio 꼴룸삐오	남 그네	comedia 꼬메디아	여 희극; 연극
comandante 꼬만단떼	남 지휘관	comedor 꼬메도르	남 식당; 식당방

columna 꼴룸나 — 여 원주; 기둥; (신문의) 난

coma 꼬마 — 여 콤마, 구두점, 남 혼수 (상태)

combatir 꼼바띠르 — 자타 전투하다, 싸우다

combinación 꼼비나씨온 — 여 배합, 결합

combinar 꼼비나르 — 타 배합하다, 결합하다

comentar 꼬멘따르 — 타 주석하다; 해설하다

comentario 꼬멘따리오 — 남 주석; 해설, 논평

comenzar 타 시작하다 꼬멘사르	comercio 남 상업; 무역 꼬메르씨오
comer 자타 먹다, 식사다 꼬메르	cometa 남 혜성. 여 연(鳶) 꼬메따
comercial 형 상업의. 꼬메르씨알	comienzo 남 시작 꼬미엔쏘
comerciante 남여 상인(商人) 꼬메르씨안떼	comisaría 여 경찰서 꼬미사리아

comenzar a + 동사 원형　　(무엇을) 하기 시작하다
꼬멘싸르 아

Vamos a comer　　　　　　　　　　식사합시다
바모스 아 꼬메르

comerciar　　　　　타 장사하다, 무역을 하다
꼬메르씨아르

comestible　　　　　형 먹을 수 있는. 남 식료품
꼬메스띠블레

cometer　　　　　　　　타 (죄 등을) 범하다
꼬메떼르

cómico, ca　　형 희극의, 남여 희극 배우, 코미디언
꼬미꼬, 까

comida　　　　　　　　여 음식, 식사; 점심
꼬미다

comisario　　　　　　　　남 위원; 경찰서장
꼬미사리오

comité 꼬미떼	남 위원회
como 꼬모	접 …처럼; …만큼
como si 꼬모 씨	마치 …처럼
cómo 꼬모	부 어떻게
cómoda 꼬모다	여 옷장
compañero, ra 꼼빠녜로, 라	남여 동료
compañero de clase 꼼빠녜로 데 끌라세	급우
compañía 꼼빠니아	여 회사
comparación 꼼빠라씨온	여 비교
comparar 꼼빠라르	타 비교하다

comisión   여 위임; 임무; 위원회; 수수료
꼬미씨온

Comité Olímpico Internacional 국제 올림픽 위원회
꼬미떼 올림삐꼬 인떼르나씨오날

¿Cómo se llama usted?   성함이 어떻게 되십니까?
꼬모 세 야마 우스뗃

comodidad   여 편리함, 안락함
꼬모디닫

cómodo, da   형 편리한, 편한
꼬모도, 다

compañero de armas   군 동료
꼼빠녜로 데 아르마스

compañero de escuela   교우
꼼빠녜로 데 에스꾸엘라

comparecer 🅣 출두하다
꼼빠레쎄르

compendio 🅝 요약
꼼쁘렌디오

compás 🅝 컴퍼스; 나침반
꼼빠스

complacer 🅣 기쁨을 주다
꼼쁠라쎄르

compasión 🅕 동정(同情)
꼼빠씨온

complicado, da 🅗 복잡한
꼼쁠리까도, 다

compartimiento 🅝 (기차의) 칸
꼼빠르띠미엔또

compartir 🅣 분배하다; 공유하다
꼼빠르띠르

compatriota 🅝🅕 동국인, 동포
꼼빠뜨리오따

compensar 🅣 보상하다, 배상하다
꼼뻰사르

competencia 🅕 경쟁; 능력
꼼뻬뗀씨아

competente 🅗 유능한; 자격이 있는
꼼뻬뗀떼

competir 🅣 겨루다, 경쟁하다
꼼뻬띠르

complejo, ja 🅗 복합의; 복잡한
꼼쁠레호, 하

complemento 🅝 ((문법)) 보어
꼼쁠레멘또

cómplice 남여 공범자 꼼쁠리쎄	comprar 타 사다, 구입하다 꼼쁘라르
comportarse 재귀 행동하다 꼼뽀르따르세	comprender 타 이해하다 꼼쁘렌데르
compositor, ra 남여 작곡가 꼼뽀씨또르, 라	comprimir 타 압축하다 꼼쁘리미르
compra 여 매입, 구입 꼼쁘라	comprobar 타 확인하다 꼼쁘로바르

completar 타 완성하다, 완전하게 하다
꼼쁠레따르

completo, ta 형 완전한; 만원의
꼼쁠레또, 따

complicar 타 복잡하게 하다
꼼쁠리까르

composición 여 작문, 작곡; 구성
꼼뽀씨씨온

componer 타 구성하다; 수리하다
꼼뽀네르

ir de compras 장보러 가다, 쇼핑 가다
이르 데 꼼쁘라스

comprador, ra 남여 매입자, 바이어
꼼쁘라도르, 라

comprensivo, va 형 이해심이 있는
꼼쁘렌씨보, 바

compuesto, ta 형 합성의 꼼뿌에스또, 따	sentido común　　상식 센띠도 꼬문
computar　　타 계산하다 꼼뿌따르	comunismo 남 공산주의 꼬무니스모
común 형 공통의; 보통의 꼬문	concebir 자 임신하다 꼰쎄비르

compromiso 남 약속; 계약
꼼쁘로미소

computador 남 계산기; 컴퓨터
꼼뿌따도로

computadora 여 계산기; 컴퓨터
꼼뿌따도라

comunicación 여 전달; 통신; 교통
꼬무니까씨온

comunicado 남 공식 성명; 코뮤니케
꼬무니까도

comunicar 타 전달하다, 자 연락하다
꼬무니까르

comunidad 여 공동체; 공통성
꼬무니닫

Comunidad Europea 유럽 공동체
꼬무니닫 에우로뻬아

comunista 형 공산주의의, 남여 공산주의자
꼬무니스따

conceder 타 주다; 허용하다 꼰쎄데르	concordancia 여 일치 꼰꼬르단씨아
concentrar 타 집중시키다 꼰쎈뜨라르	concretar 타 구체화하다 꼰끄레따르
concepción 여 임신 꼰쎕씨온	concreto, ta 형 구체적인 꽁끄레또, 따
concepto 남 개념; 이념 꼰쎕또	concurrir 자 집중하다 꽁꾸리르
concesión 여 양보 꼰쎄씨온	concurso 남 콩쿠르 꽁꾸르소
conciliar 타 화해시키다 꼰씰리아르	concha 여 조가비 꼰차
concluir 타 끝내다, 마치다 꼰끌루이르	conde 남 백작 꼰데
conclusión 여 결론; 결말 꼰끌루씨온	condensar 타 농축하다 꼰덴사르

con 전 …과 함께, …을 가지고
꼰

conciencia 여 의식; 자각; 양심
꼰씨엔씨아

concienzudo, da 형 양심적인
꼰씨엔수도

concierto 남 음악회, 콘서트; 일치
꼰씨에르또

condición 여 조건; 상태 꼰디씨온	conductor, ra 남여 운전수 꼰둑또르, 라
condimento 남 조미료 꼰디멘또	conectar 타 접속하다 꼬넥따르
conducción 여 운전 꼰둑씨온	conejo 남 집토끼 꼬네호
conducir 자타 운전하다 꼰두씨르	confección 여 제조; 작성 꼰펙씨온
conducta 여 행위 꼰둑따	confesión 여 고백; 자백 꼰페씨온
conducto 남 도관, 파이프 꼰둑또	confidencia 여 신용, 신뢰 꼼피덴씨아

condecorar　　　　　　　　타 서훈(敍勳)하다
꼰데꼬라르

condenar　　　　　　　　타 (형을) 선고하다
꼰데나르

condiscípulo, la　　　　　　　　남여 동급생
꼰디씨뿔로, 라

carné de conducir　　　　　　　　운전 면허증
까르네 데 꼰두씨르

conferencia　　　　　여 회의; 강연; 장거리 전화
꼰페렌씨아

confesar　　　　　　　　타 고백하다; 자백하다
꼰페사르

confidencial 꼼피덴씨알	형 내밀의	confusión 꼼푸씨온	여 혼란; 혼동
confitería 꼼피떼리아	여 과자점	congestión 꽁헤스띠온	여 충혈; 혼잡
conflicto 꼼플릭또	남 분쟁	congregar 꽁그레가르	타 모으다
conformar 꼼포르마르	타 일치시키다	congregarse 꽁그레가르세	((재귀)) 모이다
confundir 꼼푼디르	타 혼동하다	congreso 꽁그레소	남 회의; 국회

confianza
꼼피안사
여 신뢰; 자신; 친밀함

confiar
꼼피아르
자 [+en] (을) 신뢰하다

confiscar
꼼피스까르
타 몰수하다, 압수하다

conforme
꼼포르메
형 일치된. 부 (에) 따라

conformidad
꼼포르미닫
여 일치; 유사

confuso, sa
꼼푸소, 사
형 혼란된; 어수선한

congelar
꽁헬라르
타 동결시키다; 냉동하다

84

conjetura 여 추측, 억측 꽁헤뚜라	conocer 타 알다 꼬노세르
conjurar 자 음모를 꾸미다 꽁후라르	conocimiento 남 지식, 앎 꼬노씨미엔또
conmemorar 기념하다 꼼메모라르	conquista 여 정복 꽁끼스따
conmigo 나와 함께 꼼미고	conquistar 타 정복하다 꽁끼스따르
conmover 타 감동시키다 꼼모베르	consecuencia 여 결과 꼰세꾸엔씨아

conjugación 여 (동사의) 활용, 변화
꽁후가씨온

conjugar 타 활용[변화]시키다
꽁후가르

conjunción 여 ((문법)) 접속사
꽁훈시온

conjunto, ta 형 결합된; 일괄된. 남 전체
꽁훈또, 따

conocido, da 형 알려진. 남여 친지, 지인(知人)
꼬노씨도, 다

conquistador, ra 남여 정복자
꽁끼스따도르, 라

consagrar 타 바치다, 봉헌하다
꼰사그라르

conserva 여 통조림 꼰세르바	consigna 여 수하물 예치소 꼰씨그나
considerable 형 상당한 꼰씨데라블레	consiguiente 남 결과 꼰씨기엔떼
consideración 여 고려 꼰씨데라씨온	consolar 타 위로하다 꼰솔라르
considerar 타 고려하다 꼰씨데라르	consonante 여 자음(子音) 꼰소난떼

consciente 형 의식하고 있는
꼰씨엔떼

conseguir 타 획득하다; 달성하다
꼰세기르

consejero, ra 남여 조언자, 고문
꼰세헤로, 라

consejo 남 충고, 조언; 심의회, 회의
꼰세호

consentir 타 동의하다, 승낙하다
꼰센띠르

conservar 타 보유하다, 보존하다
꼰세르바르

consigo [con + si] 자신과 함께
꼰씨고

consistir 자 기초를 두다; 이루어지다
꼰씨스띠르

consorcio 남 합동, 공동 꼰소르씨오	cónsul 남여 영사(領事) 꼰술
conspirar 자 음모를 꾀하다 꼰스삐라르	cónsul general 총영사 꼰술 헤네랄
constituir 타 구성하다 꼰스띠뚜이르	consulado 남 영사관 꼰술라도
consuelo 남 위로, 위안 꼰수엘로	consumir 타 소비하다 꼰수미르

constante 형 불변의, 견실한
꼰스딴떼

constar 자 분명하다, 확실하다
꼰스따르

constipado, da 형 감기에 걸린. 남 감기
꼰스띠빠도, 다

constitución 여 헌법; 구조; 체질
꼰스띠뚜씨온

construcción 여 건축, 건설
꼰스뜨룩씨온

construir 타 건축하다, 건설하다
꼰스뜨루이르

consulta 여 상담; 진찰; 참고
꼰술따

consultar 타 상의하다; 진찰을 받다; (사전을) 찾다
꼰술따르

consumidor, ra 남여 소비자 꼰수미도르, 라	al contado 　　현금으로 알 꼰따도
consumo 남 소비 꼰수모	contagio 남 전염, 감염 꼰따히오
contacto 남 접촉 꼰딱또	contaminación 여 오염 꼰따미나씨온
contado, da 형 드문 꼰따도, 다	contaminar 타 오염시키다 꼰따미나르

consumición 　　　　　　　　　　여 소비, 소비물
꼰수미씨온

contagiar 　　　　　　　　　　　타 전염[감염]시키다
꼰따히아르

contagioso, sa 　　　　　　　　　　형 전염성의
꼰따히오소, 사

contar 　　　　　　　　타 세다; 계산하다; 말하다
꼰따르

contemplar 　　　　　　　타 바라보다; 심사숙고하다
꼰뗌쁠라르

contemporáneo, a 　　　　　　　형 현대의; 동시대의
꼰뗌뽀라네오, 아

historia contemporánea 　　　　　　　　　현대사
이스또리아 꼰뗌뽀라네아

contener 　　　　　　　　　타 포함하다; 억제하다
꼰떼네르

contenido 남 내용, 내용물 꼰떼니도	contiguo, gua 형 이웃한 꼰띠구오, 구아
contentar 타 만족시키다 꼰뗀따르	continente 남 대륙(大陸) 꼰띠넨떼
contentarse 재귀 만족하다 꼰뗀따르세	continuar 타 계속하다 꼰띠누아르
contento, ta 형 만족한 꼰뗀또, 따	contrabando 남 밀수 꼰뜨라반도

contestación 여 대답, 회답
꼰떼스따씨온

contestar 재타 대답하다, 회답하다
꼰떼스따르

contigo [con + ti] 너와 함께
꼰띠고

continuar +「현재 분사」 계속해서 …하다
꼰띠누아르

continuar andando 계속해서 걷다
꼰띠누아르 안단도

continuo, nua 형 연속적인, 잇단
꼰띠누오, 누아

contorno 남 주위; 윤곽; ((복수)) 근교
꼰또르노

contra 전 …에 대하여, …에 반대하여
꼰뜨라

contracción 여 수축(收縮) 꼰뜨락씨온	contraste 남 대조 꼰뜨라스떼
contraer 타 수축시키다 꼰뜨라에르	contratar 타 계약하다 꼰뜨라따르
contrariar 타 반대하다 꼰뜨라리아르	contrato 남 계약 꼰뜨라또
contrastar 자 대조하다 꼰뜨라스따르	contrato laboral 노동 계약 꼰뜨라또 라보랄

en contra de   …에 반(대)해서
엔 꼰뜨라 데

contradecir   타 반론하다; 모순하다
꼰뜨라데씨르

contradicción   여 반론; 모순
꼰뜨라딕씨온

contrariedad   여 방해, 장애
꼰뜨라리에닫

contrario, ria   형 반대의, 역의
꼰뜨라리오, 리아

contribución   여 기부; 공헌; 세금
꼰뜨리부씨온

contribuir   타 기부하다; 공헌하다
꼰뜨리부이르

control   남 관리, 제어; 검문소
꼰뜨롤

conveniente 꼰베니엔떼	형 적당한	convivir 꼰비비르	자 동거하다
convenio 꼰베니오	남 협정, 협약	convocar 꼰보까르	타 소집하다
convento 꼰벤또	남 수도원	cónyuge 꼰유헤	남여 배우자
convertir 꼰베르띠르	타 변화시키다	cooperación 꼬오뻬라씨온	여 협력
convicción 꼰빅씨온	여 확신	cooperar 꼬오뻬라르	타 협력하다
convidar 꼰비다르	타 초대하다	cooperativa 꼬오뻬라띠바	여 노동 조합

convencer 꼰벤쎄르 — 타 설득시키다, 납득시키다

convenir 꼰베니르 — 자타 협정하다; 적당하다

Conviene que + subj. 꼰비에네 께 — …이 적당하다

conversación 꼰베르사씨온 — 여 회화, 회담

conversar 꼰베르사르 — 타 대화하다, 회담하다

convocatoria 꼰보까또리아 — 여 소집; 모집 (요령)

copa 꼬빠	여 잔	cordillera 꼬르디야라	여 산맥
copia 꼬삐아	여 사본, 복사	cordón 꼬르돈	남 끈; 비상선
copiar 꼬삐아르	타 복사하다	coro 꼬로	남 합창; 합창단
copioso, sa 꼬삐오소, 사	형 많은	corona 꼬로나	여 관; 왕관
coraje 꼬라헤	남 용기	coronel 꼬로넬	남여 대령
corazón 꼬라손	남 마음, 심장	corporal 꼬르뽀랄	형 육체의
corbata 꼬르바따	여 넥타이	corral 꼬랄	남 가축 우리
cordero 꼬르데로	남 새끼 양	correa 꼬레아	여 혁대, 벨트
cordial 꼬르디알	형 진심의	correctamente 꼬렉따멘떼	부 정확히

una copa de vino
우나 꼬빠 데 비노
포도주 한 잔

corcho
꼬르초
남 코르크; 코르크 마개

corrección
꼬렉씨온
여 개정, 수정; 교정

correcto, ta 꼬렉또, 따	형 정확한	corrida de toros 꼬리다 데 또로스	투우
correr 꼬리르	자 달리다	corromper 꼬롬뻬르	타 부패시키다

corredor, ra   남여 주자; 브로커, 남 복도, 낭하
꼬레도르, 라

corregir   타 개정하다, 수정하다
꼬레히르

correo   남 우편, 우편물, 우체국
꼬레오

¿Por dónde se va a correos? 우체국은 어디로 갑니까?
뽀르 돈데 세 바 아 꼬레오스

correspondencia   여 교통; 서신 교환
꼬레스뽄덴씨아

corresponder   자 상당하다, 상응하다
꼬레스뽄데르

correspondiente   형 상응한; 해당되는
꼬레스뽄디엔떼

corresponsal   남여 특파원, 통신원
꼬레스뽄살

corrida   여 달리기; 경주; 투우 경기
꼬리다

corriente   형 당좌의; 흐르는; 현재의
꼬리엔떼

corrupción 여 부패; 오직 꼬룹씨온	cortina 여 커튼 꼬르띠나
cortaplumas 남 주머니칼 꼬르따쁠루마스	corto, ta 형 짧은 꼬르또, 따
cortar 타 자르다, 재단하다 꼬르따르	cosa 여 물건; 것 꼬사
las Cortes (스페인의) 국회 라스 꼬르떼스	cosecha 여 수확, 수확물 꼬세차
cortés 형 예의 바른 꼬르떼스	cosechar 타 수확하다 꼬세차르
cortesía 여 예의, 정중함 꼬르떼씨아	cosmético 남 화장품 꼬스메띠꼬
corteza 여 껍질 꼬르떼사	costa 여 해안; 비용 꼬스따

cuenta corriente 당좌 예금, 당좌 계정
꾸엔따 꼬뤼엔떼

cortarse 재귀 (자신의 몸에서) 자르다
꼬르따르세

cortarse las uñas 손톱을 자르다
꼬르따르세 라스 우냐스

corte 남 절단; 재단. 여 궁정
꼬르떼

cosmopolita 형 세계적인. 남여 국제인
꼬스모뽈리따

coste 꼬스떼	남 비용
costero, ra 꼬스떼로, 라	형 해안의
costo 꼬스또	남 비용, 경비
costumbre 꼬스뚬브레	여 습관, 버릇
costura 꼬스뚜라	여 재봉
cotización 꼬띠싸씨온	여 시세, 환시세
cráneo 끄라네오	남 두개골
creación 끄레아씨온	여 창조, 창조물
crear 끄레아르	타 창조하다
crecimiento 끄레씨미엔또	남 성장; 증대

a toda costa
아 또다 꼬스따   어떤 희생을 치르더라도

Costa Rica
꼬스따 리까   ((국명)) 코스타리카

costar
꼬스따르   자 비용이 들다; 값이 …이다

¿Cuánto cuesta esto?
꾸안또 꾸에스따 에스또   이것은 얼마입니까?

costarricense 형 코스타리카의. 남여 코스타리카 사람
꼬스따리쎈세

costilla
꼬스띠야   여 늑골; (배의) 늑재

cotidiado, da
꼬띠디아도, 다   형 매일의, 일상의

crédito 남 신용; 신용 대부 끄레디또	crimen 남 범죄 끄리멘
carta de crédito 신용장 까르따 데 끄레디또	criminal 남여 죄인, 범죄자 끄리미날
creer 타 믿다, 생각하다 끄레에르	crisis 여 위기, 난국 끄리씨스
crema 여 크림 끄레마	cristal 남 유리; 결정체 끄리스딸
criado, da 남여 하인 끄리아도, 다	cristalería 여 유리 가게 끄리스딸레리아
criar 타 키우다, 기르다 끄리아르	cristianismo 남 기독교 끄리스띠아니스모
criarse 재귀 자라다 끄리아르세	crítica 여 비평; 비판 끄리띠까
crecer 끄레쎄르	자타 성장하다; 증대하다
creencia 끄레엔씨아	여 신용; 신념; 신앙
crepúsculo 끄레뿌스꿀로	남 황혼, 황혼 무렵
cría 끄리아	여 사육, 양육; (동물의) 새끼
criatura 끄리아뚜라	여 창조물; 인간; 유아

crónico, ca 형 만성적인
끄로니꼬, 까

crudo, da 형 날것의; 생(生)
끄루도, 다

cruel 형 잔인한; 가혹한
끄루엘

crujir 자 삐걱거리다
끄루히르

cruz 여 십자가; 십자형
끄루스

cruz roja 적십자
끄루스 르로하

cruzar 타 횡단하다, 건너다
끄루사르

cuaderno 남 공책
꾸아데르노

cuadra 여 마구간
꾸아드라

cuadrado, da 형 네모진
꾸아드라도, 다

cuadro 남 그림; 액자
꾸아드로

cuando 접 …할 때
꾸안도

cristiano, na 형 기독교의. 남여 기독교도
끄리스띠아노, 나

criticar 타 비평하다; 비판하다
끄리띠까르

crítico, ca 형 비평의; 비판의. 남여 비평가
끄리띠꼬, 까

crónica 여 연대기; 신문 기사
끄로니까

cruce 남 횡단; 교차; 교차점
끄루쎄

crueldad 여 잔혹함, 잔인; 혹독함
끄루엘닫

cuándo 꾸안도	🔲 언제	cuartel 꾸아르뗄	🔲 병영(兵營)

cual 꾸알   🔲 …하는. 🔲 …처럼, … 같이. 🔲 …과 같은

cuál 꾸알   🔲 어떤 것, 어느 것. 🔲 어느, 어떤

cualidad 꾸알리닫   🔲 특성, 특질; 성질

cualquiera 꾸알끼에라
    🔲 어떠한 …라도; 누구든지. 🔲 어떠한 …라도

¿Cuándo va usted a España?
꾸안도 바 우스뗃 아 에스빠냐
                당신은 언제 스페인에 갑니까?

cuanto, ta 꾸안또, 따   🔲 …하는, …하는 모든

unos cuantos, unas cuantas
우노스 꾸안또스 우나스 꾸안따스
          🔲 약간의. 🔲 …하는 모든 것

cuánto, ta 꾸안또, 따
    🔲 얼마나 많은. 🔲 얼마나. 🔲 얼마나 많은 사람

¿Cuánto vale esto?
꾸안또 발레 에스또   이것은 얼마입니까?

cuarenta 꾸아렌따   🔲 40, 마흔. 🔲 40의, 40번째의

cuartel general 꾸아르뗄 헤네랄	사령부
Cuba 꾸바	((국명)) 쿠바
cuartilla 꾸아르띠야	여 원고 용지
cubierta 꾸비에르따	여 덮개; 커버
cuarto de aseo 꾸아르또 데 아세오	화장실
cubo 꾸보	남 물통
cuba 꾸바	여 나무 통
cubrir 꾸브리르	타 덮다

cuarto, ta
꾸아르또, 따
    형 넷째의, 네 번째의. 남 방; 15분; 사분의 일

cuarto de baño   목욕실, 욕실; 화장실
꾸아르또 데 바뇨

cuatro   남 4, 넷. 형 4의, 네 번째의
꾸아뜨로

cuatrocientos, tas   남 400. 형 400의, 400번째의
꾸아뜨로씨엔또스, 따스

cuba libre   남 쿠바 리브레 (칵테일 이름)
꾸바 리브레

cubano, na   형 쿠바의. 남여 쿠바 사람
꾸바노, 나

cubierto
꾸비에르또
    남 수저 한 벌(수저, 포크, 나이프)); (식당 등의) 정식

cuchara 여 숟가락 꾸차라	cuerno 남 뿔 꾸에르노
cucharilla 여 찻숟가락 꾸차리야	cuero 남 가죽 꾸에로
cucharón 남 주걱, 국자 꾸차론	cuerpo 남 몸, 신체 꾸에르뽀
cuchillo 남 칼, 식칼 꾸치요	cuervo 남 까마귀 꾸에르보
cuello 남 목; 칼러 꾸에요	cuesta 여 비탈길, 언덕길 꾸에스따
cuento 남 이야기; 콩트 꾸엔또	cuestión 여 문제 꾸에스띠온
cuento infantil 동화 꾸엔또 임판띨	cueva 여 동굴 꾸에바
cuerda 여 밧줄, 끈, 줄; 현 꾸에르다	cuidado 남 주의, 조심 꾸이다도

cuenca 여 분지; 협곡; 나무 주발
꾸엥까

cuenta 여 계산, 계산서; 계정; 계좌
꾸엔따

cuenta corriente 당좌 계정, 당좌 예금
꾸엔따 꼬리엔떼

tresillo de cuero 가죽 응접 세트
뜨레씨요 데 꾸에로

cuidar 꾸이다르	타 조심하다	cultivo 꿀띠보	남 경작, 재배
culebra 꿀레브라	여 뱀	cultura 꿀뚜라	여 문화; 교양
culpa 꿀빠	여 죄; 책임	cultural 꿀뚜랄	형 문화의
culpable 꿀빠블레	형 죄가 있는	cumbre 꿈브레	여 정상; 수뇌 회담
cultivador, ra 꿀띠바도르, 라	남여 경작자	cumpleaños 꿈쁠레아뇨스	남 생일

cuidado con los carteristas 소매치기 주의
꾸이다도 꼰 로스 까르떼리스따스

cuidadosamente 부 조심해서
꾸이다도사맨떼

cuidadoso, sa 형 조심스러운
꾸이다도소, 사

cultivar 타 경작하다, 재배하다
꿀띠바르

culto, ta 형 교양 있는. 남 교양
꿀또, 따

¡Feliz cumpleaños! 생일을 축하합니다
펠리스 꿈쁠레아뇨스

cumplir 타 이행하다, 채우다
꿈쁠리르

cuota 꾸오따 　여 분담금, 회비	curso 꾸르소 　남 과정, 코스; 강좌
curar 꾸라르 　타 치료하다	curva 꾸르바 　여 곡선; 커브
curiosidad 꾸리오씨닫 　여 호기심	cutis 꾸띠스 　여 피부

cuñado, da 　남여 매형, 형부, 매제; 형수, 처형, 처남
꾸나도, 다

cura 　여 치료. 남 사제, 신부
꾸라

curioso, sa 　형 호기심이 강한
꾸리오소, 사

cuyo, ya 　형 그것의, 그의, 그녀의
꾸요, 야

D

dádiva 다디바	여 선물	daño 남 손해, 손상, 상처 다뇨
dado 다도	남 주사위	dañoso, sa 형 유해한 다뇨소, 사
dama 다마	여 귀부인	dar 타 주다 다르
danza 단사	여 댄스, 춤	datar 자 유래하다 다따르
danzante 남여 무용가, 댄서 단산떼		dato 남 자료, 데이터 다또
danzar 단사르	자 춤추다	debajo 부 아래에, 아래로 데바호

dañar 타 해하다, 손해를 끼치다
다냐르

hacer daño   아프게 하다, 상처를 주다
아세르 다뇨

Dame agua.   나에게 물을 주라
다메 아구아

Déme agua.   나에게 물을 주십시오
데메 아구아

Un vaso de agua, por favor. 물 한 잔 부탁합니다.
움 바소 데 아구아 뽀르 파보르

de   전 …의, …로부터, …에서
데

debajo de 데바호 데	…의 아래에	debilidad 데빌리닫	여 약함
debate 데바떼	남 토론, 의론	debilitar 데빌리따르	타 약하게 하다
deber¹ 데베르	자타 빚지다	debut 데부	남 데뷔
deber² 데베르	남 의무. 남 복 숙제	debutar 데부따르	자 데뷔하다
debido a 데비도 아	… 때문에	década 데까다	여 10년
débil 데빌	형 약한	decaer 데까에르	자 쇠하다

debatir 자타 토론하다, 의론하다
데바띠르

deber + inf. …해야한다, …임에 틀림없다
데베르

deber de + inf. …임에 틀림없다
데베르 데

debido, da 형 규정대로의, 반드시 그래야 할
데비도, 다

decadencia 여 쇠퇴함; 퇴폐
데까덴씨아

decano, na 남여 (대학의) 학장
데까노, 나

decente 형 우아한, 단정한 데쎈떼	decoración 여 장식 데꼬라씨온
decepción 여 실망, 환멸 데쎕씨온	decorativo, va 형 장식의 데꼬라띠보, 바
decidir 타 결정하다 데씨디르	decoro 남 품위, 품격 데꼬로
decir 자타 말하다; 명령하다 데씨르	decreto 남 법령 데끄레또
decisión 여 결정 데씨씨온	dedo 남 손가락, 발가락 데도
declinar 자 기울다 데끌리나르	deducir 타 추론하다 데두씨르

décimo, ma 형 열째의, 열 번째의. 남 열 번째, 열째
데씨모, 마

declaración 여 언명, 선언; 신고, 신고서
데끌라라씨온

declarar 타 언명하다, 선언하다
데끌라라르

decorar 타 장식하다, 꾸미다
데꼬라르

dedicarse 재귀 전념하다; 종사하다, 헌신하다
데디까르세

dedicarse a pescar 낚시에 몰두하다[전념하다]
데디까르세 아 뻬스까르

defensa 여 방어, 방위 데펜사	deformar 타 변형시키다 데포르마르
deficiente 형 결함이 있는 데피씨엔떼	defraudar 타 실망시키다 데프라우다르
déficit 남 적자 데피씻	degenerar 타 퇴화시키다 데헤네라르
definición 여 정의(定義) 데피니씨온	delantal 남 앞치마 데란딸
definir 타 정의하다 데피니르	delante 부 앞에; 먼저 데란떼

defecto 남 결함, 결점, 단점
데펙또

defender 타 방어하다, 지키다
데펜데르

definitivamente 부 결정적으로, 종국적으로
데피니띠바멘떼

definitivo, va 형 결정적인, 최종적인
데피니띠보, 바

dejar 타 두다, 남기다, 맡기다
데하르

dejar + inf. …하게 하다
dejar de + inf. …하기를 멈추다, 그만두다
dejar que …하게 하다, …하게 만들다
no dejar de + inf. 반드시 …하다

delante de 데란떼 데	…의 앞에
deleitar 델레이따르	타 즐겁게 하다
deleite 델레이떼	남 즐거움, 기쁨
delicia 델리씨아	여 쾌감; 환희, 기쁨
delantero, ra 데란떼로, 라	형 앞의. 남 ((운동)) 전위
delegación 델레가씨온	여 대표단; 위임
delegado, da 델레가도, 다	남여 대표; 사절
delgado, da 델가도, 다	형 여윈, 마른; 가는
deliberar 델리베라르	타 심의하다; 숙고하다
delicado, da 델리까도, 다	형 섬세한; 미묘한; 허약한
delicioso, sa 델리씨오소, 사	형 맛있는; 감미로운; 흐뭇한, 즐거운
demás 데마스	형 나머지의, 이 밖의. 대 나머지 사람[물건]
delirio 델리리오	남 정신 착란; 망상
delito 델리또	남 범죄; 위반
demanda 데만다	여 수요; 청구
demasía 데마씨아	여 과다, 과도

democracia 여 민주주의 데모끄라씨아	demorar 타 지연시키다 데모라르
demonio 남 악마 데모니오	denominar 타 명명하다 데노미나르
demora 여 지연, 지체 데모라	densidad 여 밀도, 농도 덴씨닫

demasiado, da 형 지나친. 부 너무, 지나치게
데마씨아도, 다

beber demasiado 과음하다
베베르 데마씨아도

comer demasiado 과식하다
꼬메르 데마씨아도

demente 남여 광인, 미치광이
데멘떼

demócrata 형 민주주의의. 남여 민주주의자
데모끄라따

democrático, ca 형 민주적인
데모끄라띠꼬, 까

demostración 여 표명, 명시; 증명
데모스뜨라씨온

demostrar 타 표명하다; 증명하다
데모스뜨라르

denso, sa 형 밀집한, 농후한, 짙은
덴소, 사

pasta dentífrica 튜브 치약 빠스따 덴띠프리까	dentro 부 안으로, 안에 덴뜨로
dentista 남여 치과 의사 덴띠스따	denuncia 여 통보; 고발

dentadura 여 치아, 치열(齒列)
덴따두라

dentífrico, ca 형 이를 닦는. 남 이 닦기
덴띠프리꼬, 까

dentro de …의 안에, 속에; … 무렵; … 있으면
덴뜨로 데

dentro de unos minutos 몇 분 있으면, 이삼 분 내에
덴뜨로 데 우노스 미누또스

denunciar 타 통보하다; 고발하다
데눈씨아르

departamento
데빠르따멘또
　　　남 (백화점의) 부; (관청의) 부, 국; ((남미)) 주(洲)

departamento de abrigos 오버부
데빠르따멘또 데 아브리고스

dependencia 여 의존, 종속
데뻰덴씨아

depender 자 의하다, 의존하다
데뻰떼르

dependiente 형 의존하는, 종속하는. 남여 점원
데뻰디엔떼

deporte 남 스포츠
데뽀르떼

deprisa 부 급히
데쁘리사

deportivo, va 형 스포츠의
데뽀르띠보, 바

derecha 여 오른쪽
데레차

depresión 여 침하; 불황
데쁘레씨온

derrota 여 패배; 항로
데르로따

deportista 남여 스포츠맨, 스포츠우먼
데뽀르띠스따

coche deportivo 스포츠 카
꼬체 데뽀르띠보

depositar 타 보관하다, 맡기다; 예금하다
데뽀씨따르

depósito 남 기탁, 공탁; 예금
데뽀씨또

depurar 타 정화하다; 숙청하다
데뿌라르

a la derecha 오른쪽으로, 오른쪽에
알 라 데레차

derecho, cha 형 오른쪽의. 남 권리. 부 똑바로, 반듯이.
데레초, 차

Siga derecho 똑바로 가세요
씨가 데레초

derivar 타 유래하다, 파생하다
데리바르

derrumbar 타 붕괴시키다 데르룸바르	desagradable 형 불쾌한 데스아그라다블레
desafiar 타 도전하다 데사피아르	desagüe 남 배수, 배수구 데사구에
desafío 남 도전 데사피오	desalentar 타 낙담시키다 데살렌따르

derramar 타 뿌리다, 살포하다
데라마르

derretir 타 녹이다, 용해시키다
데뢰따르

derrotar 타 부수다; 패주시키다
데르로따르

desabrido, da 형 (음식이) 맛없는
데사브리도, 다

desafortunado, da 형 불운한, 불행한
데사포르뚜나도, 나

desagrado 남 불쾌함, 불유쾌함
데사그라도

desahogar 타 한숨 돌리게 하다
데사오가르

desahogarse 재귀 한숨 돌리다
데스아오가르세

desahogo 남 한숨 돌림, 휴식
데사오고

desanimar 타 용기를 꺾다 데사니마르	desastre 명 재앙, 재난. 데사스뜨레
desánimo 남 기력 상실 데스아니모	desatar 타 풀다 데사따르
desarmar 타 무장 해제하다 데사르마르	desatento, ta 형 부주의한 데사뗀또, 따

desalojar   타 몰아내다, 쫓아내다
데살로하르

desamparar   타 단념하다, 포기하다
데삼빠라르

desaparecer   타 숨기다, 감추다
데사빠레쎄르

desaparecerse   재귀 사라지다, 숨다
데스아빠레세르

deaparecíon   여 소멸, 소실
데사빠레씨온

desarme   남 무장 해제; 군비 축소
데사르메

desarrollar   타 발전시키다; 발육시키다
데사르로야르

desarrollo   남 발전, 발달; 발육
데사르로요

desatarse   재귀 폭우가 쏟아지다
데사따르세

desayuno 데사유노	남 아침밥	**descanso** 데스깐소	남 휴식, 쉼
descalzo, za 데스깔소, 사	형 맨발의	**descendiente** 데센디엔떼	남여 자손

desayunar
데사유나르
자 아침밥을 먹다

desbordar
데사보르다르
자 넘치다, 범람하다

descalzarse
데스깔사르세
재귀 신발을 벗다

descansar
데스깐사르
자 쉬다, 휴식하다

descarado, da
데스까라도, 다
형 뻔뻔스러운, 낯가죽이 두꺼운

descarga
데스까르가
여 하역; 발사; 방전

descargar
데스까르가르
타 하역하다; 발사하다

descarrilar
데스까릴라르
자 (열차가) 탈선하다

descendencia
데쎈덴씨아
여 가계(家系); 자손

descender
데쎈데르
자 내리다, 내려가다

desconocer 데스꼬노쎄르	탸 모르다	describir 데스끄리비르	탸 묘사하다
descontar 데스꼰따르	탸 할인하다	descubierto, ta 데스꾸비에르또, 따	형 발견된

descenso 閏 하강, 내리는 일
데쎈소

descolgar 탸 (매단 것을) 내리다; 수화기를 들다
데스꼴가르

descolorido, da 형 색이 바랜
데스꼴로리도, 다

descomponer 탸 부수다, 분해하다
데스꼼뽀네르

desconcertar 탸 혼란하게 하다
데스꼰쎄르따르

desconfiar 재 의심하다, 믿지 않다
데스꼰피아르

desconocido, da 형 모르는
데스꼬노씨도, 다

desconsolado, da 형 침통한, 비통한; 달랠 길 없는
데스꼰솔라도, 다

descontento, ta 형 불만의. 閏 불만
데스꼰뗀또, 따

descripción 여 묘사; 기술(記述)
데스끄립씨온

descubridor, ra 남여 발견자
데스꾸브리도르, 라

descubrimiento 남 발견
데스꾸브리미엔또

descubrir 타 발견하다
데스꾸브리르

descuento 남 할인
데스꾸엔또

descuido 남 부주의, 방심
데스꾸이도

desde 전 …부터, …에서
데스데

desdén 남 경멸
데스덴

desdeñar 타 경멸하다
데스데냐르

desear 타 원하다, 바라다
데세아르

desempleo 남 실업(失業)
데셈쁠레오

descriptible
데스끄립띠블레
형 묘사[서술]할 수 있는, 말로 표현할 수 있는.

descuidado, da 형 부주의한
데스꾸이다도, 다

descuidar 타 게을리 하다, 소홀히 하다. 자 방심하다
데스꾸이다르

desdicha 여 불행, 불운, 비운
데스디차

desdichado, da 형 불행한, 불운한
데스디차도, 다

¿Qué desea usted? 무엇을 원하십니까?
께 데세아 우스뗃

desechar 타 버리다; 거절하다
데세차르

desengañar 타 실망시키다
데센가냐르

desenvolver 타 발전시키다
데센볼베르

desengaño 남 환멸; 실망
데센가뇨

deseo 남 바람, 소망, 소원
데세오

desenlace 남 결말
데센라쎄

desesperación 여 절망
데세스뻬라씨온

desecho 남 찌꺼기; 폐품, 폐물
데세초

desembarcar 자 (배, 비행기에서) 내리다
데셈바르까르

desembocadura 여 하구(河口)
데셈보까두라

desembocar 자 (강물이) 흘러들다
데셈보까르

desempeñar 타 (의무를) 다하다; 이행하다
데셈뻬냐르

desenredar 타 얽힌 것을 풀다
데센레다르

desentenderse 재귀 참견하지 않다
데센뗀데르세

desenvoltura 여 쾌활함; 몰염치
데센볼뚜라

desesperado, da 형 절망적인
데세스뻬라도, 다

desesperar 타 절망시키다
데세스뻬라르

desfavorable 형 불리한
데스파보라블레

desfilar 자 행진하다
데스필라르

desfile 남 행진, 퍼레이드
데스필레

desgana 여 식욕 부진
데스가나

desgastar 타 소모시키다
데스가스따르

deshelarse 재귀 녹다
데스엘라르세

deshielo 남 해빙
데스이엘로

desfallecer 자 기절하다, 실신하다
데스파예세르

desgarrar 타 (발기발기) 찢다
데스가라르

desgracia 여 불행, 불운; 재난
데스그라씨아

deshacer 타 부수다, 파괴하다
데스아쎄르

deshelar 타 (눈, 얼음을) 녹이다
데스엘라르

deshonesto, ta 형 정직하지 못한
데스오네스또, 따

deshonra 여 불명예; 수치스러운 일
데스온라

desierto, ta 형 인기가 없는; 황량한. 남 사막
데씨에르또, 따

desigual 데씨구알	형 같지 않는	desinfectar 데씬펙따르	타 소독하다
desilusión 데씰루씨온	여 환멸; 실망	desnivel 데스니벨	남 고저; 요철

designar 타 지명하다, 임명하다
데씨그나르

desilusionar 타 환멸을 느끼게 하다, 실망시키다
데씰루씨오나르

desilusionarse 재귀 환멸을 느끼다, 실망하다
데씰루씨오나르세

desinteresado, da 형 무욕의, 사심이 없는
데씬떼레사도, 다

desistir 자 [de] (무엇을) 단념하다
데씨스띠르

desleal 형 불성실한, 충실하지 못한
데슬레알

deslizar 타 굴리다. 자 미끄러지다
데슬리사르

deslumbrar 타 눈부시게 하다, 현혹시키다
데스룸브라르

desinterés 남 무관심; 무사, 공평
데씬떼레스

desmayarse 재귀 실신하다, 졸도하다
데스마야르세

desnudar 타 벌거벗기다 데스누다르	desobediencia 여 불복종 데소베디엔씨아
desnudarse 재귀 벌거벗다 데스누다르세	desocupar 타 비우다 데소꾸빠르
desnutrición 여 영양 실조 데스누뜨리씨온	desorden 남 무질서, 혼란 데소르덴

desmayo 남 실신, 졸도, 기절
데스마요

desmentir 타 부정하다, 반론하다
데스멘띠르

desmontar 타 분해하다, 해체하다
데스몬따르

desnudo, da 형 나체의, 벌거벗은
데스누도, 다

desobedecer 타 순종하지 않다
데소베데쎄르

desobediente 형 고분고분하지 않은
데소베디엔떼

desocupado, da 형 비어 있는; 무직의
데소꾸빠도, 다

desorientar 타 방향을 잃게 하다
데소리엔따르

despachar 타 처리하다; 발송하다
데스빠차르

despacio 데스빠씨오	툇 천천히	despejarse 데스뻬하르세	재귀 활짝 개다
despegar 데스뻬가르	자 이륙하다	desperdicio 데스뻬르디씨오	답 낭비, 허비

despacho
데스빠초

답 사무실, 사무소

Hable despacio
아블레 데스빠씨오

천천히 말씀해 주십시오

despedida
데스뻬디다

여 이별, 작별, 전송, 환송

fiesta de despedida
피에스따 데 데스뻬디다

송별 파티

despedir
데스뻬디르

타 해고하다; 전송하다

despedirse
데스뻬디르세

재귀 작별하다, 이별하다

despejado, da
데스뻬하도, 다

형 맑게 개인

desperdiciar
데스뻬르디씨아르

타 낭비하다, 허비하다

despertar
데스뻬르따르

타 깨우다, 눈을 뜨게 하다

despertarse
데스뻬르따르세

재귀 눈을 뜨다, 깨어나다

despertador 명 자명종 데스뻬르따도르	despreciar 타 경멸하다 데스쁘레씨아르
desplazar 타 이동시키다 데스쁠라사르	desprecio 명 경멸 데스쁘레씨오
despojar 타 탈취하다 데스뽀하르	después 부 뒤에, 후에 데스뿌에스
desposarse 재귀 결혼하다 데스뽀사르세	destacar 타 파견하다 데스따까르

despierto, ta   형 잠에서 깨어난; 민첩한
데스삐에르또, 따

despistar   타 (추적자를) 떼어내다
데스삐스따르

desplegar   타 (접었던 것을) 펴다
데스쁠레가르

desposado, da   형 신혼의. 명여 신혼자
데스뽀사도, 다

despreciable   형 천박한, 비열한
데스쁘레씨아블레

desprender   타 풀다, 놓아주다
데스쁘렌데르

despreocupado, da
데스쁘레오꾸빠도, 다
  형 걱정이 없는, 마음에 걸리는 것이 없는

desproporcionado, da   형 어울리지 않은
데스쁘로뽀르씨오나도, 다

destierro 데스띠에로	남 추방	**desuso** 데수소	남 사용하지 않음
destrucción 데스뜨룩씨온	여 파괴	**desván** 데스반	남 더그매, 다락방

después de …한 뒤에, …한 후에
데스뿌에스 데

después (de) que …한 후에
데스뿌에스 (데) 께

después de eso 그 다음에는
데스뿌에스 데 에소

desterrar 타 (국외로) 추방하다
데스떼라르

destinar 타 (…의 용도로) 충당하다
데스띠나르

destinatario, ria 남여 받는 사람
데스띠나따리오, 리아

destino 남 운명, 숙명; 목적지
데스띠노

destituir 타 파면하다, 해임하다
데스띠뚜이르

destrozar 타 조각 내다, 토막내다
데스뜨로사르

destruir 타 부수다, 파괴하다
데스뜨루이르

desvelar 데스벨라르	타 철야시키다	detrás 데뜨라스	부 뒤에
desviar 데스비아르	타 빗나가게 하다	detrás de 데뜨라스 데	…의 뒤에
detalle 데따예	남 상세함, 세목	deuda 데우다	여 빚, 채무
determinar 데떼르미나르	타 결정하다	devoción 데보씨온	여 신심(信心)

desvanecer 데스바네쎄르   타 지우다, 소멸시키다

desventaja 데스벤따하   여 불리, 불이익

detención 데뗀씨온   여 정지; 체포, 구류

detener 데떼네르   타 정지시키다; 체포하다, 구류하다

detenido, da 데떼니도, 다   형 체포된, 구류된; 상세한

deteriorar 데떼리오라르   타 망가뜨리다, 해치다

detestar 데떼스따르   타 미워하다, 저주하다

devolución 데볼루씨온   여 반환; 반각(返却)

devorar 타 게걸스레 먹다 데보라르	diálogo 남 대화, 회화 디알로고
devoto, ta 형 신심이 깊은 데보또, 따	diamante 남 다이아몬드 디아만떼
día 남 날, 하루, 낮 디아	diámetro 남 직경 디아메뜨로
todos los días 매일 또도스 로스 디아스	diapositiva 여 슬라이드 디아뽀씨띠바
diablo 남 악마 디아블로	diarrea 여 설사 디아뢰아
diáfano, na 형 투명한 디아파노, 나	diccionario 남 사전 딕씨오나리오
dialecto 남 방언 디알렉또	dicha 여 행복; 행운 디차
devolver 데볼베르	타 반환하다, 반려하다
diario, ria 디아리오, 리아	형 매일의. 남 일간 신문
dibujar 디부하르	타 그리다, 스케치하다
dibujo 디부호	남 그림, 도화, 선화, 소묘
dibujos animados 디부호스 아니마도스	에니메이션

diciembre 디씨엠브레	남 12월	dictadura 딕따두라	여 독재
dictado 딕따도	남 구술; 받아쓰기	dictamen 딕따멘	남 의견, 판단
dictador 딕따도르	남 독재자	diente 디엔떼	남 이(齒)

diccionario español 스페인어 사전
딕씨오나리오 에스빠뇰

dicho, cha 형 decir(말하다) 동사의 과거 분사
디초, 차

dichoso, sa 형 행복한, 행운의
디초소, 사

dictar 타 구술하다, 받아쓰다
딕따르

diecinueve 남 19, 열아홉. 형 19의, 19번째의
디에씨누에베

dieciocho 남 18, 열여덟. 형 18의, 18번째의
디에씨오초

dieciséis 남 16, 열여섯. 형 16의, 16번째의
디에씨세이스

diecisiete 남 17, 열일곱. 형 17의, 17번째의
디에씨씨에떼

dieta 여 식이요법; 다이어트
디에따

diferencia 여 차이, 상위함 디페렌씨아	difusora 여 방송국 디푸소라
diferente 형 다른, 상이한 디페렌떼	digerir 타 소화시키다 디헤리르
diferir 타 연기하다 딜페리르	digestión 여 소화 디헤스띠온
difícil 형 어려운 디피씰	digital 형 디지털의 디히딸
dificultad 여 곤란, 어려움 디피꿀딷	dignidad 여 위엄; 품격 딕니닫

diez 남 10, 열. 형 10의, 10번째의
디에스

difícilmente 부 어렵게, 간신히
디피씰멘떼

con dificultad 어렵게, 간신히
꼰 디피꿀딷

difundir 타 방송하다; 보급시키다
디푼디르

difunto, ta 형 고(故)…, 사망한. 남여 고인(故人)
디푼또, 따

difusión 여 방송; 확산; 보급
디푸씨온

difuso, sa 형 확산된; 산만한
디푸소, 사

dilema 딜레마	남 딜레마
diluvio 딜루비오	남 대홍수
dimensión 디멘씨온	여 크기; 차원
dimisión 디미씨온	여 사임, 사직
digno, na 딕노, 나	형 …할만한, 가치 있는
dilatar 딜라따르	타 확대하다; 연기하다
diligencia 딜리헨씨아	여 부지런함, 근면
diligente 딜리헨떼	형 부지런한, 근면한
dimitir 디미띠르	타 사임하다, 사직하다
dinámico, ca 디나미꼬, 까	형 활동적인; 역학의. 여 역학(力學)
Dios 디오스	남 (유일)신(神), 하느님, 하나님
Vaya con Dios 바야 꼰 디오스	안녕히 가십시오
dinamita 디나미따	여 다이너마이트
dinero 디네로	남 돈
dios 디오스	남 신(神), 잡신
diosa 디오사	여 여신(女神)

diplomacia 여 외교 디쁠로마씨아	disciplina 여 규율; 훈련 디씨쁠리나
dique 남 제방 디께	discípulo, la 남여 제자 디씨쁠로, 라
discernir 타 식별하다 디쎄르니르	discordia 여 불화, 불일치 디스꼬르디아

diploma 남 면장; 수료증, 졸업장
디쁠로마

diplomático, ca 형 외교적인. 남여 외교관
디쁠로마띠꼬, 까

diputado, da 남여 의원(議員)
디뿌따도, 다

dirección 여 주소; 방향; 지도, 지휘
디렉씨온

directo, ta 형 직접적인; 직행의
디렉또, 따

director, ra 남여 사장, 이사, 지점장, 국장, 청장, 처장
디렉또르, 라

dirigir 타 향하다; 지휘하다, 지도하다, 감독하다
디리히르

dirigirse 재귀 향하다, 향해 가다
디리히르세

dirigirse al aparato 탑승하다
디리히르세 알 아빠라또

discoteca 디스꼬떼까	예 디스코텍	discusión 디스꾸씨온	예 의론, 토론
discreto, ta 디스끄레또, 따	형 신중한	diseño 디세뇨	남 디자인; 설계도
disculpa 디스꿀빠	예 변명, 핑계	disfraz 디스프라스	남 가장, 변장
disculpar 디스꿀빠르	타 용서하다	disfrazar 디스프라사르	타 변장시키다
discurrir 디스꾸리르	자 숙고하다	disfrazarse 디스프라사르세	재귀 변장하다
discurso 디스꾸르소	남 연설; 강연	disgustar 디스구스따르	타 불쾌하게 하다

disco
디스꼬
남 원반, 레코드; (전화의) 다이얼; 디스켓, 플로피 디스크

discriminación   예 구별; 차별
디스끄리미나씨온

dar disculpas   변명하다, 핑개를 대다
다르 디스꿀빠스

discutir   타 토론하다, 토의하다, 언쟁하다
디스꾸띠르

diseñar   타 설계하다, 디자인하다
디세냐르

disertar   자 논하다, 논평하다
디세르따르

disgusto 남 불쾌함, 불유쾌 디스구스또	**disparate** 남 엉터리 디스빠라떼
disolución 여 분해, 용해 디솔루씨온	**dispersar** 타 분산시키다 디스뻬르사르
disolverse 재귀 녹다 디솔베르세	**dispuesto, ta** 형 준비가 된 디스뿌에스또, 따

disfrutar 자 향유하다, 즐기다
디스프루따르

disfrutar de las vacaciones 휴가를 즐기다
디스프루따르 데 라스 바까씨오네스

disgustarse 재귀 불유쾌하다, 불쾌하다
디스구스따르세

disimular 타 위장하다, 시치미 떼다
디씨물라르

disimulo 남 위장; 시치미 떼기
디씨물로

disipar 타 낭비하다; 소산시키다
디씨빠르

disminuir 타 축소하다, 감소시키다
디스미누이르

disolver 타 녹이다, 용해하다
디솔베르

disparar 타 발사하다, 발포하다
디스빠라르

distancia 디스딴씨아	여 거리	distar 자 멀다, 간격이 있다 디스따르
distante 디스딴떼	형 먼, 멀리 떨어진	disuadir 타 설득시키다 디수아디르

disponer 타 배치하다; 준비하다
디스뽀네르

disponible 형 자유로이 이용할 수 있는
디스뽀니블레

disposición 여 배치; 준비; 처리; 소질
디스뽀씨씨온

estar dispuesto a + inf. …할 준비가 되어 있다
에스따르 디스뿌에스또 아

disputa 여 언쟁, 논쟁, 의론, 토론
디스뿌따

disputar 자타 의론하다, 토론하다; 언쟁하다
디스뿌따르

distanciar 타 멀리 떼어놓다, 사이를 두다
디스딴씨아르

distinción 여 구별, 식별; 저명함; 영예
디스띤씨온

distinguido, da 형 탁월한, 저명한
디스띵기도, 다

distinguir 타 구별하다; 식별하다
디스띵기르

divertir 타 즐겁게 하다 디베르띠르	dividir 타 나누다, 분할하다 띠비디르
divertirse 재귀 즐기다 디베르띠르세	divisa 여 외화; 기장 디비사

distinto, ta   형 다른, 상이한; 다수의
디스띤또, 따

distracción   여 심심풀이, 오락; 부주의
디스뜨락씨온

distraer   타 기분을 풀어주다; 즐거움을 주다
디스뜨라에르

distraído, da   형 방심한, 건성의
디스뜨라이도, 다

distribución   여 분배; 배급; 배달
디스뜨리부씨온

distribuir   타 분배하다; 배달하다
디스뜨리부이르

distrito   남 지구(地區), 구역
디스뜨리또

diversión   여 오락, 기분 전환
디베르씨온

diverso, sa   형 다른; 여러 가지의
디베르소, 사

divertido, da   형 즐거운, 유쾌한
디베르띠도, 다

divisar 자 멀리에 보이다 디비사르	doce 형 12의. 남 12 도쎄
divorciar 타 이혼시키다 디보르씨아르	docena 여 타, 다스 도쎄나
divorciarse 재귀 이혼하다 띠보르씨아르세	docente 형 교육의 도쎈떼
divorcio 남 이혼 디보르씨오	doctor, ra 남여 박사; 의사 독또르, 라

divino, na 형 신(神)의; 신성한
디비노, 나

división 여 분할; 구분; 분열
디비씨온

divorciado, da 형 이혼한. 남여 이혼한 사람
디보르씨아도, 다

divulgar 타 폭로하다; 공표하다
디불가르

doblar
도블라르
타 두 배로 하다; 접다; 굽히다. 자 굽어지다, (길을) 돌다

Doble a la derecha 오른쪽으로 도십시오
도블레 알 라 데레차

doble 형 두 배의, 이중의. 남 두 배
도블레

dócil 형 유순한; 다루기 쉬운
도씰

doctrina 독뜨리나	여 학설	doler 돌레르	자 아프다
documento 도꾸멘또	남 서류	dolor 돌로르	남 통증, 고통, 아픔
dólar 돌라르	남 달러	domar 도마르	타 길들이다
cien dólares 씨엔 돌라레스	100 달러	domicilio 도미씰리오	남 주소; 거주

docilidad
도실리닫
여 유순함, 온순함

docto, ta
독또, 따
형 박식한, 정통한

¿Qué le duele?
껠레 두엘레
어디가 아프십니까?

Me duele la cabeza
메 두엘레 라 까베사
나는 머리가 아프다

Me duele el estómago
메 두엘레 엘 에스또마고
나는 배가 아프다

Me duele la muela
메 두엘레 라 무엘라
나는 이가 아프다

Tengo dolor de cabeza
뗑고 돌로르 데 까베사
나는 두통이다

doméstico, ca
도메스띠꼬, 까
형 가정의; 국내의

| domingo 남 일요일
도밍고 | donación de sangre 헌혈
도나씨온 데 상그레 |
|---|---|
| dominio 남 지배; 영토
도미니오 | dónde 부 어디(에)
돈데 |
| donación 여 기부, 기증
도나씨온 | dormilón, na 남여 잠꾸러기
도르밀론, 나 |

dominar 타 통제하다, 억제하다; 지배하다; 정통하다
도미나르

don 남 재능; 돈 (남자 이름 앞의 경칭)
돈

donador, ra 남여 기부자, 기증자
도나도르, 라

donar 타 기부하다, 기증하다
도나르

doncella 여 아가씨, 처녀; 시녀, 몸종, 하녀
돈쎄야

donde 부 [관계 부사] …하는 (곳)
돈데

Donde hay voluntad, hay camino
돈데 아이 볼룬딷, 아이 까미노

뜻 있는 곳에 길이 있다

¿Dónde hay un hotel? 호텔은 어디에 있습니까?
돈데 아이 운 오뗄

doña 여 도냐 (결혼한 부인 이름 앞의 경칭)
도냐

dormir 자 자다. 타 재우다 도르미르	drama 남 연극, 드라마 드라마
dormirse 재귀 잠들다 도르미르세	dramaturgo, ga 남여 극작가 드라마뚜르고, 가
dormitorio 남 침실 도르미또리오	droga 여 마약 드로가
dorso 남 (손의) 등; 등 도르소	droguería 여 약국; 잡화점 드로게리아
dosis 여 (약의) 복용량 도시스	ducha 여 샤워 (시설) 두차
dote 남 지참금; 재능, 소질 도떼	duchar 타 샤워시키다 두차르

dorado, da 형 금빛의; 금을 입힌. 남 황금의 나라
도라도, 다

dormitar 자 졸다, 꾸벅꾸벅 졸다
도르미따르

dos 남 2, 둘. 형 2의; 둘째의, 두 번째의
도스

doscientos, tas 형 200의; 200번째의. 남 200, 이백
도스씨엔또스, 따스

dotar 타 (지참금을) 지참시키다; 부여하다
도따르

dramático, ca 형 연극의; 극적인
드라마띠꼬, 까

ducharse 두차르세	재귀 샤워하다	dueño, ña 두에뇨, 냐	남여 주인
duda 두다	여 의심	duplicación 두쁠리까씨온	여 두 배, 2배
dudar 두다르	동 의심하다	duplicar 두쁠리까르	타 두 배하다
dudoso, sa 두도소, 사	형 의심하는	duque 두께	남 공작(公爵)
duelo 두엘로	남 결투; 상(喪); 비탄	duración 두라씨온	여 기간
duende 두엔데	남 귀신, 요정	durante 두란떼	부 … 동안, …중

dulce 형 (맛이) 단. 남 과자
둘세

duodécimo, ma 형 열두 번째의. 남 열둘째, 열두 번째
두오데씨모, 마

duquesa 여 공작 부인; 여자 공작
두께사

duración de dos horas 두 시간(의 기간)
두라씨온 데 도스 오라스

duradero, ra 형 내구성이 있는
두라데로, 라

durante las vacaciones 휴가 동안, 방학 동안
두란떼 라스 바까씨오네스

dureza 여 단단함, 견고함
두레사

durar 자 계속되다, 오래 가다, 지속하다
두라르

duro, ra
두로, 라
형 단단한, 딱딱한, 굳은; 생경한. 남 두로 (5페세타)

A buena hambre no hay pan duro 시장이 반찬
아 부에나 암브레 노 아이 빵 두로

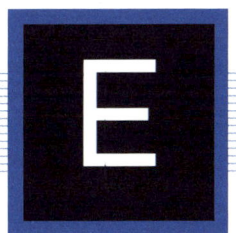

ebrio, bria 형 술에 취한
에브리오, 브리아

ebullición 여 비등
에부이씨온

echar 타 던지다, 넣다, 치다
에차르

eco 남 반향; 에코
에꼬

ecología 여 생태학
에꼴로히아

economía 여 경제; 절약
에꼬노미아

económicas 여 복 경제학
에꼬노미까스

economista 남여 경제학자
에꼬노미스따

economizar 타 절약하다
에꼬노미사르

ecuador 남 적도
에꾸아도르

Ecuador ((국명)) 에콰도르
에꾸아도르

edad 여 나이, 연령; 시대
에닫

edición 여 출판; 판
에디씨온

edificar 타 건설하다
에디피까르

e 접 와, 과, 그리고 ((y가 i-와 hi- 앞에서))
에

echar a + inf. ⋯하기 시작하다
에차르 아

económico, ca 형 경제의, 경제적; 싼
에꼬노미꼬, 까

ecuatoriano, na 형 에콰도르의. 남여 에콰도르 사람
에꾸아또리아노, 나

¿Qué edad tienes? 너 나이가 몇이니?
께 에닫 띠에네스

edificio 에디피씨오	남 건물
editar 에디따르	타 출판하다
educación 에두까씨온	여 교육
educar 에두까르	타 교육하다
en efecto 엔 에펙또	실제로, 사실상
eficacia 에피까씨아	여 효력, 효과
eficaz 에피까스	형 유효한, 효과적인
egoísmo 에고이스모	남 이기주의
eje 에헤	남 축
ejemplo 에헴플로	남 모범, 예

editor, ra 에디또르, 라 — 형 출판의. 남여 발행자

editorial 에디또리알 — 형 출판의. 남 사설, 논설. 여 출판사

efectivamente 에펙띠바멘떼 — 부 실제로, 사실; 효과적으로

efectivo, va 에펙띠보, 바 — 형 실제의; 유효한. 남 현금

efecto 에펙또 — 남 결과, 결론; 효과; 사실

efectuar 에펙뚜아르 — 형 행하다, 실행하다

egoísta 에고이스따 — 형 이기주의의. 남여 이기주의자

| por ejemplo 예를 들면 | el 관 정관사 남성 단수형 |
| 뽀르 에헴쁠로 | 엘 |

| ejercer 타 행하다, 수행하다 | él 대 그, 그이, 그 사람 |
| 에헤르쌔르 | 엘 |

| ejército 남 군대; 육군 | elección 여 선거, 선출 |
| 에헤르씨또 | 엘렉씨온 |

| ejército coreano 한국군 | electricidad 여 전기 |
| 에헤르씨또 꼬레아노 | 엘렉뜨리씨닫 |

ejecución 여 실행, 실시; 연주; 사형 집행
에헤꾸씨온

ejecutar 타 실행하다, 실시하다; 연주하다; 처형하다
에헤꾸따르

ejecutivo, va 형 실행의, 집행의; 행정의
에헤꾸띠보, 바

ejemplar 형 모범적인. 남 (인쇄물의) 부수; 견본, 표본
에헴쁠라르

ejercicio 남 연습, 연습 문제
에헤르씨씨오

elaborar 타 가공하다; 작성하다
엘라보라르

elástico, ca 형 탄력성이 있는. 남 고무줄
엘라스띠꼬, 까

elección presidencial 대통령 선거
엘렉씨온 쁘레씨덴씨알

eléctrico, ca 형 전기의 엘렉뜨리꼬, 까	elegante 형 우아한 엘레간떼
electrón 남 전자(電子) 엘렉뜨론	elegir 타 고르다, 선택하다 엘레히르
electrónico, ca 형 전자의 엘렉뜨로니꼬, 까	elevado, da 형 높은 엘레바도, 다
elefante 남 코끼리 엘레판떼	eliminación 여 제거; 배제 엘리미나씨온
elegancia 여 우아함 엘레간씨아	eliminatoria 여 예선 엘리미나또리아

elecciones generales　　　　　　　　　　총선거
엘렉씨오네스 헤네랄레스

elemental　　　　　　　형 기초의, 기본의, 초보의
엘레멘딸

elemento　　　　　　　　　　남 요소, 성분; 원소
엘레멘또

elevación　　　　　　　　　　　　여 상승; 고지(高地)
엘레바씨온

elevador　　　　　　　남 ((남미)) 엘리베이터, 승강기
엘레바도르

elevar　　　　　　　　　　　　타 높이다, 상승시키다
엘레바르

eliminar　　　　　　　　　　　　타 제거하다, 배제하다
엘리미나르

ella 에야	데 그녀, 그 여자
ellos, llas 에요스, 에야스	데 그들
elocuencia 엘로꾸엔씨아	여 웅변
elogio 엘로히오	남 칭찬, 찬양
eludir 엘루디르	타 회피하다
emancipar 에만시빠르	타 해방하다
embajada 엠바하다	여 대사관
embajador, ra 엠바하도르, 라	남여 대사
embalse 엠발세	남 저수지, 댐
embarazada 엠바라사다	여 임산부

ello 에요 — 데 (중성 지시대명사) 그것

elocuente 엘로꾸엔떼 — 형 웅변의, 능변인

elogiar 엘로히아르 — 타 칭찬하다, 찬양하다

El Salvador 엘 살바도르 — ((국명)) 엘살바도르

emancipación 에만씨빠씨온 — 여 해방; 노예 해방

embalaje 엠발라헤 — 남 포장, 꾸러미; 포장비

embarazar 엠바라사르 — 타 방해하다, 저지하다; 임신시키다

embargo 엠바르고	남 압류	embarque 엠바르께	남 선적

embarazarse
엠바라사르세
재귀 임신시키다

embarcación
엠바르까씨온
여 배; 승선, 탑승

embarcadero
엠바르까데로
남 부두, 잔교

embarcar
엠바르까르
타 승선시키다, 탑승시키다

embarcarse
엠바르까르세
재귀 승선하다, 탑승하다

sin embargo
씬 엠바르고
그럼에도 불구하고

embellecer
엠베예세르
타 미화하다, 아름답게 꾸미다

embestir
엠베스띠르
타 공격하다, 습격하다

emborrachar
엠보르라차르
타 취하게 하다

embotellamiento
엠보떼야미엔또
남 교통 체증

embotellar
엠보떼야르
타 병에 채워 넣다

embriagar 타 취하게 하다
엠브리아가르

emigración 여 (출국) 이민
에미그라시온

embrollar 타 어지럽히다
엠브로야르

emigrante 남여 이민, 이주민
에미그란떼

embuste 남 허풍, 거짓말
엠부스떼

eminente 남 뛰어난
에미넨떼

embutido 남 순대
엠부띠도

emisión 여 방송
에미씨온

emergencia 여 긴급 사태
에메르헨시아

emisora 여 방송국
에미소라

embotellarse 재귀 (교통이) 막히다
엠보떼야르세

embriaguez 여 취함, 취기, 주정
엠브리아게스

embustero, ra 남여 허풍선이
엠부스떼로, 라

emigrar 타 이주하다, 외국에 나가다
에미그라르

emitir 타 방송하다; 방출하다; 발행하다
에미띠르

emoción 여 감동, 흥분, 감격
에모씨온

emocionar 타 감동시키다, 감격시키다
에모씨오나르

empapar 엠빠빠르	타 적시다	emperador 엠뻬라도르	남 황제
empate 엠빠떼	남 동점	emplear 엠쁠레아르	타 고용하다
empeñar 엠뻬냐르	타 저당 잡다	empleo 엠쁠레오	남 고용
empeño 엠뻬뇨	남 저당	empresa 엠쁘레사	여 기업; 회사

empaquetar 타 짐을 꾸리다
엠빠께따르

empastar 타 (이를) 충전하다
엠빠스따르

empatar 타 동점이 되게 하다
엠빠따르

empeorar 타 악화시키다. 자 악화되다
엠뻬오라르

emperatriz 여 여자 황제, 황후
엠뻬라뜨리스

empezar 타 시작하다. 자 시작하다
엠뻬사르

empezar a + 동사 원형 …하기 시작하다
엠뻬사르 아

empleado, da 남여 종업원, 사원, 직원
엠쁠레아도, 다

empréstito 엠쁘레스띠또	남 빚, 차금	enano, na 에나노, 나	남여 난쟁이
empuje 엠뿌헤	미십시오	encaje 엥까헤	남 끼워 넣기
empujón 엠뿌혼	남 밀어 젖히기	encallar 엥까야르	자 좌초하다
emular 에물라르	타 (우열을) 다투다	encanto 엥깐또	남 매혹, 매력

empobrecer
엠뽀브레쎄르
　　　　　　　타 가난하게 하다

emprender
엠쁘렌데르
　　　　　　　타 개시하다, 착수하다

empujar
엠뿌하르
　　　　　　　타 밀다, 밀어 올리다

en
엔
　　　　　　　전 …에, … 안에, …의 위에

enamorado, da
에나모라도, 다
　　　　　　　형 반한, 연정을 느낀

enamorarse
에나모라르세
　　　　　　　재귀 반하다, 사랑하다

encaminar
엥까미나르
　　　　　　　타 길을 가르쳐 주다

encantado, da
엥깐따도, 다
　　　　　　　형 무척 즐거운, 황홀한, 매료된

encargado, da 담여 담당자 엥까르가도, 다	encerrarse 재귀 가두어지다 엔쎄롸르세
encerrar 타 가두다 엔쎄롸르	enchufe 담 소켓, 플러그 엔추페

   Encantado   (남자가) 처음 뵙겠습니다
   엥깐따도

   Encantada   (여자가) 처음 뵙겠습니다.
   엥깐따다

   encantador, ra   형 매력적인
   엥깐따도르, 라

   chica encantadora   매력적인 아가씨
   치까 엥깐따도라

   encantar   타 매혹시키다; 무척 좋(아하)다
   엥깐따르

   encarecer   타 가격을 인상하다
   엥까레쎄르

   encargar   타 위임하다, 위탁하다
   엥까르가르

   encendedor   담 라이터; 점화기
   엔쎈데도르

   encender   재타 (불을) 켜다, 불을 붙이다
   엔쎈데르

   Enciende la luz   전등불을 켜라
   엔씨엔데 라 루스

encima 엔씨마	분 위에	encoger 엥꼬헤르	타 위축시키다
encima de 엔씨마 데	…의 위에	encrucijada 엔끄루씨하다	여 네거리

enchufar
엔추파르
타 연결하다, 끼워 넣다

enciclopedia
엔씨끌로뻬디아
여 백과 사전

encima de la mesa
엔씨마 데 라 메사
테이블 위에

encinta
엔씬따
형 임신한, 임신 중인

encomendar
엔꼬멘다르
타 부탁하다, 위임하다

encomienda
엔꼬미엔다
여 의뢰, 위탁

encontrar
엥꼰뜨라르
타 발견하다; 만나다

encuadernación
엥꾸아데르나씨온
여 제본, 장정

encuadernar
엥꾸아데르나르
타 제본하다, 장정하다

encuentro
엥꾸엔뜨로
남 만남, 조우; 시합; 충돌

enderezar 타 똑바로 하다 엔데레사르	énfasis 남 강조 엠파시스
endosar 타 배서하다 엔도사르	enfermedad 여 병(病) 엔페르메닫
enemistad 여 적의(敵意) 에네미스딷	enfermero, ra 남여 간호사 엠페르메로, 라
enero 남 1월 에네로	enfocar 타 초점을 맞추다 엠포까르
encuesta 여 조사, 앙케이트 엥꾸에스따	
endurecer 타 견고하게 하다 엔두레쎄르	
enemigo, ga 형 적의. 남여 적 에네미고, 가	
energía 여 에너지; 활력; 정력 에네르히아	
enérgico, ca 형 강력한, 정력적인. 에네르히꼬, 까	
enfadar 타 화나게 하다, 성나게 하다, 노하게 하다 엠파다르	
enfadarse 재귀 화나다, 성나다, 노하다 엠파다르세	

enfermar
엠페르마르
타 병에 걸리게 하다; 맥을 못추게 하다. 자 병들다, 병에 걸리다, 앓다

enfrentar 타 대면시키다 엠프렌따르	engaño 남 속임수, 사기 엥가뇨
enfrente 부 앞에, 정면에 엠프렌떼	engrasar 타 기름을 칠하다 엥그라사르
enfermizo, za 엠페르미소, 사	형 병약(病弱)한
enfermo, ma 엠페르모, 마	형 아픈. 남여 환자, 병자
enfrente de 엠프렌떼 데	…의 앞에, 정면에
enfriar 엠프리아르	타 식히다, 냉각시키다
enganchar 엥간차르	타 자물쇠를 잠그다
engañar 엥가냐르	타 속이다, 사기하다
engañoso, sa 엥가뇨소, 사	형 속이는, 사기하는
engordar 엥고르다르	타 살찌게 하다. 자 살찌다
engrandecer 엥그란데세르	타 증가시키다, 크게 하다
engreído, da 엥그레이도, 다	형 우쭐거리는, 으스대는, 뽐내는

enigma 에니그마	남 수수께끼	enlace 엔라세	남 연락, 연결
enjabonar 엔하보나르	타 비누로 빨다	enlazar 엔라사르	타 연결하다
enjuagar 엥후아가르	타 헹구다	enmienda 엠미엔다	여 수정, 정정

enhorabuena 엔오라부에나 — 여 축하, 경하; 축사

enjuagarse 엥후아가르세 — 재귀 (자신의 몸의 일부를) 헹구다

enjuagarse la boca 엥후아가르세 라 보까 — 입을 헹구다

Enjuágate la boca. 엥후아가떼 라 보까 — 입을 헹구어라

enjugar 엔후가르 — 타 말리다; 닦다, 훔치다

enloquecer 엔로께세르 — 타 정신병자로 만들다

enmendar 엠멘다르 — 타 수정하다, 고치다

enojar 에노하르 — 타 화나게 하다, 성나게 하다, 노하게 하다

enojarse 에노하르세 — 재귀 화내다, 성내다, 노하다

enojo 남 화냄, 성냄, 노함 에노호	enseguida 부 즉시, 곧 엔세기다
enorme 형 큰, 거대한 에노르메	enseñanza 여 교육 엔세냔사
enredar 타 얽히게 하다 엔레다르	ensuciar 타 더럽히다 엔수씨아르
enredo 남 일이 얽힘, 분규 엔레도	ensueño 남 꿈; 환상 엔수에뇨
ensalada 여 샐러드 엔살라다	entablar 타 판자로 덮다 에따블라르
ensayista 남여 수필가 엔사이스따	entender 타 이해하다 엔뗀데르

enriquecer 타 풍부하게 하다, 부자가 되게 하다
엔뤼께쎄르

ensanchar 타 확장하다, 넓히다
엔산차르

ensayar 타 시도하다, 시험하다
엔사야르

ensayo 남 수필, 에세이; 시도, 시험
엔사요

enseñar 타 가르치다; 보이다, 표시하다
엔세냐르

ensordecedor, ra 형 귀청이 터질 듯한, 지독한
엔소르데쎄도르, 라

enterar 타 알리다, 가르치다 엔떼라르	entierro 남 매장 엔띠에로
enterrar 타 매장하다 엔떼롸르	entraña 여 내장, 창자 엔뜨라냐
entidad 여 실체, 본체 엔띠닫	entre 전 사이에 엔뜨레

¿Me entiendes?   내 말 이해하니?
메 엔띠엔데스

entendimiento   남 이해, 이해력, 분별
엔뗀디미엔또

enterado, da   형 아는, 알고 있는
엔떼라도, 다

enterarse   재귀 알다, 양해하다
엔떼라르세

entero, ra   형 온전한, 완전한
엔떼로, 라

entonación   여 억양, 인토네이션
엔또나씨온

entonces   부 그때, 그 당시. 남 당시
엔똔쎄스

entrada   여 입구, 입장, 입장료, 입장권
엔뜨라다

entrar   자 들어가다, 들어오다
엔드라르

entrega 여 인도, 인계 엔뜨레가	entrevista 여 인터뷰, 회견 엔뜨레비스따
entremés 남 오르되브르 엔뜨레메스	enturbiar 타 흐리게 하다 엔뚜르비아르
entrenarse 재귀 연습하다 엔뜨레나르세	entusiasmar 타 열광시키다 엔뚜씨아스마르
entretanto 부 그런 사이에 엔뜨레딴또	entusiasmo 남 열광 엔뚜씨아스모
entretener 타 즐겁게 하다 엔뜨레떼네르	enumerar 타 열거하다 에누메라르

entregar 타 인도하다, 건네다
엔뜨레가르

Entreguen la llave de mi habitación
엔뜨레겐 라 야베 데 미 아비따씨온
(호텔에서) 제 방 열쇠 주세요

entrenador, ra 남여 감독, 코치, 트레이너
엔뜨레나도르, 라

entrenamiento 남 훈련, 연습
엔뜨레나미엔또

entrevistar 타 회견하다, 인터뷰하다
엔뜨레비스따르

entristecerse 재귀 슬퍼하다, 괴로워하다, 낙담하다
엔뜨리스떼쎄르세

entusiasmar 타 열광시키다, 감격시키다
엔뚜씨아스마르

envejecer 엠베헤세르	타 노화시키다	época 에뽀까	여 시대; 시기
envenenar 엠베네나르	타 독을 타다	equilibrio 에낄리브리오	남 평형
enviar 엔비아르	타 보내다	equipaje 에끼빠헤	남 수화물, 짐
envidia 엠비디아	여 질투, 새암	equipar 에끼빠르	타 공급하다
envío 엔비오	남 파견; 송부	equipo 에끼뽀	남 팀
épica 에삐까	여 서정시	equipo coreano 에끼뽀 꼬레아노	한국 팀
epidemia 에삐데미아	여 유행병	equitación 에끼따씨온	여 승마, 마술

entusiasta 남여 광, 열광자, 광신자
엔뚜씨아스따

envidiar 타 질투하다, 새암하다, 시새우다
엠비디아르

envolver 타 싸다, 포장하다
엠볼베르

episodio 남 삽화, 에피소드
에삐소디오

equivalente 형 동등한, 대등한
에끼발렌떼

era 에라	여 기원; 시기; 시대
erguir 에르기르	타 세우다, 일으키다
erótico, ca 에로띠꼬, 까	형 색정적인
equivaler 에끼발레르	자 (과) 같다, 대등하다
equivocación 에끼보까씨온	여 잘못, 과실, 오류
equivocar 에끼보까르	타 착각을 일으키게 하다
equivocarse 에끼보까르세	재귀 실수하다, 틀리다
equívoco, ca 에끼보꼬, 까	형 애매한; 수상한
erigir 에리히르	타 세우다; 창립하다, 건립하다, 건설하다
erizar 에리사르	타 (머리털을) 곤두세우다
error 에로르	남 잘못, 실수, 과오, 과실
erudito, ta 에루디또, 따	형 박학한, 박식한
errar 에롸르	타 잘못하다, 틀리다
erupción 에룹씨온	여 폭발, 분화
esbelto, ta 에스벨또, 따	형 날씬한

esbozo 에스보소	남 스케치, 소묘	escaño 에스까뇨	남 의석(議席)
escala 에스깔라	여 착륙지	escaparate 에스까빠라떼	남 쇼윈도
escalar 에스깔라르	타 기어오르다	escape 에스까뻬	남 도망
escalera 에스깔레라	여 계단	escarcha 에스까르차	여 서리
escalofrío 에스깔로프리오	남 오한(惡寒)	escarchar 에스까르차르	자 서리가 내리다
escalón 에스깔론	남 (계단의) 단	escarlata 에스까를라따	형 진홍색의
escampar 에스깜빠르	자 비가 멎다	escasez 에스까세스	여 부족, 결핍
escándalo 에스깐달로	남 스캔들, 추문	escaso, sa 에스까소, 사	형 부족한

escalera mecánica
에스깔레라 메까니까

에스컬레이터

escalerilla
에깔레리야

여 (비행기의) 트랩

escandaloso, sa
에스깐달로소, 사

형 평판이 나쁜, 중상의

escapar
에스까빠르

자 도망치다, 피하다

escena 에세나 · 여 무대; 장면	escombro 에스꼼브로 · 남 돌 부스러기
escenario 에세나리오 · 남 무대	esconder 에스꼰데르 · 타 숨기다
escéptico, ca 에셉띠꼬 · 형 회의적인	esconderse 에스꼰데르세 · 재귀 숨다
esclarecer 에스끌라레세르 · 타 해명하다	escondite 에스꼰디떼 · 남 숨바꼭질
esclavo, va 에스끌라보, 바 · 남여 노예	escopeta 에스꼬뻬따 · 여 엽총
escoba 에스꼬바 · 여 비	escritor, ra 에스끄리또르, 라 · 남여 작가, 저자
escoger 에스꼬헤르 · 타 고르다	escritorio 에스끄리또리오 · 남 사무용 책상
escolta 에스꼴따 · 여 호위, 호송	escritura 에스끄리뚜라 · 여 글씨; 문자
escolar 에스꼴라르	형 학교의. 남여 생도, 학생
escoltar 에스꼴따르	타 호위하다, 호송하다
escribir 에스끄리비르	자타 쓰다, 편지를 하다
escrito, ta 에스끄리또, 따	형 쓰인, 문서화된

escuchar 타 듣다, 청취하다 에스꾸차르	esgrima 여 펜싱 에스그리마
escudo 남 방패; 문장(紋章) 에스꾸도	esmalte 남 에메날드 에스말떼
escuela 여 학교 에스꾸엘라	espacio 남 우주, 공간 에스빠씨오
ese, sa 형 그, 그러한 에세, 사	espada 여 칼, 검 에스빠다
ése, sa 대 그것 에세, 사	espalda 여 등, 배후 에스빨다
esencia 여 본질, 정수 에센씨아	espantar 타 놀라게 하다 에스빤따르
esfera 여 구, 구체; 영역 에스페라	espanto 남 공포 에스빤또
esforzarse 재귀 노력하다 에스포르사르세	especia 여 향신료, 향료 에스뻬씨아
esfuerzo 남 노력 에스푸에르소	especial 형 특별한 에스뻬씨알

esencial 형 본질적인; 중요한
에센씨알

eso 대 그것 (중성 지대 대명사). a eso de … 경에.
에소 　por eso 그래서, 그러므로

España ((국명)) 서반아, 에스빠냐, 스페인
에스빠냐

especialista 에스뻬씨알리스따	남여 전문가	espejo 에스뻬호	남 거울
específico, ca 에스뻬씨피꼬, 까	형 특수한	espera 에스뻬라	여 기다림
espectador 에스뻭따도르	남 구경꾼	esperanza 에스뻬란사	여 희망
especular 에스뻬꿀라르	자 투기하다	espejo, ja 에스뻬호, 하	형 짙은, 농후한

español, la
에스빠뇰, 라
형 서반아의, 에스빠냐의, 스페인의. 남여 서반아 사람, 에스빠냐 사람, 스페인 사람. 남 서반아어, 에스빠냐 어, 스페인 어

esparcir 에스빠르씨르	타 흩뿌리다, 끼얹다
espárrago 에스빠라고	남 아스파라거스
especialidad 에스뻬씨알리닫	여 특성; 특기; 전문
especialmente 에스뻬씨알멘떼	부 특별히, 특히
espectáculo 에스뻭따꿀로	남 흥행; 광경, 경관
mirarse en el espejo 미라르세 엔 엘 에스뻬호	거울을 보다

espía 에스삐아	명여 스파이, 간첩	espinazo 에스삐나소	명남 척추
espiar 에스삐아르	자 스파이 짓을 하다	espionaje 에스삐오나헤	명남 간첩 행위
espiga 에스삐가	명여 이삭	esponja 에스뽕하	명여 스펀지, 해면
espina 에스삐나	명여 가시	esposa 에스뽀사	명여 아내

esperar 　　　　　　　타 기다리다; 바라다, 희망하다
에스뻬라르

Espera un momento 　　　　　　잠깐만 기다려라
에스뻬라 움 모멘또

Espere un momento 　　　　　　잠깐만 기다리세요
에스뻬레 움 모멘또

espesor 　　　　　　　명남 두터움; 농후함; 농도
에스뻬소르

espíritu 　　　　　　　명남 정신, 마음; 영혼
에스삐리뚜

espiritual 　　　　　　　형 정신의, 정신적인
에스삐리뚜알

espléndido, da 형 눈부신, 화려한, 찬란한; 훌륭한, 멋진
에스쁠렌디도, 다

esplendor 　　　　　　　명남 영예, 영광; 광휘, 광채
에스쁠렌도르

esposo 에스뽀소	남 남편	esquí 에스끼	남 스키
espuela 에스뿌엘라	여 박차(拍車)	esquiar 에스끼아르	자 스키를 타다
espuma 에스뿌마	여 거품	estable 에스따블레	형 안정된
esqueleto 에스껠레또	남 해골, 골격	estacionar 에스따씨오나르	타 주차시키다

espontáneo, a 형 자발적인; 자연 발생의
에스뽄따네오, 아

esquema 남 도표, 도식; 개요
에스께마

esquiador, ra 남여 스키 타는 사람
에스끼아도르, 라

esquina 여 길모퉁이; 모서리
에스끼나

hacer esquina 길모퉁이를 이루다
아쎄르 에스끼나

esquivar 타 피하다, 비켜서다
에스끼바르

establecer 타 설립하다; 확립하다; 제정하다
에스따블레쎄르

establecimiento 남 설립; 제정; 시설
에스따블레씨미엔또

estadista 에스따디스따	남여 정치가	estanco 에스땅꼬	남 담배 가게
estado civil 에스따도 씨빌	결혼 상황	estantería 에스딴떼리아	여 선반; 책장

estación   여 역, 정거장; 계절
에스따씨온

estacionamiento   남 주차, 주차장
에스따씨오나미엔또

estadio   남 경기장, 스타디움
에스따디오

estadística   여 통계, 통계학
에스따디스띠까

estado   남 상태; 신분; 국가; 주
에스따도

Estados Unidos de América
에스따도스 우니도스 에 아메리까
   남복 미국, 아메리카 합중국

estadounidense   형 미국의. 남여 미국 사람
에스따도우니덴세

estallar   타 파열하다, 폭발하다; 돌발하다
에스따야르

estampa   여 판화; 삽화; 스탬프
에스땀빠

estancia   여 체재; ((남미)) 농장
에스딴시아

estar 에스따르	자 있다, 이다
estatua 에스따뚜아	여 조각상, 조상, 상
estatura 에스따뚜라	여 신장, 키
estatuto 에스따뚜또	남 법규; 규약
este 에스떼	남 동(東), 동쪽
estanque 에스땅께	남 못, 연못, 저수지
estante 에스딴떼	남 선반, 찬장, 책장
estético, ca 에스떼띠꼬, 까	형 미학의; 심미적인; 미용의. 여 미학
estilo 에스띨로	남 양식, 형, 스타일; 문체
estimación 에스띠마씨온	여 존경; 존중; 평가; 견적
estirar 에스띠라르	타 잡아당기다, 늘이다
esto 에스또	대 이것 (중성 지시 대명사)
este, ta 에스떼, 따	형 이
éste, ta 에스떼, 따	대 이것
estéril 에스떼릴	형 불모의
estilográfica 에스띨로그라피까	여 만년필
estimular 에스띠물라르	타 자극하다

estímulo 에스띠물로	남 자극; 자극제	estrecho, cha 에스뜨레초, 차	형 좁은
estómago 에스또마고	남 위(胃)	estrella 에스뜨레야	여 별
estornudo 에스또르누도	남 재채기	estricto, ta 에스뜨릭또, 따	형 엄격한
estrechar 에스뜨레차르	타 좁히다	estructura 에스뜨룩뚜라	여 구조, 구성

estorbar
에스또르바르
타 괴롭히다; 방해하다

estornudar
에스또르누다르
자 재채기를 하다

estrangular
에스뜨랑굴라르
타 교살하다; 질식시키다

estratégico, ca
에스뜨라떼히꼬, 까
형 전략상의

estrellarse
에스뜨레야르세
재귀 산산조각이 나다

estrenar
에tm레나르
자 초연하다, 데뷔하다, 개봉하다

estreno
에스뜨레노
남 초연, 데뷔, 개봉

estuche
에스뚜체
남 작은 상자, 케이스

estudiante 에스뚜디안떼	남여 학생	Europa 에우로빠	여 유럽
estufa 에스뚜파	여 난로	evangelio 에방헬리오	남 복음, 복음서
etapa 에따빠	여 단계, 시기	evaporar 에바뽀라르	타 증발시키다

estudiar
에스뚜디아르
동타 공부하다, 연구하다

estudio
에스뚜디오
남 공부, 연구; 스튜디오

estupendo, da
에스뚜뻰도, 다
형 굉장한, 대단한, 훌륭한

estúpido, da
에스뚜삐도, 다
형 뚱딴지같은, 어리석은

eterno, na
에떼르노, 나
형 영원의, 영구한

ético, ca
에띠꼬, 까
형 윤리의. 여 윤리, 윤리학

etiqueta
에띠께따
여 예의 범절, 에티켓; 라벨

euro
에우로
남 에우로, 유로, 유로화

europeo, a
에우로뻬오, 아
형 유럽의. 남여 유럽 사람

evaporarse [재귀] 증발하다 에바뽀라르세	exactamente [부] 정확히 엑삭따멘떼
evasión [여] 도피, 도망 에바씨온	exactitud [여] 정확함 엑삭띠뚣
evidencia [여] 명백함; 증거 에비덴씨아	exacto, ta [형] 정확한 엑싹또, 따
evidente [형] 명백한 에비덴떼	exagerar [타] 과장하다 엑사헤라르
evitar [타] 피하다 에비따르	excepción [여] 예외 엑셉씨온

evolución   [여] 진전, 전개; 발전; 진화
에볼루씨온

evolucionar   [자] 진화하다, 발전하다
에볼루씨오나르

examen   [남] 시험; 검사; 진찰
엑사멘

examinar   [타] 조사하다, 시험하다
엑사미나르

excelencia   [여] 우수, 훌륭함, 뛰어남
엑셀렌씨아

excelente   [형] 훌륭한, 뛰어난, 우수한
엑셀렌떼

No hay regla sin excepción 예외 없는 규칙은 없다
노 아이 뤼글라 씬 엑셉씨온

excepcional 형 예외의 엑셉씨오날	exclamación 여 감탄 엑스끌라마시온
excepto 전 제외하고 엑셉또	exclamar 자 외치다 엑스끌라마르
exceso 남 과잉; 초과 엑세소	existencia 여 존재 엑시스뗀시아
excitación 여 흥분, 자극 엑시따씨온	existir 자 존재하다, 있다 엑시스띠르

excesivo, va 형 지나친, 고도한
엑세시보, 바

excitar 타 흥분시키다, 자극하다
엑시따르

excluir 타 제외하다, 추방하다
엑스끌루이르

exclusivo, va 형 독점의, 배타적인. 여 독점권, 독점 기사
엑스끌루시보, 바

excursión 여 소풍, 관광 여행
엑스꾸르씨온

exhibición 여 전시, 전시회; 공개
엑스이비시온

exigir 타 요구하다, 요청하다
엑시히르

éxito 남 성공. tener éxito 성공하다
엑씨또

expectiva 엑스뻭띠바	여 기대	exportación 에스뽀르따씨온	여 수출
experiencia 에스뻬리엔씨아	여 경험	exportar 에스뽀르따르	타 수출하다
experimento 에스뻬리멘또	남 실험	expresión 에스쁘레씨온	여 표현; 표정
explicación 에스쁠리까씨온	여 설명, 해설	expulsar 에스뿔사르	타 추방하다

expansión
엑스빤시온
여 팽창; 확대, 발전

experimentar
에스뻬리멘따르
타 실험하다; 체험하다

explicar
에스쁠리까르
타 설명하다, 해설하다

exponer
에스뽀네르
타 전시하다, 진열하다; 채굴하다

exportador, ra
에스뽀르따도르, 라
형 수출하는. 남여 수출업자

exposición
에스뽀씨씨온
여 전시, 전시회, 전람회; 표명

expresar
에스쁘레사르
타 표현하다, 나타내다

exquisito, ta
에스끼시또, 따
형 맛이 좋은; 절묘한

exterior 에스떼리오르	형 밖의, 외부의	extra 에스뜨라	형 여분의
extintor 에스띤또르	남 소화기	extraer 에스뜨라에르	타 뽑다, 빼다

extender   타 확장하다, 넓히다
에스뗀데르

extensión   여 면적; 확대, 연장
에스뗀씨온

extenso, sa   형 광대한, 넓은
에스뗀소, 사

extinguir   타 (불을) 끄다; 없애다
에스띵기르

extracción   여 뽑아내기, 빼기, 적출, 추출
에스뜨락씨온

extranjero, ra   형 외국의. 남여 외국 사람. 남 외국
에스뜨랑헤로, 라

extrañar   자타 이상하게 생각하다
에스뜨라냐르

extraño, ña   형 이상한, 괴상한, 기묘한
에스뜨라뇨, 냐

extraordinario, ria   형 기묘한, 이상한; 특별한; 임시의
에스뜨라오르디나리오, 아

extremista   형 과격주의의. 남여 과격주의자
에스뜨레미스따

extremidad 여 끝, 선단
에스뜨레미닫

extremo, ma 형 끝의, 마지막의; 극단의, 끝; 극단
에스뜨레모, 마

F

fábrica 파브리까	여 공장	factor 팍또르	남 요인; 인수
fabricación 파브리까씨온	여 제조	factura 팍뚜라	여 청구서, 송장
fachada 파차다	여 (건물의) 정면	facultad 파꿀딷	여 단과 대학
fácil 파씰	형 쉬운, 용이한	faena 파에나	여 일, 작업, 노동
facilidad 파씰리닫	여 용이함, 쉬움	faja 파하	여 띠, 허리띠
facilitar 파씰리따르	타 용이하게 하다	falda 팔다	여 스커트
facsímil 팍씨밀	남 팩시밀리	fallar 파야르	자 실패하다

fabricante 파브리깐떼 — 남여 제조업자, 메이커

fabricar 파브리까르 — 타 제조하다, 만들다

facción 팍씨온 — 여 분파. 여복 용모

fácilmente 파씰멘떼 — 부 쉽게, 용이하게

facturar 팍뚜라르 — 타 청구하다, 송장을 작성하다

fallecer 파예세르	자 죽다, 사망하다	fama 파마	여 평판, 명성
falsificación 팔시피까시온	여 위조	familia 파밀리아	여 가족
falsificar 팔씨피까르	타 위조하다	familiar 파밀리아르	형 가족의, 친척
falso, sa 팔소, 사	형 거짓의, 허위의	famoso, sa 파모소, 사	형 유명한
falta 팔따	여 부족, 결여, 결핍	fantasía 판따씨아	여 공상, 환상
sin falta 씬 팔따	틀림없이, 꼭	fantasma 판따스마	남 유령
hacer falta 아쎄르 팔따	필요하다	farmacia 파르마시아	여 약국

fallecimiento 파예시미엔또   남 사망, 죽음

faltar 팔따르   자타 부족하다; 필요하다

fanático, ca 파나띠꼬, 까   형 광신적인, 열광적인

fantástico, ca 판따스띠꼬, 까   형 공상적인, 환상적인

farmacéutico, ca 파르마쎄우띠꼬, 까   형 약학의, 제약의

faro 파로	남 등대
farola 라롤라	여 가로등
farsa 파르사	여 광대 놀이
fascinar 파씨나르	타 매혹하다
fase 파세	여 국면, 단계
fatal 파딸	형 숙명적인, 치명적인
fatiga 파띠가	여 피로
fatigar 파띠가르	타 피로하게 하다

favor 파보르 — 남 호의, 애호, 친절

por favor 뽀르 파보르 — 제발, 부디

favorable 파보라블레 — 형 유리한

favorecer 파보레쎄르 — 타 유리하게 하다

faz 파스 — 여 얼굴

fe 페 — 여 믿음

fealdad 페알닫 — 여 추함, 미움

febrero 페브레로 — 남 2월

fastidiar 파스디아르 — 귀찮게 하다, 불쾌하게 하다

fastidio 파스띠디오 — 남 불쾌함, 귀찮게 함

hacer el favor de + 동사 원형 — …해 주시다
아쎄르 엘 파보르 데

favorito, ta 파보리또, 따 — 형 아주 좋아하는, 마음에 드는

fecha 페차	여 날짜	feliz 펠리스	형 행복한
felicidad 펠리씨닫	여 행복; 행운	felizmente 펠리스멘떼	부 행복하게
felicitación 펠리씨따씨온	여 축하; 축사	fenómeno 페노메노	남 현상
felicitar 펠리씨따르	타 축하하다	feo, a 페오, 아	형 미운, 못생긴

fecundo, da   형 비옥한; 다산의
페꾼도, 다

federación   여 연방; 연합, 연맹
페데라씨온

¡Feliz Año Nuevo!   새해 복 많이 받으세요!
펠리스 아뇨 누에보

¡Feliz cumpleaños!   생일을 축하합니다!
펠리스 꿈쁠레아뇨스

¡Feliz Navidad!   즐거운 크리스마스가 되기를!
펠리스 나비닫

¡Feliz Navidad y Próspero Año Nuevo!
펠리스 나비닫 이 쁘로스뻬로 아뇨 누에보
즐거운 크리스마스가 되시고 새해 복 많이 받으십시오!

femenino, na   형 여성의, 여자 같은
페메니노, 나

feria   여 박람회, 전람회; 시장; (연례) 축제
페리아

feroz 페로스	형 잔인한
férreo, a 페레오, 아	형 철의, 쇠의
ferrocarril 페로까릴	남 철도
ferroviario, ria 페로로비아리오, 리아	형 철도의
fértil 페르띨	형 비옥한; 풍요로운
fertilizante 페르띨리산떼	남 비료
fertilizar 페르띨리사르	타 비옥하게 하다
ferviente 페르비엔떼	형 열렬한
fervor 페르보르	남 열의, 열렬함
festejar 페스떼하르	타 환대하다
festejo 페스떼호	남 잔치, 축하연
día festivo 디아 페스띠보	경축일
fianza 피안사	여 보증금; 보석금
fiarse 피아르세	재귀 믿다
fibra 피브라	여 섬유
ficción 픽씨온	여 허구, 피션
festival 페스띠발	남 페스티발, 음악제, 영화제
festivo, va 페스띠보, 바	형 경축의; 흥겨운
fiar 피아르	타 보증하다. 자 신용하다
ficha 피차	여 토큰, (공중전화용) 코인

fidelidad 여 충실함, 성실 피델리닫	**fila** 여 열(列) 필라
fideo 남 국수, 피데오 피데오	**filete** 남 (소나 돼지의) 안심 필레떼
fiebre 여 열, 열병 피에브레	**filial** 형 아들의. 여 자회사 필리알
fiel 형 충실한 피엘	**filmar** 타 (영화를) 촬영하다 필마르
fielmente 부 충실히 피엘멘떼	**filme** 남 필름 필메
fiero, ra 형 용맹한. 여 맹수 피에로, 라	**filo** 남 칼날 피로
fiesta 여 파티, 축제, 축제일 피에스따	**filosofía** 여 철학 필로소피아
fijar 타 고정하다 피하르	**filosófico, ca** 형 철학의 필로소피꼬, 까
fijarse en (무엇을) 보다 피하르세 엔	**filósofo, fa** 남여 철학자 필로소포, 파
fijo, ja 형 고정된 피호, 하	**filtro** 남 필터, 여과기 필뜨로

figura 여 모습, 생김새, 외모, 모양
피구라

figurar 타 그림[조각]으로 나타내다
피구라르

| fin 핀 | 남 끝; 목적 | firmar 피르마르 | 자타 서명하다 |

| final 피날 | 형 최후의. 남 끝 | firme 피르메 | 형 견고한; 확고한 |

| finalidad 피날리닫 | 여 목적 | fisiología 피씨올로히아 | 여 생리학 |

| finca 핑까 | 여 가옥, 부동산; 농장 | fisonomía 피소노미아 | 여 인상(人相) |

| firma 피르마 | 여 서명 | flaco, ca 플라꼬, 까 | 형 여윈; 약한 |

Buen fin de semana
부엔 핀 데 세마나   주말을 잘 보내십시오

finalizar 피날리사르   타자 끝내다, 끝나다

financiero, ra 피난시에로, 라   형 재정의, 금융의

fingir 핑히르   타 빙자하다, 꾸미다, 짐짓 꾸미다

fino, na 피노, 나   형 가는; 얇은; 상질의; 세련된

fiscal 피스깔   형 국고의, 재정의. 남여 검사(檢事)

físico, ca 피씨꼬, 까   형 물리학의; 물질의; 육체적인. 여 물리학. 남여 물리학자

flauta 플라우따	여 피리, 플루트	flota 플로따	여 선단; 함대
flecha 플레차	여 화살	flotar 플로따르	자 뜨다
flojo, ja 플로호, 하	형 무기력한	fluctuar 플룩뚜아르	타 변동하다
flor 플로르	여 꽃	foco 포꼬	남 초점
florecer 플로레세르	자 꽃이 피다	fogón 포곤	남 부뚜막
florería 플로레리아	여 꽃집, 꽃가게	folleto 포예또	남 소책자, 팸플릿

El tiempo corre como una flecha 세월은 유수와 같다
엘 띠엠뽀 꼬리 꼬모 우나 플레차

fletar 타 (배, 비행기를) 전세 내다
플레따르

flexible 형 유연한, 낭창낭창한
플렉시블레

florero, ra 남여 꽃장수, 꽃집 주인
플로레로, 라

florista 남여 꽃장수, 꽃집 주인
플로리스따

fomentar 타 촉진하다, 장려하다
포멘따르

fonda 여 간이 여관, 여인숙 폰다		fórmula 여 형식; 서식 포르물라	
forastero, ra 형 타국의 포라스떼로, 라		formulario 남 서식 용지 포르물라리오	
forma 여 형태, 형식 포르마		fortalecer 타 강하게 하다 포르딸레세르	
formal 형 형식적인; 정식의 포르말		fortaleza 여 요새, 성채 포르딸레사	
formalidad 여 수속 포르말리닫		fósforo 남 성냥 포스포로	

fonético, ca 형 음성학의. 여 음성학
포네띠꼬, 까

formación 여 형성, 형식, 방법
포르마시온

formar 타 형성하다; 양성하다
포르마르

formidable 형 경이적인, 굉장한
포르미다블레

formular 타 (서식을) 작성하다; 표명하다
포르물라르

fortuna 여 운명; 행운; 재산
포르뚜나

forzar 타 강제하다, 무리하게 …시키다
포르사르

foto 포또	여 사진	fraile 프라일레	남 수도사, 수사
fotografía 포또그라피아	여 사진	Francia 프란씨아	여 ((국명)) 프랑스
frac 프락	남 예복, 연미복	franqueo 프랑께오	남 우편 요금
fracasar 프라까사르	자 실패하다	franqueza 프랑께사	여 솔직함
fracaso 프라까소	남 실패	frasco 프라스꼬	남 작은 병
fractura 프락뚜라	여 골절	frase 프라세	여 구, 어구, 문장
frágil 프라힐	형 부서지기 쉬운	fraternal 프라떼르날	형 형제의; 우애의

fotógrafo, fa 포또그라포, 파   남여 사진사, 사진가, 카메라맨

fracturarse 프락뚜라르세   재귀 삐다, 골절되다

fragmento 프라그멘또   남 파편, 단편, 조각

francés, sa 프란쎄스, 사   형 프랑스의. 남여 프랑스 사람. 남 프랑스 어

franco, ca 프랑꼬, 까   형 솔직한; 무관세의

fraude 프라우데	남 부정, 사기
frecuencia 프레꾸엔씨아	여 빈번함, 빈도
frecuente 프레꾸엔떼	형 빈번한, 잦은
fregar 프 레가르	타 닦다, 문지르다
fresa 프레사	여 딸기
fruta fresca 프루따 프레스까	신선한 과실
frigorífico 프리고리피꼬	남 냉장고
frío, a 프리오, 아	형 찬, 추운. 남 추위
agua fría 아구아 프리아	찬 물, 냉수
Hace frío 아쎄 프리오	날씨가 춥다
frito, ta 프리또, 따	형 튀긴
patatas fritas 빠따따스 프리따스	감자 튀김

frecuentar   자 …에 자주 가다
프레꾸엔따르

freír   타 프라이하다, 기름에 튀기다
프레이르

frente   여 이마. 남 정면; 전선
프렌떼

fresco, ca   형 시원한, 서늘한; 신선한, 싱싱한. 남 시원함.
프레스꼬, 까

pescado fresco   신선한 생선
뻬스까도 프레스꼬

Hace fresco   날씨가 시원하다
아쎄 프레스꼬

frontera 프론떼라	여 국경
frotar 프로따르	타 마찰하다, 문지르다
frustrar 프루스뜨라르	타 좌절시키다
fruta 프루따	여 과일, 과실
frutería 프루떼리아	여 과일 가게
frutero, ra 프루떼로, 라	남여 과일장수
fruto 프루또	남 열매; 성과
fuego 푸에고	불, 화재
fuente 푸엔떼	여 분수, 샘, 우물
fuera 푸에라	부 바깥에, 밖에
fuera de 푸에라 데	…의 밖에
fuerte 푸에르떼	형 강한, 힘찬
fuerza 푸에르사	여 힘; 군, 병력
fuga 푸가	여 도망, 도주
fugarse 푸가르세	재귀 도망하다
fumador, ra 푸마도르, 라	남여 흡연자
fumar 푸마르	자 흡연하다
No fumar 노 푸마르	금연
fuertemente 푸에르떼멘떼	부 강하게, 힘차게
No fumen 누 푸멘	금연, 담배 피우지 마세요
función 풍씨온	여 기능; 직무; 상연

fundación (푼다씨온)	여	설립, 창설
fúnebre (푸네브레)	형	장례식의
funeral (푸네랄)	남	장례식
furia (푸리아)	여	격노, 분격
estar furioso (에스따르 푸리오소)		화를 내다
funcionar (풍씨오나르)	자	작용하다, 작동하다
funcionario, ria (풍씨오나리오, 리아)	남여	공무원
fundamental (푼다멘딸)	형	기본적인, 근본적인
fundamento (푼다멘또)	남	기초; 근거
fundar (푼다르)	타	설립하다, 창설하다, 건설하다
furioso, sa (푸리오소, 사)	형	격노한, 화를 낸
fusionar (푸씨오나르)	타	융합시키다; 합병시키다
furor (푸로르)	남	격노
fusil (푸씰)	남	총, 소총
fusilar (푸씰라르)	타	총살하다
fusión (푸씨온)	여	용해
fútbol (풋볼)	남	축구

futbolista 〔남여〕 축구 선수
풋볼리스따

fusionarse 〔재귀〕 융합하다, 합병하다
푸씨오나르세

futuro, ra 〔형〕 미래의. 〔남〕 미래, 장래
푸뚜로, 라

gabán 가방	남 코트
gabinete 가비네떼	남 내각; 작은 방
gafas 가파스	여복 안경(anteojos)
gafas de sol 가파스 데 솔	선글라스
galán 갈란	남 미남자
galápago 갈라빠고	남 큰 거북
galleta 가예따	여 비스킷
gallina 가이나	여 암탉
carne de gallina 까르네 데 가이나	닭고기
gallo 가요	남 수탉
gamba 감바	여 새우
gana 가나	여 의욕, 욕망
ganadería 가나데리아	여 목축
ganado 가나도	남 ((집합)) 가축
ganancia 가난씨아	여 이익
gancho 간초	남 갈고리
ganso, sa 간소, 사	남여 ((조류)) 거위
garaje 가라헤	남 차고(車庫)

gabardina 가발디나	여 비옷, 레인코트
tener gana(s) de + 동사 원형 떼네르 가나(스) 데	…하고 싶다
ganar 가나르	자타 이기다, 돈을 벌다, 얻다

G

garantizar 가란띠아르	타 보증하다
gasolinera 가솔리네라	여 주유소
garganta 가르간따	여 목구멍
gato, ta 가또, 따	남여 고양이
garra 가르라	여 (맹수의) 발톱
gemir 헤미르	자 신음하다
gas 가스	남 가스
generación 헤네라씨온	여 세대; 발생
gasolina 가솔리나	여 가솔린, 휘발유
generoso, sa 헤네로소, 사	형 관대한

garantía 가란띠아   여 보증, 보증금; 담보

gaseoso, sa 가세오소, 사   형 가스 모양의. 남 산탄 음료

gastar 가스따르   타 낭비하다, 소모하다, 쓰다

gasto 가스또   남 소비, 낭비; 지출; 경비, 비용

gazpacho 가스빠초   남 가스빠초 ((냉수프의 일종))

gemelo, la 헤멜로, 라   형 쌍둥이의. 남여 쌍둥이

general 헤네랄   형 일반적인; 전반적인, 전체의. 남 장군(將軍)

| genial 헤니알 | 형 천재적인 | gesto 헤스또 | 남 표정; 제스처 |

gente 헨떼 — 여 사람들

gigante 히간떼 — 남 거인

geografía 헤오그라피아 — 여 지리학

gigantesco, ca 히간떼스꼬, 까 — 형 거대한

geología 헤올로히아 — 여 지질학

gimnasia 힘나씨아 — 여 체조

geometría 헤오메뜨리아 — 여 기하학

gimnasio 힘나씨오 — 남 체육관

gerente 헤렌떼 — 남여 지배인; 이사

gira 히라 — 여 주유; 원족, 소풍

gestión 헤스띠온 — 여 수속, 처치; 관리

girar 히라르 — 타 회전하다; 돌리다

generalizar 헤네랄리사르 — 타 일반화시키다

generalmente 헤네랄멘떼 — 부 일반적으로, 대개

género 헤네로 — 남 종류; 분야; 상품; ((문법)) 성

genio 헤니오 — 남 천분, 천재; 성질; 기분

ginebra 히네브라 — 여 진, 두송주(杜松酒)

girasol 히라솔	남 해바라기	gobierno 고비에르노	남 정부
giro 히로	남 회전; 환어음	goce 고쎄	남 기쁨, 즐거움
gitano, na 히따노, 나	남여 집시	golf 골프	남 골프
globo 글로보	남 구, 구체; 풍선	golfista 골피스따	남여 골퍼
globo terrestre 글로보 떼레스뜨레	지구	golfo 골포	남 만(灣)
gloria 글로리아	여 영광	golpe 골뻬	남 구타, 타격
glorioso, sa 글로리오소, 사	형 영광스러운	golpe de estado 골뻬 데 에스따도	쿠데타

traje de gitana
뜨라헤 데 히따나 집시 여인의 옷

gobernador, ra
고베르나도르, 라 남여 도지사; 총재; 총독

gobernar
고베르나르 타 통치하다, 지배하다

gobierno coreano
고비에르노 꼬레아노 한국 정부

golondrina
골론드리나 여 ((조류)) 제비

dar un golpe 때리다 다르 운 골뻬	gozar 자타 즐기다; 소유하다 고사르
goma 여 고무 고마	gozo 남 기쁨, 즐거움 고소
gorrión 남 ((조류)) 참새 고리온	grabación 여 녹음; 녹화 그라바씨온
gota 여 방울 고따	grabado 남 판화; 삽화 그라바도
gota de agua 물방울 고따 데 아구아	graduarse 재귀 졸업하다 그라두아르세
golpear 골뻬아르	타 때리다, 구타하다
gordo, da 고르도, 다	형 뚱뚱한, 살찐, 비만한
gorra 고라	여 (차양이 있는) 모자
gorro 고로	남 (차양이 없는) 모자
grabadora 그라바도라	여 테이프 레코드
grabar 그라바르	타 조각하다; 녹음하다, 녹화하다
gracia 그라씨아	여 은혜, 우아함, 기품

gramática 그라마띠까	여 문법	grande 그란데	형 큰, 위대한
gramo 그라모	남 그램	granizar 그라니사르	자 우박이 내리다
gran hombre 그란 옴브레	위인	granizo 그라니소	남 우박
gran mujer 그란 무헤르	위대한 여인	granja 여 농장(農場), 농원 그랑하	

gracias 여복 감사. 감 감사합니다
그라씨아스

muchas gracias 대단히 감사합니다
무차스 그라씨아스

muchísimas gracias 정말 고맙습니다
무치씨마스 그라씨아스

mil gracias 대단히 감사합니다
밀 그라씨아스

un millón de gracias 정말 고맙습니다.
운 미욘 데 그라씨아스

grado 남 정도; (온도 등의) 도; 계급
그라도

graduar 타 조절하다; 측정하다; 등급을 정하다
그라두아르

gran 형 큰, 위대한 (단수 명사 앞에서 –de 탈락형)
그란

granjero, ra 〖남여〗 농장주
그랑헤로, 라

grano 〖남〗 낟알; 여드름
그라노

grasa 〖여〗 지방(脂肪)
그라사

gratis 〖부〗 무료로, 공짜로
그라띠스

gratitud 〖여〗 감사, 사의
그라띠뚣

gratuito, ta 〖형〗 무료의
그라뚜이또, 따

grave 〖형〗 중대한, 심각한
그라베

gremio 〖남〗 동업 조합
그레미오

grifo 〖남〗 수도꼭지
그리포

gravedad 〖여〗 중대함, 중대성, 심각함; 중력
그라베닫

griego, ga 〖형〗 그리스의. 〖남여〗 그리스 사람. 〖남〗 그리스 어
그리에고, 가

gripe 〖여〗 유행성감기
그리뻬

gris 〖형〗 회색의. 〖남〗 회색
그리스

color gris 회색
꼴로르 그리스

vestido gris 회색 드레스
베스띠도 그리스

gritar 〖동〗 외치다, 소리지르다
그리따르

grito 〖남〗 외침, 절규
그리또

grúa 〖여〗 기중기, 크레인
그루아

grueso, sa 〖형〗 두꺼운, 살찐
그루에소, 사

guante 〖남〗 장갑
구안떼

dar un grito 외치다, 소리지르다
다르 운 그리또

| guarda 구아르다 | 남여 감시인 | guerra 게라 | 여 전쟁 |

guarda 구아르다 　　　　　남여 감시인

guerra 게라 　　　　　여 전쟁

grupo 그루뽀 　　　　　남 그룹, 동아리, 무리

guapo, pa 구아뽀, 빠 　　　　　형 잘생긴, 미남의, 미녀의, 미인의

guardar 구아르다르 　　　　　타 지키다, 보존하다

guardarropa 구아르다르로빠 　　　　　여 휴대품 예치소; 양복장

guardería 구아르데리아 　　　　　여 탁아소, 보육원

guardia 구아르디아 　　　　　여 경비, 감시. 남여 경찰관

el guardia tumbado 엘 구아르디아 뚬바도 　　　　　과속 방지턱

Guatemala 구아떼말라 　　　　　((국명)) 과테말라

guatemalteco, ca 구아떼말떼꼬, 까 　　　　　형 과테말라의. 남여 과테말라 사람

guerrilla 게뤼야 　　　　　여 게릴라, 게릴라전, 유격전

guía 기아 　　　　　여 안내, 안내서. 남여 안내자, 지도자

guiar 기아르	타 안내하다	güisqui 구이스끼	남 위스키
guiñar 기냐르	자 윙크하다	guitarra 기따라	여 기타
guiño 기뇨	남 윙크	guitarrista 남여 기타리스트 기따뤼스따	
guisante 기산떼	남 완두콩	gustar 구스따르	자 좋아하다
guisar 기사르	타 요리하다	con mucho gusto 기꺼이 꼰 무초 구스뽀	
guiso 기소	남 요리		

guión   남 시나리오, 각본; 하이푼
기온

gusano   남 구더기, 송충이, 모충
구사노

Me gusta el té   나는 차를 좋아한다
메 구스따 엘 떼

No me gusta el café   나는 커피를 싫어한다
노 메 구스따 엘 까페

gusto   남 즐거움, 기쁨; 맛, 미각; 기호, 취미
구스또

Mucho gusto   처음 뵙겠습니다
무초 구스또

H

haba 아바	여 잠두, 누에콩
haber² 아베르	남 자산, 재산
hábil 아빌	형 유능한
habitación 아비따씨온	여 방(房)
habitación libre 아비따씨온 리브레	빈 방
habano 아바노	남 아바노 (쿠바의 여송연)
haber¹ 아베르	자 있다; (사건이) 일어나다
habilidad 아빌리닫	여 숙련, 재주, 재간
hábito 아비또	남 의복. 남복 습관, 버릇
habla 아블라	여 언어, 말, 언어 능력
hablador, ra 아블라도르, 라	형 말이 많은, 입이 가벼운
hace 아쎄	날씨가 …하다; …되었다; … 전에
habitante 아비딴떼	남 주민, 거주자
habitar 아비따르	자 살다, 거주하다
habitual 아비뚜알	형 습관적인
hablar 아블라르	타 말하다
desde hace 데스데 아쎄	… 전부터

Hace calor 아쎄 깔로르	날씨가 덥다
Hace frío 아쎄 프리오	날씨가 춥다
Hace sol 아쎄 솔	볕이 난다
hacer 아쎄르	타 하다, 만들다
hacha 아차	여 도끼
hada 아다	여 요정(妖精)

Hace mucho tiempo que te veo 오랜만이다!
아쎄 무초 띠엠뽀 께 떼 베오

hacia 전 … 쪽으로; … 무렵, 경에
아씨아

hacienda 여 농장, 농원; 재산
아씨엔다

Ministerio de Hacienda 재무부
미니스떼리오 데 아씨엔다

halagar 타 아부하다, 아첨하다
알라가르

Tengo hambre 나는 배가 고프다
뗑고 암브레

halago 알라고	남 아부, 아첨
hallar 아야르	타 발견하다
hallarse 재귀 아야르세	(장소에) 있다
hallazgo 아야스고	발견; 습득물
hambre 암브레	여 공복, 굶주림
hamburguesa 암부르게사	여 햄버거

harina 여 가루, 밀가루 아리나	hebilla 여 버클 에비야
hartar 타 배부르게 하다 아르따르	hebra 여 섬유 에브라
hasta 전 까지, 조차도 아스따	helado 남 아이스크림 엘라도
hasta que …까지 아스따 께	helar 타 얼리다, 동결시키다 엘라르
hastío 남 혐오, 불쾌감 아스띠오	helicóptero 남 헬리콥터 엘리꼽떼로
hay 자 있다 아이	hembra 여 암컷; 암나사 엠브라
hazaña 여 위업 아사냐	hemisferio 남 반구(半球) 에미스페리오

harto, ta 형 포식한, 배가 부른, 싫증이 난
아르또, 따

hay que + 동사 원형 …해야 한다
아이 께

Hay un mercado 시장이 있다
아이 운 메르까도

hecho, cha 형 만들어진, 만든. 남 사실; 행동
에초, 차

Hecho en Corea 한국 제품
에초 엔 꼬레아

heredar 에레다르	타 상속하다
hereje 에레헤	남여 이단자
herida 에리다	여 상처, 부상
herir 에리르	타 다치게 하다
herirse 에리르세	재귀 다치다
hermoso, sa 에르모소, 사	형 아름다운
hermosura 에르모수라	여 아름다움, 미
héroe 에로에	남 영웅
heroíco, ca 에로이꼬, 까	형 영웅적인
herramienta 에라미엔따	여 도구, 공구
hervir 에르비르	자 비등하다, 끓다
hielo 이엘로	남 얼음

henchir 엔치르   타 부풀게 하다, 채워 넣다

heredero, ra 에레데로   남여 상속인; 후계자

herencia 에렌씨아   여 유산, 상속 재산; 유전

herido, da 에리도, 다   형 부상당한, 다친. 남여 부상자

hermano, na 에르마노, 나   남여 형제, 자매, 형, 동생, 오빠, 누이, 언니

heroína 에로이나   여 여걸; 여주인공; 헤로인

hierba 이에르바	여 풀(草)	hilar 일라르	타 잣다, 실로 잣다
hierro 이에로	남 철, 쇠	hilo 일로	남 실
hígado 이가도	남 간장; ((요리)) 간	himno 임노	남 찬가; 찬미가
higiene 이히에네	여 위생	himno nacional 임노 나씨오날	국가(國歌)
higiénico, ca 이히에니꼬, 까	형 위생적인	hincha 인차	남여 (스포츠의) 팬
papel higiénico 빠뻴 이히니에꼬	화장지	hipar 이빠르	자 딸꾹질하다
higo 이고	남 무화과	hipo 이뽀	남 딸꾹질
higuera 이게라	여 무화과나무	hipocresía 이뽀끄레씨아	여 위선
hijo, ja 이호, 하	남여 아들, 딸	hipódromo 이뽀드로모	남 경마장
hijos 이호스	남복 아들들, 자식들	hipótesis 이뽀떼씨스	여 가설

hipócrita 형 위선적인. 남여 위선자
이뽀끄리따

hispánico, ca 형 스페인 계의, 스페인 어권의
이스빠니꼬, 까

historia 이스또리아	여 역사
historiador, ra 이스또리아도르, 라	남여 역사가
histórico, ca 이스또리꼬, 까	형 역사적인
hogar 오가르	남 가정; 난로
hoja 오하	여 잎; (책의) 장; 칼날
hola 올라	감 안녕하세요 ((인사))
hombre 옴브레	남 남자; 어른; 사람
hombro 옴브로	남 어깨
homenaje 오메나헤	남 경의
homicidio 오미씨디오	남 살인, 살인죄
hondo, da 온도, 다	형 깊은
honesto, ta 오네스또, 따	형 정직한

hispanoamericano, na 이스빠노아메리까노, 나 — 형 스페인 계 아메리카의. 남여 스페인 계 아메리카 사람

hojear 오헤아르 — 자 (책의) 페이지를 넘기다

holandés, sa 올란데스, 사 — 형 네덜란드의. 남여 네덜란드 사람. 남 네덜란드 어

holgazán, na 올가산, 나 — 형 게으른, 나태한

homicida 오미씨다 — 형 살인의. 남여 살인범

Honduras 온두라스 — ((국명)) 온두라스

hongo 남 버섯
옹고

honor 남 명예; 광영; 체면
오노르

honra 여 체면, 면목, 명예
온라

hora 여 시, 시간
오라

horario 남 시간표, 시각표
오라리오

horizontal 형 수평의
오리손딸

hormiga 여 ((곤충)) 개미
오르미가

hormigón 남 콘크리트
오르미곤

horno 남 오븐
오르노

horóscopo 남 점성
오로스꼬뻬

horror 남 공포; 혐오
오르로르

hortaliza 여 야채
오르딸리사

hospedar 타 숙박시키다
오스뻬다르

hospedarse 재귀 숙박하다
오스뻬다르세

hondureño, na 형 온두라스의. 남여 온두라스 사람
온두레뇨, 냐

honorario, ria 형 명예직의. 남복 사례금
오노라리오, 리아

honrado, da 형 정직한, 성실한
온라도, 다

horizonte 남 지평선, 지평선
오리손떼

horrible 형 무시무시한, 소름끼치는, 무서운
오뤼블레

hospital 오스삐딸	남 병원	hotel 오뗄	남 호텔
hospitalizar 오스삐딸리사르	타 입원시키다	hoy 오이	부 오늘
hostal 오스딸	남 작은 호텔, 여관	hoyo 오요	남 작은 구멍
hostilidad 오스띨리닫	여 적의(敵意)	huelga 우엘가	여 파업

hospitalizado, da
오스삐딸리사도, 다
형 입원한

estar hospitalizado
에스따르 오스삐딸리사도
입원해 있다

hospitalizarse
오스삐딸리사르세
재귀 (병원에) 입원하다

hostil
오스띨
형 적의가 있는, 적대하는

¿Dónde hay un hotel?
돈데 아이 운 오뗄
호텔은 어디에 있습니까?

huele 동 oler(냄새나다) 동사의 직설법 현재 3인칭 단수형
우엘레

¡Qué bien huele!
께 비엔 우엘레
야, 냄새 좋다!

¡Qué mal huele!
께 말 우엘레
야, 냄새 고약하다!

huella 우에야	여 족적; 흔적	humedad 우메닫	여 습기; 습도
huerta 우에르따	여 과수원, 야채밭	humedecer 우메데쎄르	타 적시게 하다
hueva 우에바	여 어란(魚卵)	húmedo, da 우메도, 다	형 습한, 젖은
huevo 우에보	남 알, 달걀, 계란	humilde 우밀데	형 겸허한; 천한
huida 우이다	여 도망, 도주	humillar 우미야르	타 굴복시키다
huir 우이르	자 도망치다, 도주하다	humillarse 우미야르세	재귀 굴복하다

huérfano, na 형 고아의. 남여 고아
우에르파노, 나

hueso 남 뼈; (복숭아 등 견과류의) 씨
우에소

huésped, da 남여 숙박객; 하숙인
우에스뻬드, 다

una docena de huevos 달걀 한 다스 [12개]
우나 도쎄나 데 우에보스

humanidad 여 인류; 인간성
우마니닫

humano, na 형 인간의; 인간적인. 남 인간
우마노, 나

humo 동 연기(煙氣) 우모	huraño, ña 형 비사교적인 우라뇨, 냐
humor 답 기분, 기질, 성미 우모르	hurtar 타 훔치다, 사취하다 우르따르
humorismo 답 유머 우모리스모	hurto 답 사취, 도둑질 우르또
huracán 답 허리케인 우라깐	

    hundir   타 침몰시키다, 가라앉히다
    운디르

    hundirse   재귀 가라앉다, 침몰되다
    운디르세

ibérico, ca 이베리꼬, 까	형 이베리아의	ídolo 이돌로	남 우상
ida 이다	여 가기, 행로	iglesia 이글레씨아	여 교회
idéntico, ca 이덴띠꼬, 까	형 동일의	ignorancia 익노란씨아	여 무지, 무학
ideología 이데올로히아	여 이데올로기	ignorante 익노란떼	형 모르는, 무식한
idioma 이디오마	남 언어	ignorar 익노라르	자타 모르다

billete de ida y vuelta 비예떼 데 이다 이 부엘따 — 왕복표

idea 이데아 — 여 생각, 관념, 이상; 아이디어

ideal 이데알 — 형 이상적인; 관념적인 이상

identidad 이덴띠닫 — 여 동일성, 본인의 증명

carné de identidad 까르네 데 이덴띠닫 — 신분 증명서

identificar 이덴띠피까르 — 타 동일시하다; 신원을 확인하다

idiota 이디오따 — 형 멍청한, 바보의. 남여 바보

| igual 형 같은, 동등한 | ilegal 형 불법의, 위법의 |
| 이괄 | 일레갈 |

| dar igual 똑같다 | iluminación 여 조명 |
| 다르 이괄 | 일루미나씨온 |

| igualdad 여 동등, 평등 | ilusión 여 환각, 착각; 환상 |
| 이구알닫 | 일루씨온 |

igualmente 부 같게, 동등하게. 감 당신도!
이괄멘떼

iluminar 타 밝게 하다, 비추다
일루미나르

ilusionar 타 착각을 일으키게 하다
일루씨오나르

ilusionarse 재귀 착각을 일으키다
일루씨오나르세

ilustración 여 삽화, 일러스트; 예증
일루스뜨라씨온

ilustrado, da 형 그림이 들어 있는; 학식이 있는
일루스뜨라도, 다

ilustrar 타 삽화를 넣다; 설명하다
일루스뜨라르

imagen 여 상(像), 화면; 이미지
이마헨

imaginación 여 상상, 상상력
이마히나씨온

imán 이만	남 자석	imparcial 임빠르씨알	형 공평한
imitar 이미따르	타 모방하다	impedir 임뻬디르	타 방해하다, 막다
impacto 임빡또	남 충격	imperial 임뻬리알	형 황제의, 제국의
impar 임빠르	형 기수(基數)의	imperio 임뻬리오	남 제국

imaginar 이마히나르 — 타 상상하다, 생각하다

imaginario, ria 이마히나리오, 리아 — 형 상상의, 가공의

imitación 이미따씨온 — 여 모방, 모조; 모조품

impacientar 임빠씨엔따르 — 타 초조하게 만들다

impaciente 임빠씨엔떼 — 형 참을성이 없는, 성급한

imperativo, va 임뻬라띠보, 바 — 형 명령적인. 남 ((문법)) 명령법

impermeable 임뻬르메아블레 — 남 비옷, 레인코트

impersonal 임뻬르소날 — 형 비인격적인; ((문법)) 비인칭의

impertinente 형 무례한 임뻬르띠넨떼	importancia 여 중요성 임뽀르딴씨아
impetu 남 과격, 격렬함 임뻬뚜	importante 형 중요한 임뽀르딴떼
implícito, ta 형 암묵의 임쁠리씨또, 따	importe 남 대금, 요금 임뽀르떼
importación 여 수입 임뽀르따씨온	imposibilidad 여 불가능 임뽀씨빌리닫

impetuoso, sa 형 격렬한, 맹렬한
임뻬뚜오소, 사

implacable 형 용서할 수 없는, 비정한
임쁠라까블레

implicar 타 함유하다, 함축하다
임쁠리까르

imponente 형 당당한, 위압적인
임뽀넨떼

imponer 타 강요하다, 강제하다; (세금을) 과하다
임뽀네르

importador, ra 형 수입하는. 남여 수입업자, 수입상
임뽀르따도르, 라

importar 자타 수입하다; 중요하다; 관계가 있다
임뽀르따르

No importa 상관없습니다; 천만에요
노 임뽀르따

| imposible 형 불가능한
임뽀씨블레 | impresión 여 인상; 인쇄
임쁘레씨온 |
|---|---|
| imposición 여 과세
임뽀씨씨온 | impreso 남 인쇄물
임쁘레소 |
| impotencia 여 무력, 무능
임뽀뗀씨아 | imprevisto, ta 형 의외의
임쁘레비스또, 따 |
| imprenta 여 인쇄
임쁘렌따 | imprimir 타 인쇄하다
임쁘리미르 |

impotente 형 무력한, 무능한
임뽀뗀떼

impreciso, sa 형 부정확한, 불명확한
임쁘레씨소, 사

imprescindible 형 불가결한
임쁘레신디블레

impresionante 형 인상적인, 감동적인
임쁘레씨오난떼

impresionar 타 감동시키다, 감동을 주다
임쁘레씨오나르

improvisar 타 즉흥적으로 만들다
임쁘로비사르

imprudencia 여 경솔함, 무분별
임쁘루덴씨아

imprudente 형 경솔한, 무분별한
임쁘루덴떼

impuesto 임뿌에스또	남 세금	incapaz 인까빠스	형 무능한
impulso 임뿔소	남 충동; 추진	incendio 인쎈디오	남 화재, 불
impuro, ra 임뿌로, 라	형 불순한	incidente 인씨덴떼	남 우발 사건
inagotable 이나고따블레	형 무진장한	incisión 인씨씨온	여 찢어진 곳
inca 잉까	남여 잉카 족의 사람	inclinación 잉끌리나씨온	여 경사; 경향

inacabable
이나까바블레 　　　　　　　　형 한없는, 영구한

inactivo, va
인악띠보, 바 　　　　　　형 활동이 없는, 움직이지 않은

inauguración
이나우구라씨온 　　　　　　여 개회식, 개통식, 낙성식

inaugurar
이나우구라르 　　　　　　타 개회식을 행하다; 개시하다

incertidumbre
인쎄르띠둠브레 　　　　　　　　　　여 불확실함

incesante
인쎄산떼 　　　　　　　　형 부단의, 그치지 않은

incierto, ta
인씨에르또, 따 　　　　　　형 확실하지 않은, 불확실한

incluir 탄 포함하다 잉끌루이르	increíble 형 믿을 수 없는 잉끄레이블레
incluso 부 포함해서 잉끌루소	inculto, ta 형 교양이 없는 인꿀또, 따
incluso tú 너를 포함해서 잉끌루소 뚜	indefenso, sa 형 무방비의 인데펜소, 사
incorrecto, ta 형 부정확한 인꼬렉또, 따	India 여 ((국명)) 인도 인디아
incómodo, da 임꼬모도, 다	형 불편한, 쾌적하지 않은
incompatible 인꼼빠띠블레	형 양립할 수 없는
incomprensible 인꼼쁘렌씨블레	형 이해할 수 없는, 불가해한
inconsciente 잉꼰씨엔떼	형 무의식의, 의식이 없는
inconveniente 인꼰베니엔떼	형 부적당한. 남 지장
incrédulo, la 인끄레둘로, 라	형 의심이 많은
indagar 인다가르	탄 조사하다, 수사하다
indeciso, sa 인데씨소, 사	형 미결경의; 우유부단한

índice 남 지표; 지수; 색인 인디쎄	**indicio** 남 징후, 형적 인디씨오

indefinido, da 형 부정(不定)의, 막연한
인데피니도, 다

indemnización 여 배상, 보상
인뎀니사씨온

indemnizar 타 배상하다, 보상하다
인뎀니사르

independencia 여 독립, 자립
인데뻰덴씨아

independiente 형 독립의, 자립의
인데뻰디엔떼

indescriptible 형 말로 표현할 수 없는, 서술[묘사]할 수 없는
인데스끄립띠블레

indicar 타 지시하다, 가르키다
인디까르

indiferencia 여 무관심, 냉담
인디페렌씨아

indiferente 형 무관심한, 냉담한
인디페렌떼

indígena 형 토착의. 남여 원주민
인디헤나

indigestión 여 소화 불량, 소화 장애
인디헤스띠온

indignación 인디그나씨온	여 분개
indignar 인디그나르	타 분개시키다
indignarse 인디그나르세	재귀 분개하다
individuo 인디비두오	남 개인, 개체
índole 인돌레	남 성질; 종류
indulgente 인둘헨떼	형 관대한

indigno, na 형 가치 없는; 어울리지 않은
인디그노, 나

indio, dia 형 인도의. 남여 인도 사람; 인디언; 인디오
인디오

indirecto, ta 형 간접의, 간접적인
인디렉또, 따

indiscreto, ta 형 경솔한, 진득하지 못한
인디스끄레또, 따

indiscutible 형 의론의 여지가 없는, 명백한
인디스꾸띠블레

indispensable 형 필요 불가결한
인디스뻰사블레

individual 형 개인의, 개인적인
인디비두알

habitación individual 1인용 방
아비따씨온 인디비두알

indudable 형 의심의 여지가 없는
인두다블레

| industria 인두스뜨리아 | 여 산업, 공업 | infección 임펙씨온 | 여 감염, 전염 |

| inevitabel 이네비따블레 | 형 피할 수 없는 | infeccioso, sa 임펙씨오소, 사 | 형 전염성의 |

| cuento infantil 꾸엔또 임판띨 | 동화 | infeliz 임펠리스 | 형 불행한 |

indulgencia 인둘헨씨아   여 관대함, 관용

indultar 인둘따르   타 사면하다; 면제하다

indulmentaria 인둘멘따리아   여 ((집합)) 의복

industrial 인두스뜨리알   형 산업의, 공업의

inercia 이네르씨아   여 관성, 타성; 활발하지 못함

inesperado, da 이네스뻬라도, 다   형 예기치 못한, 기대하지 않은

infantil 임판띨   형 어린이의, 유아의; 유치한

inferior 임페리오르   형 열등의; 아래의; 하등의

infernal 임페르날   형 지옥의; 무시무시한; 지독한

ruido infernal 지독한 소음 루이도 임페르날	inflación 여 인플레이션 임플라씨온
infiel 형 부실한, 부정한 임피엘	influir 자 영향을 미치다 임플루이르
infierno 남 지옥 임피에르노	informática 여 정보 과학 임포르마띠까
infinidad 여 무수함; 무한 임피니닫	infracción 여 위반 임프락씨온

infinitivo 남 부정형, 동사 원형
임피니띠보

infinito, ta 형 무한의; 무수한
임피니또, 따

inflamar 타 염증을 일으키게 하다
임플라마르

inflamarse 재귀 염증을 일으키다
임플라마르세

influencia 여 영향, 영향력; 세력
임플루엔씨아

información 여 알림, 통지, 조회; 안내, 안내소
임포르마씨온

informar 타 알리다, 보고하다
임포르마르

informe 남 보고, 보고서; 정보
임포르메

ingenioso, sa 형 재치 있는
잉헤니오소, 사

iniciar 타 시작하다
이니씨아르

ingenuo, nua 형 순진한
잉헤누오, 누아

iniciativa 여 주도권, 솔선
이니씨아띠바

Inglaterra ((나라)) 영국
잉글라떼라

injuria 여 모욕
잉후리아

inicial 형 최초의 머리글자
이니씨알

injuriar 타 모욕하다
잉후리아르

ingeniería 여 공학(工學), 엔지니어링
잉헤니에리아

ingeniero, ra 남여 기술자, 기사, 엔지니어
잉헤니에로, 라

ingenio 남 재능; 재인(才人)
잉헤니오

inglés, sa 형 영국의. 남여 영국 사람. 남 영어
잉글레스, 사

ingrato, ta 형 은혜를 모르는
잉그라또, 따

ingresar
잉그레사르
자 (안으로) 들어가다; 입학하다, 입회하다. 타 입금시키다

ingreso 남 입학; 입회; ((복수)) 수입(收入)
잉그레소

injusticia 여 부정, 부정 행위
잉후스띠씨아

inmenso, sa 형 광대한 임멘소, 사	inmune 형 면역의 임무네
inmoral 형 부도덕한 임모랄	inmunidad 여 면역; 특권 임무니닫
inmortal 형 불멸의; 불사의 임모르딸	innovación 여 혁신, 쇄신 인노바씨온

injusto, ta 형 부정한, 부당한
잉후스또, 따

inmediatamente 부 즉시, 바로
임메디아따멘떼

inmediato, ta 형 즉시의; 직접의
임메디아또, 따

inmigración 여 이주, 입국, 입국 이민
임미그라씨온

inmóvil 형 부동의, 움직이지 않은
임모빌

innato, ta 형 타고난, 천부의
인나또, 따

innovar 타 혁신하다, 쇄신하다
인노바르

innumerable 형 무수의, 셀 수 없는
인누메라블레

inocencia 여 무죄, 결백; 순진함
이노쎈씨아

inofensivo, va 형 무해한 이노펜씨보, 바	**insensato, ta** 형 무분별한 인센사또, 따
inquietar 타 불안하게 하다 잉끼에따르	**insensible** 형 무감각한 인센씨블레
inquietud 여 불안, 걱정 잉끼에뚣	**insertar** 타 삽입하다 인세르따르
inscripción 여 등록; 비문 인스끄립씨온	**insigne** 형 저명한 인씨그네
insecto 남 곤충 인섹또	**insignificante** 형 무의미한 인씨그니피깐떼

inocente 형 무죄의, 결백한; 순진한
이노센떼

inolvida ble 형 잊을 수 없는
이놀비다블레

inquieto, ta 형 불안한, 걱정하는
잉끼에또, 따

inquilino, na 남여 셋집에 사는 사람
잉낄리노, 나

inquirir 타 조사하다, 캐다, 심문하다
잉끼리르

inscribir 타 조각하다, 기입하다; 등록하다
인스끄리비르

inseparable 형 불가분의, 나눌 수 없는
인세빠라블레

insípido, da 형 맛이 없는 인씨삐도, 다	**inspiración** 여 영감, 감흥 인스삐라씨온
insolente 형 무례한 인솔렌떼	**inspirar** 타 영감을 주다 인스삐라르
insólito, ta 형 이례적인 인솔리또, 따	**instalar** 타 설치하다 인스딸라르

insinuar 타 시사하다, 암시하다
인씨누아르

insistir 타 고집하다, 주장하다
인씨스띠르

insoportable 형 참을 수 없는
인소뽀르따블레

inspección 여 검사, 감사; 시찰
인스뻭씨온

inspeccionar 타 검사하다, 감사하다; 시찰하다
인스뻭씨오나르

inspector, ra 남여 검사관, 시찰관
인스뻭또르, 라

instalación 여 설치, 설비; 시설
인스딸라씨온

instancia 여 간원, 청원; 청원서
인스딴씨아

instantáneo, a 형 순간적인; 즉석의. 여 스냅 사진
인스딴따네오, 아

instante 인스딴떼	남 순간	insultar 인술따르	타 모욕하다
instinto 인스띤또	남 본능	insulto 인술또	남 모욕(侮辱)
instructor, ra 인스뚜룩또르, 라	남여 교관	inteligencia 인뗄리헨씨아	여 지능, 지성
instrumento musical 악기 인스뜨루멘또 무씨깔		intención 인뗀씨온	여 의도, 의향

institución 여 기관, 시설; 제도
인스띠뚜씨온

instituto 남 연구소, 학원, 협회
인스띠뚜또

instrucción 여 교육; 복 지시
인스뜨룩씨온

instruir 타 가르치다, 교육하다
인스뜨루이르

instrumento 남 도구, 기구; 악기
인스뜨루멘또

integrar 타 구성하다, 통합하다
인떼그라르

íntegro, gra 형 완전한, 전부의
인떼그로, 그라

intelectual 형 지적인, 지능의. 남여 지식인
인뗄렉뚜알

| intensivo, va 형 집중적인
인뗀시보, 바 | interés 닙 관심, 흥미
인떼레스 |
|---|---|
| intento 닙 의지; 목적
인뗀또 | interesante 형 재미있는
인떼레산떼 |
| intercambio 닙 교환; 교역
인떼르깜비오 | internar 타 수용하다
인떼르나르 |

inteligente 형 영리한, 머리가 좋은, 총명한, 현명한
인뗄리헨떼

intenso, sa 형 강한, 강렬한, 격한
인뗀소, 사

intercambiar 타 서로 교환하다
인떼르깜비아르

interesar 타 관심을 끌다. 자 이해 관계가 있다
인떼레사르

interior 형 내부의; 국내의. 닙 내부; 인테리어
인떼리오르

intermedio, dia 형 중간의. 닙 휴게
인뗄메디오, 디아

interminable 형 제한이 없는
인떼르미나블레

internacional 형 국제의, 국제적인
인떼르나씨오날

aeropuerto internacional 국제 공항
아에로뿌에르또 인떼르나씨오날

interrumpir 타 중단하다 인떼룸삐르	**amigo íntimo** 친한 친구 아미고 인띠모
intestino 남 장(腸) 인떼스띠노	**intoxicación** 여 중독 인똑씨까씨온
intimidad 여 친밀; 사생활 인띠미닫	**intoxicar** 타 중독시키다 인똑씨까르

interno, na 형 내부의. 남여 기숙생
인떼르노, 나

interpretación 여 해석; 연주; 연기
인떼르쁘레따씨온

interpretar 타 통역하다; 연주하다; 해석하다
인떼르쁘레따르

intérprete 남여 통역자, 해설자; 연주자; 연기자
인떼르쁘레떼

interrogar 타 질문하다; 심문하다
인떼로가르

intervalo 남 (시간적이나 공간적인) 간격
인떼르발로

intervención 여 간섭, 개입; 중재; 참가
인떼르벤씨온

intervenir 자 간섭하다, 개입하다; 중재하다; 참가하다
인떼르베니르

íntimo, ma 형 친밀한; 내심의
인띠모, 마

intoxicarse 재귀 중독되다 인똑씨까르세	invasión 여 침입, 침략 임바씨온
intriga 여 음모 인뜨리가	invención 여 발명, 발명품 임벤씨온
intuición 여 직관 인뚜이씨온	inventar 타 발명하다 임벤따르
inútil 형 무익한, 쓸모없는 이누띨	inversión 여 투자 임베르씨온

intransigente 형 비타협의, 강경한, 완고한
인뜨란씨헨떼

intranquilo, la 형 불안한, 걱정스러운
인뜨랑낄로, 라

introducción 여 삽입; 도입; 입문; 서론
인뜨로둑씨온

introducir 타 넣다, 인도하다, 끌어들이다; 소개하다
인뜨로두씨르

inundación 여 홍수, 범람, 침수
이눈다씨온

inundar 타 홍수를 일으키다, 범람시키다
이눈다르

invadir 타 침입하다, 침략하다
임바디르

invencible 형 무적의, 불패의
임벤씨블레

inverso, sa 형 역의, 반대의 임베르소, 사	inyección 여 주사 인엑씨온
invertir 타 투자하다 임베르띠르	inyectar 타 주사하다 인엑따르
invierno 남 겨울 임비에르노	ir 자 가다 이르
invitar 타 초대하다 임비따르	ira 노함, 성, 성냄 이라

investigación 여 연구, 조사
임베스띠가씨온

investigar 타 연구하다, 조사하다
임베스띠가르

invisible 형 눈에 보이지 않은
임비씨블레

invitación 여 초대, 초청, 초대장, 초청장
임비따씨온

Gracias por su invitación 초대해 주셔서 감사합니다
그라씨아스 뽀르 수 임비따씨온

Yo te invito 내가 너한테 한턱내겠다
요 떼 임비또

poner una inyección 주사를 놓다
뽀네르 우나 인엑씨온

irse 재귀 가버리다, 떠나다, 출발하다
이르세

ironía 이로니아	여 빈정거림, 풍자	irregular 이레굴라르	형 불규칙적인

ir a + 동사 원형 ···하려고 하다; ···하러 가다
이르 아

vamos a + 동사 원형
바모스 아
 ···합시다; 우리는 ···하려고 한다; 우리는 ···하러 간다

¿A dónde va usted?　　　　　　　　　어디 가십니까?
아 돈데 바 우스뗃

Voy a España　　　　　　　　　나는 스페인에 간다
보이 아 에스빠냐

Voy a Madrid　　　　　　　　　나는 마드리드에 간다
보이 아 마드릳

irónico, ca　　　　형 빈정거리는 투의, 풍자적인
이로니꼬, 까

vida irregular　　　　　　　　　불규칙적인 생활
비다 이레굴라르

irresistible　　　　형 저항할 수 없는, 억누를 수 없는
이레시스띠블레

irresponsable　　　　형 무책임한, 책임감이 없는
이레스뽄사블lp

irritar　　타 화나게 하다, 성나게 하다, 노하게 하다
이리따르

irritarse　　　　　　　　재귀 화내다, 성내다, 노하다
이리따르세

isla 이슬라	여 섬	islamismo 이슬라미스모	이슬람교
Israel ((국명)) 이스라엘 이스라엘		isleta 이슬레따	여 작은 섬
islam 이슬람	남 이슬람교	Italia ((국명)) 이탈리아 이딸리아	

islámico, ca 형 이슬람교의
이슬라미꼬, 까

   islaelí   형 이스라엘의. 남여 이스라엘 사람
   이스라엘리

   islamita   형 이슬람교의. 남여 이슬람교도
   이스라미따

   isleño, ña   형 섬의. 남여 섬사람.
   이슬레뇨, 냐

   italiano, na
   이딸리아노, 나
            형 이탈리아의. 남여 이탈리아 사람. 남 이태리어

   itinerario   남 여정, 행정(行程)
   이디네라리오

   izquierdo, da   형 왼쪽의. 여 왼쪽
   이쓰끼에르도, 다

   a la izquierda   왼쪽으로, 왼쪽에
   알라 이쓰끼에르다

   Tuerza a la izquierda   왼쪽으로 도십시오
   뚜에르사 알라 이쓰끼에르다

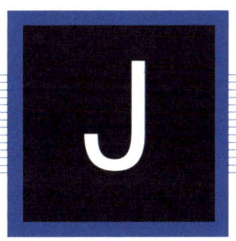

jabón 하본	남 비누	jardín de infancia 하르딘 데 임판씨아	유치원
jamón 하몬	남 햄	jarra 하라	여 항아리, 단지
Japón 하뽄	남 ((국명)) 일본	jarro 하르로	남 항아리, 단지
jaqueca 하께까	여 편두통	jaula 하울라	여 새장, 우리
jarabe 하라베	남 시럽	jersey 헤르세이	남 스웨터
jardín 하르딘	남 정원	jinete 히네떼	남 기수(騎手)

jactarse
학따르세
재귀 자만하다, 우쭐거리다, 으스대다

jamás
하마스
부 결코 …이 아니다(nunca)

japonés, sa
하뽀네스, 사
형 일본의. 남여 일본 사람. 남 일본어

jefe, fa 남여 우두머리, 대장, 장(長); 과장, 부장, 사장
헤페, 파

jerez
헤레스
남 셰리주, 헤레스 포도주

jornada 여 일정; 여정; (1일의) 노동, 노동 시간
호르나다

jornal 남 일급(日給) 호르날	**jubilarse** 재귀 퇴직하다 후빌라르세
jornalero, ra 날품팔이 호르날레로, 라	**júbilo** 남 환희 후빌로
jovial 형 명랑한, 활발한 호비알	**judía** 여 강낭콩 후디아
joyería 여 보석상 호예리아	**judicial** 형 사법의; 재판의 후디씨알
jubilación 여 퇴직; 연금 후빌라씨온	**juego** 남 놀이, 경기 후에고
jubilar 타 퇴직시키다 후빌라르	**jueves** 남 목요일 후에베스

joven 형 젊은. 남여 젊은이, 청년
호벤

joya 여 보석(piedra preciosa)
호야

joyero, ra 남여 보석상 주인; 보석 가공 기술자; 보석 장수
호예로, 라

judío, a 형 유대의. 남여 유대인
후디오, 아

los Juegos Olímpicos 올림픽 경기 대회
로스 후에고스 올림삐꼬스

juez 남여 재판관, 판사; 심판원
후에스

jugo 후고	남 즙, 액, 주스	juntar 훈따르	타 모으다
juguete 후게떼	남 장난감	junto 훈또	부 함께
juicio 후이씨오	남 재판; 판단; 이성	junto a 훈또 아	… 옆에
julio 훌리오	남 7월	jurado 후라도	남 배심원; 심사원
junio 후니오	남 6월	juramento 후라멘또	남 선서
junta 훈따	여 회의, 회합; 위원회	jurar 후라르	타 맹세하다, 선서하다

jugador, ra   남여 경기자; 도박꾼
후가도르, 라

jugar   자 놀다, 경기하다, 도박하다
후가르

jugar al tenis   테니스를 치다
후가르 알 떼니스

jugar al fútbol   축구을 하다
후가르 알 풋볼

jugo de naranja   오렌지 주스
후고 데 나랑하

jurídico, ca   형 사법상의, 법적인
후리디꼬, 까

J

juvenil 후베닐	형 젊은, 청춘의	**juzgar** 후스가르	타 판단하다

justicia   여 재판, 사법; 정의; 공정
후스띠씨아

justificar   타 정당화하다; 증명하다
후스띠피까르

justo, ta   형 공정한, 공평한; 정확한
후스또, 따

juventud   여 청춘, 젊은 시절
후벤뚣

kilogramo 〖냅〗 킬로그램
낄로그라모

kilo 〖냅〗 킬로
낄로

kilómetro 〖냅〗 킬로미터
낄로메뜨로

¿Cuánto es esto el kilo? 이것은 1킬로에 얼마 입니까?
꾸안또 에스 에스또 엘 낄로

kiosco 〖냅〗 (길거리나 역 등의) 매점, 신문 판매대
끼오스꼬

kiwi 〖냅〗 ((식물)) ((동물)) 키위
끼위

L

labio 남 입술
라비오

laboral 형 노동의
라보랄

laboratorio 남 실험실
라보라또리오

laborioso, sa 형 근면한
라보리오소, 사

labrador, ra 농민
라브라도르, 라

labriego, ga 남여 농민
라브리에고, 가

la 관 정관사 여성 단수형. 대 그녀를, 당신을, 그것을
라

labor 여 노동, 일; 농경; 수예
라보르

labrar 타 경작하다; 세공하다
라브라르

lacónico, ca 형 간결한
라꼬니꼬, 까

ladera 여 산기슭
라데라

lado 남 옆, 측면
라도

al lado de …의 옆에
알 라도 데

ladrador, ra 형 (개가) 짖는
라드라도르, 라

ladrar 자 (개가) 짖다
라드라르

ladrillo 남 벽돌
라드리요

ladrón, na 남여 도둑
라드론, 나

Perro ladrador, poco mordedor. 짖는 개는 물지 않는다.
뻬로 라드라도르 뽀꼬 모르데도르

lago 라고	남 호수
lágrima 라그리마	여 눈물
lamentable 라멘따블레	형 한탄스러운
lamer 라메르	타 핥다
lámpara 람빠라	여 램프
lana 라나	여 양모; 모직물
lancha 란차	여 거룻배
lanza 란사	여 창(槍)
lanzar 란사르	타 던지다; 발사하다
lápiz 라삐스	남 연필
largo, ga 라르고, 가	형 긴, 오랜
lástima 라스띠마	여 슬픔
lamentar 라멘따르	타 탄식하다, 한탄하다
lámina 라미나	여 (얇은) 금속판; 삽화
langosta 랑고스따	여 ((동물)) 가재; 메뚜기
lánguido, da 랑기도, 다	형 마른, 여윈; 노곤한
lanzador, ra 란사도르, 라	남여 투수, 던지는 사람
por largo tiempo 뽀르 라르고 띠엠뽀	오랫동안

lastimar 타 상처를 입히다 라스띠마르	**latitud** 여 위도 라띠뚣
lata 여 양철; 깡통 라따	**laurel** 남 월계수; 영관 라우렐
lateral 형 옆의, 측면의 라떼랄	**lavabo** 남 세면대, 세면소 라바보
latido 남 (심장의) 고동 라띠도	**lavadora** 여 세탁기 라바도라
látigo 남 채찍 라띠고	**lavandería** 여 세탁소 라반데리아
latín 남 라틴 어 라띤	**lavar** 타 씻다, 빨래하다 라바르

¡Qué lástima!
께 라스띠마
거 참 안됐군요!

lastimoso, sa
라스띠모소, 사
형 가엾은, 안쓰러운

conserva en lata
꼰세르바 엔 라따
깡통 통조림

latino, na
라띠노, 나
형 라틴계의; 라틴 어의

América Latina
아메리까 라띠나
라틴 아메리카

latir
라띠르
자 (심장이) 뛰다, 두근거리다

leal 형 충실한 레알	leer 자타 읽다, 독서하다 레에르
leche 여 우유, 젖 레체	legal 형 법적인, 합법적인 레갈
lecho 남 침대 레초	legión 여 부대; 다수 레히온
lechuga 여 상추 레추가	legislativo, va 형 입법의 레히슬라띠보, 바
lechuza 여 ((조류)) 부엉이 레추사	poder legislativo 입법권 뽀데르 레히슬라띠보
lector, ra 남여 독자(讀者) 렉또르, 라	legumbre 여 콩류; 야채 레굼브레
lectura 여 독서; 강독, 독해 렉뚜라	lejano, na 형 먼 레하노, 나

lavarse 재귀 (자신의 몸을) 씻다
라바르세

Lávate la mano antes de comer. 식전에 손을 씻어라
라바떼 라 마노 안떼스 데 꼬메르

le 대 그에게, 그녀에게, 당신에게; 그를, 당신을
레

lección 여 학과, 수업; 교훈
렉씨온

legítimo, ma 형 합법적인, 적법의
레히띠모, 마

lejos 레호스	분 멀리
lejos de 레호스 데	…에서 멀리
lema 레마	남 표어; 슬로건
lengua 렝구아	여 혀; 언어
lengua extranjera 렝구아 에스뜨랑헤라	외국어
lenguaje 렝구아헤	남 언어; 용어
lente 렌떼	여 렌즈. 복 안경
lento, ta 렌또, 따	형 느린
leña 레냐	여 장작, 땔감
lentamente 렌따멘떼	분 느리게, 천천히
les 레스	대 그들에게, 그녀들에게, 당신들에게
letra 레뜨라	여 문자; 가사. 복 문학; 어음
león, na 레온	남여 ((동물)) 사자
lesión 레씨온	여 상처, 상해, 손상
letrero 레뜨레로	남 간판
levantar 레반따르	동 일으키다
levantarse 레반따르세	일어나다
levante 레반떼	남 동, 동쪽
leve 레베	형 가벼운
ley 레이	여 법, 법률
leyenda 레옌다	여 전설

| liar | 타 묶다 | libra | 여 파운드 |

리아르 / 리브라

| liberación | 여 개방; 석방 | librar | 타 해방하다; 면제하다 |

리베라씨온 / 리브라르

| liberal | 형 자유주의의 | verse libre | 자유로워지다 |

리베랄 / 베르세 리브레

| libertad | 여 자유 | librería | 여 서점, 책방 |

리베르딷 / 리브레리아

| libertar | 타 해방하다 | libro | 남 책; 장부 |

리베르따르 / 리브로

libre 형 자유로운, 한가한; 비어 있는; 면제된
리브레

liberar 타 자유롭게 하다, 해방하다
리베라르

estar libre 한가하다, 시간이 있다
에스따르 리브레

librero, ra 남여 책방 주인; 책장수
리브레로, 라

licencia 여 인가, 허가, 면허; 허가서, 면허장
리쎈씨아

licenciado, da 남여 학사(學士)
리쎈씨아도, 다

licenciarse 재귀 학사 학위를 취득하다
리쎈씨아르세

licor 리꼬르	남 술, 주류
líder 리데르	남여 지도자, 리더
liebre 리에브레	여 ((동물)) 산토끼
lienzo 리엔소	남 삼베; 캔버스
liga 리가	여 연맹, 동맹; 리그
ligero, ra 리헤로, 라	형 가벼운
limitar 리미따르	타 제한하다
limón 리몬	남 ((식물)) 레몬
limosna 리모스나	여 동냥
limpio, pia 림삐오, 삐아	형 깨끗한
linaje 리나헤	남 혈통, 가계
lindar 린다르	자 인접하다
lindo, da 린도, 다	형 아름다운
línea 리네아	여 줄, 선, 열; 노선

licenciatura 리센씨아뚜라 — 여 학사 과정, 학사 학위

lícito, ta 리씨또, 따 — 형 정당한; 합법적인

límite 리미떼 — 남 한계, 한도, 제한; 경계

limpiar 림삐아르 — 타 청소하다, 깨끗이 하다

limpieza 림삐에사 — 여 청소; 페어플레이

lino 리노	남 아마, 아마포, 리넨
lista 리스따	여 명단, 표
listo, ta 리스또, 따	형 준비된, 영리한
estar listo 에스따르 리스또	준비되다
lío 리오	남 꾸러미, 다발, 묶음; 분규, 혼란
liquidar 리끼다르	타 정산하다, 결산하다, 청산하다; 싸게 팔다
líquido, da 리끼도, 다	형 액체의. 남 액체
lírico, ca 리리꼬, 까	형 서정적인. 여 서정시
llama 야마	여 불꽃; ((동물)) 야마 ((낙타과 동물))
llamada 야마다	여 호출, 부름; 통화
hacer una llamada 아쌔르 우나 야마다	전화하다
Hay una llamada para ti 아이 우나 야마다 빠라 띠	너한테 전화하다
literario, ria 리떼라리오, 리아	형 문학의
literatura 리떼라뚜라	여 문학
litro 리뜨로	남 리터
liviano, na 리비아노, 나	형 가벼운

llamar 타 부르다; 전화하다 야마르	llegar 자 도착하다, 닿다 예가르
Me llamo … 내 이름은 … 메 야모	llenar 타 채우다 예나르
llano 남 평원 야노	lleno, na 형 가득 찬 예노, 나
llanto 남 낙루 얀또	llorar 자 울다 요라르
llanura 여 평원, 평야 야누라	llover 자 비가 내리다 요베르
llave 여 열쇠; 스위치 야베	lluvia 여 비 유비아
llegada 여 도착 예가다	lobo, ba 남여 ((동물)) 늑대 로보, 바

llamar por teléfono   전화하다
야마르 뽀르 땔레포노

llamarse   재귀 이름이 …이다
야마르세

¿Cómo se llama usted?   성함이 어떻게 되십니까?
꼬모 세 야마 우스뗃

Estoy lleno   많이 먹었습니다
에스또이 예노

llevar
예바르
타 가지고 가다, 데리고 가다; 시간을 보내다; 몸에 붙이다

| locomotora 로꼬모또라 | 여 기관차 | longitud 롱히뚣 | 여 길이; 경도 |

locura 로꾸라 — 여 광기(狂氣)

loro 로로 — 남 ((조류)) 잉꼬

locutor, ra 로꾸또르, 라 — 남여 아나운서

lotería 로떼리아 — 여 복권

lodo 로도 — 남 진흙

lubricante 루브리깐떼 — 남 윤활유

lluvioso, sa 유비오소, 사 — 형 비가 많이 내리는, 우기의

lo 로 — 관 정관사의 중성형. 대 그를, 당신을, 그것을

localidad 로깔리닫 — 여 좌석; 촌, 마을, 도시

loco, ca 로꼬, 까 — 형 미친. 남여 미치광이, 광인

lógico, ca 로히꼬, 까 — 형 논리적인. 여 논리학

lograr 로그라르 — 타 달성하다, 획득하다, 달성하다

lomo 로모 — 남 (동물의) 등; 등심살

los 로스
정관사 남성 복수형; 대 ((남성 복수)) 그것들을, 그들을, 당신들을

lucha 여 싸움, 투쟁; 레슬링 루차	hotel de lujo 고급 호텔 오뗄 데 루호
luchar 자 싸우다 루차르	lumbre 여 불 룸브레
desde luego 물론 데스데 루에고	luna 여 달 루나
lugar 남 장소 루가르	lunar 형 달의. 남 사마귀 루나르
en lugar de … 대신에 엔 루가르 데	lunes 남 월요일 루네스
en primer lugar 첫째(로) 엔 쁘리메르 루가르	lupa 여 확대경 루빠
lujo 남 사치, 호화스러움 루호	luto 남 상(喪), 상복 루또

tocar la lotería 복권이 당첨되다
또까르 라 로떼리아

luego 접 그래서, 그 때문에. 부 나중에
루에고

Hasta luego 나중에 만납시다
아스따 루에고

de lujo 사치스런, 호화스런, 고급의
데 루호

lujoso, sa 형 사치스런, 호화스런
루호소, 사

luz 예 빛, 불빛; 전등, 등불 루스	dar a luz 출산하다, 낳다 다르 아 루스

encender la luz 전등을 끄다
엔쎈데르 라 루스

Encienda la luz 불을 켜십시오
엔씨엔다 라 루스

maceta 여 화분 마쎄따	**madrugada** 여 새벽 마드루가다
macho 형 수컷의. 남 수컷 마초	**madrugar** 자 일찍 일어나다 마드루가르
madera 여 목재, 재목 마데라	**maduro, ra** 형 익은 마두로, 라
madrina 여 대모(代母) 마드리나	**fruta madura** 익은 과실 푸르따 마두라

madera de roble 떡갈나무 재목
마데라 데 로블로

madre 여 어머니; (여자 수녀원의) 마더
마드레

Madrid ((지명)) 마드리드 ((스페인의 수도))
마드릳

madrileño, ña 남여 마드리드 사람
마드릴레뇨, 냐

Son las cuatro de la madrugada 새벽 3시다
손 라스 꾸아뜨로 델 라 마드루가다

madrugador, ra 남여 부지런한 사람
마드루가도르, 라

A quien madruga, Dios le ayuda
아 끼엔 마드루가 디오스 fp 아유다
　　　　　　　　일찍 일어나야 수가 난다

madurar 타 익게 하다, 익히다. 자 익다
마두라르

magia 마히아 — 여 마술, 마법	maíz 마이스 — 남 옥수수
magnitud 마그니뜯 — 여 크기; 중요성	malaria 말라리아 — 여 말라리아

maestro, tra 마에스뜨로, 라 — 남여 선생, 교사; 스승; 명인, 명장

mágico, ca 마히꼬, 까 — 형 마법의. 남여 마술사, 마법사

magisterio 마히스떼리오 — 남 교직; (집합적) 교사, 교원

magistrado 마히스뜨라도 — 남 사법관, 재판관

magnetófono 마그네또포노 — 남 테이프 레코더

magnífico, ca 막니피꼬, 까 — 형 화려한, 호화로운

mago, ga 마고, 가 — 남여 마술사, 마법사

majestad 마헤스딷 — 여 위엄; (경칭) 폐하

majestuoso, sa 마헤스뚜오소, 사 — 형 위엄 있는

mal 말 — 부 나쁘게. 형 나쁜 (남성 단수 명사 앞에서 -o 탈락형). 남 악(惡); 해악; 병

maldad 말닫	여 악, 부정	malo, la 말로, 라	형 나쁜
malestar 말레스따르	남 불유쾌함; 폐	maltratar 말뜨라따르	타 학대하다
maleta 말레따	여 여행 가방	malvado, da 말바도, 다	형 사악한
maletín 말레띤	남 작은 여행 가방	mamá 마마	여 엄마
malgastar 말가스따르	타 낭비하다	mamar 마마르	자 젖을 빨다
malicia 말리씨아	여 악의	manada 마나다	여 떼, 무리
malicioso, sa 말리씨오소, 사	형 악의 있는	manantial 마난띠알	남 샘
maligno, na 말리그노, 나	형 악성의	mancha 만차	여 얼룩; 반점

Málaga 말라가 　　　　((지명)) 말라가 (스페인의 도시)

maldito, ta 말디또, 따 　　　　형 저주받은; 아주 나쁜

malsano, na 말사노, 나 　　　　형 건강에 나쁜

mandamiento 만다미엔또 　　　　남 명령; 계율

manchar 만차르	타 더럽히다	manga 망가	여 소매
mandato 만다또	남 명령; 임기	manicomio 마니꼬미오	남 정신병원
mandíbula 만디불라	여 턱	manicura 마니꾸라	여 매니큐어
manera 마네라	여 방법	manifestar 마니페스따르	타 표명하다

mandar
만다르
동 보내다; 명령하다

mando
만도
남 지휘; 지배; 임기; 제어 장치

manejar
마네하르
타 조작하다; 운전하다

manejo
마네호
남 취급, 조작; 운전

mango
망고
남 ((과실)) 망고; 손잡이

manía
마니아
여 편집; 열중; 기벽; 마니아

manifestación
마니페스따시온
여 표명, 시위 행진, 데모

manifestarse
마니페스따르세
재귀 데모를 하다

manjar 망하르	남 식량, 식품	**mano izquierda** 마노 이스끼에르다	왼손
mano 마노	여 손	**mansión** 만씨온	여 저택
a mano 아 마노	손으로	**manta** 만따	여 모포
mano derecha 마노 데레차	오른손	**mantel** 만뗄	남 식탁보

manifiesto, ta 마니피에스또, 따   형 명확한, 확실한. 남 성명서

maniobra 마니오브라   여 조작, 운전; 책략; 복 군사 연습

manipular 마니뿔라르   타 취급하다, 조작하다

maniquí 마니끼   남 마네킹. 여 패션쇼 모델

manso, sa 만소, 사   형 부드러운, 온화한, 유순한

manteca 만떼까   여 지방(脂肪); 버터

mantener 만떼네르   타 유지하다; 지속하다

mantenerse 만떼네르세   재귀 움직이지 않고 있다, 그대로 있다

mantenimiento 남 유지 만떼니미엔또	maña 여 솜씨, 술책, 꾀 마냐
mantequilla 여 버터 만떼끼야	de la mañana 오전(의) 델라 마냐나

Manténganse en su asiento 자리에 그대로 계십시오
만뗑간세 엔 수 아씨엔또

manual 형 손의, 손으로 하는. 남 소책자, 수첩
마누알

manuscrito, ta 형 손으로 쓴. 남 사본, 원고, 육필서
마누스끄리또, 따

manzana 여 ((과실)) 사과; (도시의) 블록
만사나

manzanilla 여 ((식물)) 카밀레; 카밀레 차(茶)
만사니야

Más vale maña que fuerza 힘보다 꾀가 낫다
마스 발레 마냐 께 푸에르사

mañana 여 아침, 오전. 부 내일
마냐나

por la mañana 오전에, 아침에
뽀를라 마냐나

Hasta mañana 내일 만납시다
아스따 마냐나

mañana por la mañana 내일 아침[오전]에
마냐나 뽀를라 마냐나

mapa 마빠	남 지도(地圖)	mar 마르	남(여) 바다
máquina 마끼나	여 기계	marcar 마르까르	타 표를 하다
máquina de coser 재봉틀 마끼 데 꼬세르		marchar 마르차르	자 가다, 나아가다

mañana por la noche 내일 밤에
마냐나 뽀를라 노체

mañana por la tarde 내일 오후에
마냐나 뽀를라 따르데

máquina de escribir 타자기
마끼나 데 에스끄리비르

maquinaria 여 ((집합)) 기계, 기계 장치
마끼나리아

maravilla 여 경이로움, 경탄
마라비야

maravilloso, sa 형 경이로운, 경탄할 만한
마라비요소, 사

marca 여 표시, 표적; 마크; 상표
마르까

marcha 여 행진; 진행; 출발; 행진곡
마르차

marcharse 재귀 떠나다, 가버리다
마르차르세

marchitar 타 시들게 하다	marfil 남 상아
마르치따르	마르필

marchitarse 재귀 시들다
마르치따르

marido 남 남편
마리도

marea 여 조수(潮水)
마레아

marido y mujer 부부
마리도 이 무헤르

mareado, da 형 멀미한
마레아도, 다

marinero 남 선원, 뱃사람
마리네로

estar mareado 멀미하다
에스따르 마레아도

mariposa 여 ((조류)) 나비
마리뽀사

marearse 자 멀미하다
마레아르세

marítimo, ma 형 해상의
마리띠모, 마

mareo 남 멀미
마레오

mármol 남 대리석
마르몰

marco 남 가장자리; 테두리; 액자
마르꼬

margen 남(여) 가장자리; 여백; 마진, 이윤
마르헨

marina 여 해군; ((집합)) 선박
마리나

marino, na 형 바다의. 남여 선원; 수병
마리노, 나

marisco 남 조개, 연체 동물, 패류. 남복 해산물
마리스꼬

marrón 마르론	형 밤색의	masaje 마사헤	남 마사지
martes 마르떼스	남 화요일	máscara 마스까라	여 가면, 마스크
martillo 마르띠요	남 망치, 해머	masticar 마스띠까르	타 깨물다
mártir 마르띠르	남 순교자	mástil 마스띨	남 돛대
martirio 마르띠리오	남 순교(殉敎)	matanza 마딴사	여 살육, 학살
marzo 마르소	남 3월	matar 마따르	타 죽이다
masa 마사	여 덩이, 집단; 대중	mate 마떼	남 마테 차

marqués, sa   남여 후작; 여자 후작, 후작 부인
마르께스, 사

mas   접 ((시어, 문어)) 그러나
마스

más   부 더, 더 많이. 형 더 많은
마스

masculino, na 형 남자의; 남자 같은; ((문법)) 남성의
마스꿀리노, 나

matador   남 마타도르 (주 투우사)
마따도르

matemáticas 여복 수학 마떼마띠까스	**matricular** 타 등록하다 마뜨리꿀라르
maternidad 여 모성(母性) 마떼르니닫	**matrimonio** 남 결혼; 부부 마뜨리모니오
materno, na 형 어머니의 마떼르노, 나	**matriz** 여 자궁; 본사 마뜨리스
lengua materna 모국어 렝구아 마떼르나	**máxima** 여 격언, 금언 막시마
matinal 형 아침의 마띠날	**mayo** 남 5월 마요

matemático, ca 형 수학의. 남여 수학자
마떼마띠꼬, 까

materia 여 물질; 재료; 제재(題材); 과목, 교과
마떼리아

material 형 물질의, 물질적인. 남 재료, 자료; 용구
마떼리알

maternal 형 어머니의, 어머니 같은
마떼p르날

matrícula 여 등록, 등록부; (차의) 번호, 번호판
마뜨리꿀라

matricularse 재귀 등록하다
마뜨리꿀라르세

máximo, ma 형 최고의, 최대의. 남 최대한
막시모, 마

mayonesa 여 마요네즈	mecer 타 흔들다
마요네사	메쎄르

talla mayor 가장 큰 사이즈
따야 마요르

mechero 남 라이터
메체로

mayoría 여 대부분, 대다수
마요리아

medalla 여 메달
메다야

mecanismo 남 기계 장치
메까니스모

madallista 남여 메달리스트
메달이스따

mayor
마요르
형 더 큰, 연상의; 가장 큰, 가장 연장의. 남여 연장자; 성인

mayúsculo, la   형 대문자의. 여 대문자
마유스꿀로, 라

mecánico, ca   형 기계의. 남여 정비사
메까니꼬, 까

mecanografiar   자타 타자를 치다
메까노그라피아르

mecanógrafo, fa   남여 타이피스트, 타자수
메까노그라포, 파

media   여 스타킹; 30분; 평균
메디아

mediado, da   형 절반 가량이 된
메디아도, 다

a la medianoche 자정에 아 라 메디아노체	**medio kilo** 반 킬로 메디오 낄로
medicamento 남 약, 약제 메디까멘또	**mediodía** 남 정오 메디오디아
medicina 여 약; 의학 메디씨나	**medir** 타 재다 메디르
media hora 반 시간 메디아 오라	**meditar** 타 묵상하다 메디따르

  a mediados de …의 중순에
  아 메디아도스 데

  mediano, na 형 중간쯤의; 평범한
  메디아노, 나

  medianoche 여 자정, 밤 12시
  메디아노체

  médico, ca 형 의학의. 남여 의사
  메디꼬, 까

  medida 여 측정, 계량; 조치
  메디다

  medio, dia
  메디오, 디아
  형 반의, 절반의; 평균의. 남 수단, 방법; 반, 절반; 중앙

  medio de vida 생활[생계] 수단
  메디오 데 비다

  mediterráneo, a 형 지중해의
  메디떼라네오, 아

Mar Mediterráneo 지중해
마르 메디떼라네오

Méjico ((국명)) 멕시코
메히꼬

mejilla 여 뺨, 볼
메히야

mejor 형 더 좋은. 부 더 잘
메호르

mejora 여 개량, 개선
메호라

mejorarse 재귀 좋아지다
메호라르세

melancólico, ca 형 우울한
멜란꼴리꼬, 까

melocotón 남 복숭아
멜로꼬똔

melodía 여 선율, 멜로디
멜로디아

melón 남 멜론, 참외
멜론

mención 여 언급, 기재
멘씨온

mencionar 타 언급하다
멘씨오나르

mendigo, ga 남여 거지
멘디고, 가

menester 남 필요
메네스떼레

mejicano, na 형 멕시코의. 남여 멕시코 사람
메히까노, 나

mejorar 타 개량하다, 개선하다
메호라르

mellizo, za 형 쌍둥이의. 남여 쌍둥이
메이소, 사

memoria 여 기억, 추억; 메모리
메모리아

aprender de memoria 암기하다, 외우다
아쁘렌데르 데 메모리아

mensaje 남 전언, 메시지 멘사헤	**mentir** 자 거짓말하다 멘띠르
mental 형 마음의, 정신의 멘딸	**mentira** 여 거짓말 멘띠라
mente 여 마음, 정신 멘떼	**menú** 남 메뉴, 차림표 메누

Es menester que …이 필요하다
에스 메네스떼르 께

menor 형 더 작은; 더 어린, 연하의. 남여 연소자, 미성년자
메노르

menos 부 더 적게; (시간의) 전(前). 형 더 적은
메노스

echar de menos 서운하다, 보고 싶다
에차르 데 메노스

mensajero, ra 남여 심부름꾼, 메신저
멘사헤로, 라

mensual 형 매월의, 달 한 번의
멘수알

revista mensual 월간 잡지
뢰비스따 멘수알

mentiroso, sa 형 거짓말을 잘 하는. 남여 거짓말쟁이
멘띠로소, 사

El menú, por favor 메뉴 좀 부탁합니다
엘 메누 뽀르 파보르

a menudo 아 메누도	빈번히
meñique 메니이께	남 새끼손가락
mercadería 메르까데리아	여 상품(商品)
mercado 메르까도	남 시장, 마켓
mercado negro 메르까도 네그로	암시장
mercancía 메르깐씨아	여 상품(商品)
merced 메르쎋	여 은혜
merecer 메레쎄르	자 가치가 있다
menudo, da 메누도, 다	형 하찮은, 가는, 작은
mercado de pulgas 메르까도 데 뿔가스	벼룩시장
meridional 메리디오날	형 남(南)의, 남쪽의
merienda 메리엔다	여 간식, 사이참, 새참; 가벼운 식사
merendar 메렌다르	자 간식을 먹다
mérito 메리또	남 장점; 공적, 공로
mermelada 메르멜라다	여 잼
mero, ra 메로, 라	형 단순한
mes 메스	남 달
un mes 움 메스	한 달, 1개월
dos meses 도스 메세스	두 달, 2개월
el mes que viene 엘 메스 께 비에네	다음달

mesa 여 테이블, 탁자, 밥상 메사	metro 남 미터; 지하철 메뜨로
meseta 여 고원 메세따	mezcla 여 혼합, 혼합물 메스끌라
mesita 여 작은 탁자 메씨따	mezclar 타 섞다, 혼합하다 메스끌라르
meta 여 골, 목표 메따	mi 형 나의 미
metal 남 금속 메딸	mi coche 내 차 미 꼬체
meter 타 넣다 메떼르	mí 대 (전치사 다음에서) 나 미
método 남 방법, 방식 메또도	para mí 나를 위해서 빠라 미

mesita de noche 침대 맡 야간 탁자
메씨따 데 노체

mestizo, za 형 혼혈의. 남여 혼혈인
메스띠소, 사

metálico, ca 형 금속의. 남 현금; 경화(硬貨)
메딸리꼬, 까

estación de metro 지하철역
에스따씨온 데 메뜨로

metropolitano, na 형 수도의
메뜨로뽈리따노, 나

microbio 남 미생물, 세균
미끄로비오

micrófono 남 마이크로폰
미끄로포노

microscopio 남 현미경
미끄로스꼬뻬오

miedo 남 두려움, 걱정
미에도

miel 여 꿀, 벌꿀
미엘

dulce miel 단 꿀
둘쎄 미엘

luna de miel 밀월
루나 데 미엘

tener miedo de …을 무서워하다
떼네르 미에도 데

miembro 남 일원, 회원; 수족(手足), 팔다리
미엠브로

mil 남 천, 1,000. 형 천의, 1,000의
밀

Mil gracias 대단히 고맙습니다
밀 그라씨아스

militar 형 군인의, 군대의. 남여 군인
밀리따르

mientras 접 …하는 동안
미엔뜨라스

mientras que …하는 동안
미엔뜨라스 께

miércoles 남 수요일
미에르꼴레스

milagro 남 기적
밀라그로

milicia 여 군; 민병; 병역
밀리씨아

milímetro 남 밀리미터
밀리메뜨로

milla 여 마일
미야

millón 남 백만 미욘	Ministerio 남 부(部) 미니스떼리오
mimar 타 귀여워하다 미마르	ministro, tra 남여 장관 미니스뜨로, 뜨라
mina 여 광산; 지뢰, 기뢰 미나	minoría 여 소수, 소수파 미노리아
mineral 형 광물의. 남 광물 미네랄	minuto 남 분(分) 미누또

Un millón de gracias — 정말 고맙습니다
움 미욘 데 그라씨아스

millonario, ria — 남여 백만장자
미요나리오, 리아

minero, ra 형 광산의, 광업의. 남 광산업자; 광부
미네로, 라

mínimo, ma 형 최소의, 최저의. 남 최소, 최저
미니모, 마

Ministerio de Defensa — 국방부
미니스떼리오 데 데펜사

Ministerio de Asuntos Exteriores — 외무부
미미스떼리오 데 아순또스 에스떼리오레스

primer ministro — 국무총리, 수상
쁘리메르 미니스뜨로

minucioso, sa 형 세심한; 면밀한
미누씨오소, 사

mío, a 미오	형 나의. 대 내 것	miserable 미세라블레	형 극빈의
mirada 미다라	여 시선	misericordia 미세리꼬르디아	여 자비
mirar 미라르	타 바라보다	misil 미씰	남 미사일
misa 미사	여 미사	misionero, ra 미씨오네로, 라	남여 선교사

minúsculo, la 형 작은. 남 소문자
미누스꿀로

El baúl es mío 그 트렁크 내 것입니다.
엘 바울 에스 미오

míope 형 근시의. 남여 근시인 사람
미오뻬

mirar la televisión 텔레비전을 보다
미라르 라 뗄레비씨온

mirarse en el [al] espejo 거울을 보다
미라르세 엔 엘 [알] 에스뻬호

miseria 여 비참함; 극빈, 빈궁
미세리아

misión 여 사명, 임무; 사절단; 포교
미씨온

mismo, ma 형 같은, 바로 그. 대 자신. 부 당장, 곧
미스모, 마

lo mismo 로 미스모	똑같은 것[말]
a sí mismo 미 씨 미스모	자기 자신
misterio 미스떼리오	남 신비, 비밀
mitad 미딷	여 반(半)
mitigar 미띠가르	타 완화하다
mitin 미띤	남 모임
mito 미또	남 신화
mitología 미똘로히아	여 신화학, 신화
mocedad 모쎄닫	여 젊은이, 청년
moción 모씨온	여 움직임, 활동
moco 모꼬	남 콧물
mochila 모칠라	여 배낭
mochilero, ra 모칠레로, 라	남여 배낭족
moda 모다	여 유행(流行)

a mí mismo/misma 아 미 미스모/마	나 자신
ahora mismo 아오라 미스모	지금 당장, 지금 곧
misterioso, sa 미스떼리오소, 사	형 신비스러운
mixto, ta 미스또, 따	형 혼합의; 남녀 공학의
estar pasado de moda 에스따르 빠사도 데 모다	유행이 지나가다

modestia 여 겸손 모데스띠아	**modo** 남 방법 모도
modesto, ta 형 겸손한 모데스또, 따	**de modo especial** 특히 데 모도 에스뻬시알
modismo 남 숙어, 관용구 모디스모	**molde** 남 틀, 형, 주형 몰데

modelo 남 모델, 원형, 본. 남여 모델, [형용사적으로]
모델로   모범의, 모범적인

un chico modelo   모범 소년
운 치꼬 모델로

moderado, da   형 적당한; 온건파의
모데라도, 다

moderno, na   형 근대의; 현대의
모데르노, 나

modificar   타 변경하다, 수정하다
모디피까르

modista   남여 부인복 디자이너
모디스따

de todos modos   좌우지간, 여하튼, 하여간에
데 또도스 모도스

mohina 여 원망, 원한, 노여움; 불쾌; 우수, 우울
모이나

molestar   타 괴롭히다, 폐를 끼치다
몰레스따르

momento 남 순간, 잠깐 모멘또	moneda 여 동전, 화폐 모네다
al momento 즉시, 곧 알 모멘또	monedero 남 돈지갑 모네데로
monarca 남 군주 모나르까	monja 여 수녀, 수도녀 몽하
monarquía 여 군주제 모나르끼아	monje 남 수도사, 수사 몽헤
monasterio 남 수도원 모나스떼리오	mono, na 남여 원숭이 모노, 나
mondar 타 껍질을 벗기다 몬다르	monstruo 남 괴물 몽스뜨루오

No me molestes   나를 괴롭히지 마라
노 메 몰레스떼스

molestia   여 귀찮음, 번거로움
몰레스띠아

molesto, ta   형 귀찮은, 번거로운
몰레스또

molino   남 풍차; 물레방아; 맷돌
몰리노

Espere un momento   잠깐만 기다리십시오
에스뻬레 움 모멘또

montaña   여 산; 산악, 산악 지방
몬따냐

montar 몬따르	타 오르다	mosca 모스까	여 파리
monte 몬떼	남 산	mosquito 모스끼또	남 모기
morada 모라다	여 거주, 체제	mostaza 모스다싸	여 겨자
morir 모리르	자 죽다	motivo 모띠보	남 동기, 이유; 주제

montón 남 더미, 산적함; 다수, 다량
몬똔

monumento 남 기념물, 기념비
모누멘또

morado, da 형 검붉은 빛깔의
모라도, 다

moral 형 도덕의, 도덕적인. 여 도덕; 사기
모랄

morder 타 물다, 깨물다, 물어뜯다
모르데르

moreno, na 형 갈색의; 검은
모레노, 나

Me muero de hambre 배 고파 죽겠다
메 무에로 데 암브레

mortal 형 필멸의, 죽음의; 치명적인
모르딸

motocicleta 여 모터사이클 모또시끌레따	moza 소녀; 종업원 모사
motor 남 엔진, 모터 모또르	muchedumbre 여 군중 무체둠브레
moverse 재귀 움직이다 모베르세	mueble 남 가구 무에블레
movimiento 남 움직임 모비미엔또	mueblista 남여 가구상 무에블리스따

mostrador 남 카운터, 진열대
모스뜨라도르

mostrar 타 보이다, 나타내다
모스뜨라르

mover 타 움직이게 하다, 움직이다
모베르

móvil 형 이동의. 남 휴대 전화, 휴대폰
모빌

teléfono móvil 이동 전화, 휴대 전화
뗄레포노 모빌

mozo 남 청년, 젊은이; 종업원; 짐꾼
모소

muchacho, cha 남여 소년, 소녀
무차초, 차

mucho, cha 형 많은, 다량의. 부 많이
무초, 차

muela 무엘라	여 어금니	multiplicar 물띠쁠리까르	타 늘리다
muerte 무에르떼	여 죽음, 사망	multitud 물띠뚣	여 다수; 군중
muerto, ta 무에르또, 따	형 죽은	mundial 문디알	형 세계의
muestra 무에스뜨라	여 견본, 샘플	Copa Mundial 꼬빠 문디알	월드컵
mujer 무헤르	여 여자; 아내	mundo 문도	남 세계
mulo, la 물로, 라	남여 노새	munición 무니씨온	여 탄약; 군수품
multa 물따	여 벌금	municipio 무니씨삐오	남 시청

muebleria 무에블레리아   여 가구 공장, 가구점

Tengo dolor de muela 뗑고 돌로르 데 무엘라   나는 이가 아프다

mullir 무이르   타 푹신푹신하게 하다

todo el mundo 또도 엘 문도   전세계; 모든 사람

municipal 무니씨빨   형 시의, 시립의, 지방자치제의

muñeca 여 인형; 손목 무녜까	museo 남 박물관, 미술관 무세오
muralla 여 성벽 무라야	música 여 음악 무씨까
Gran Muralla 만리장성 그란 무라야	musical 형 음악의 무씨깔
murmurar 자 중얼거리다 무르무라르	muslo 남 넓적다리 무슬로
muro 남 담, 담벽 무로	muy 부 매우, 무척, 굉장히 무이
músculo 남 근육 무스꿀로	

Museo Nacional — 국립 박물관[미술관]
무세오 나씨오날

música latinoamericana — 라틴 아메리카 음악
무씨까 라띠노아메리까나

instrumento musical — 악기
인스뜨루멘또 무씨깔

músico, ca — 형 음악의. 남여 음악가
무씨꼬, 까

musulmán, na — 남여 이슬람교도
무슬만, 나

mutuo, tua — 형 상호의, 서로의
무뚜오, 뚜아

nacer 자 낳다, 태어나다 나쎄르	nada 대 아무것도 … 아니다 나다
nacimiento 남 탄생 나씨미엔또	De nada 천만에 데 나다
nación 여 국가, 나라 나씨온	nadie 대 아무도 …아니다 나디에
nacionalidad 여 국적 나씨오날리닫	naipe 남 트럼프 나이뻬

Yo nací en Corea. 나는 한국에서 태어났다.
요 나씨 엔 꼬레아

fecha de nacimiento 생년월일
페차 데 나씨미엔또

nacional 형 국가의, 나라의, 국립의
나씨오날

nacionalismo 남 민족주의, 국가주의
나씨오날리스모

nacionalista 형 국가주의의, 민족주의의. 남여 민족주의자
나씨오날리스따

nacionalización 여 귀화, 국유화
나씨오날리사씨온

nadador, ra 남여 수영 선수; 수영하는 사람
나다도르

nadar 자 헤엄치다, 수영하다
나다르

naranjada 여 오렌지 주스 나랑하다	natalidad 여 출생률 나딸리닫
nariz 여 코 나리스	natural 형 자연의, 천연의 나뚜랄
narración 여 이야기, 말 나돠씨온	naturaleza 여 자연 나뚜랄레사
narrar 타 이야기하다 나롸르	naufragio 남 난파, 난파선 나오프라히오
nata 여 크림 나따	náusea 여 구토, 구역질 나우세아
natación 여 수영 나따씨온	esquí náutico 수상 스키 에스기 나오띠고
natal 형 출생의 나딸	navaja 여 칼 나바하

naranja 여 귤, 오렌지. 남 오렌지색, 등색(橙色)
나랑하

naranjo 남 ((식물)) 오렌지나무, 귤나무
나랑호

nativo, va 형 토착의; 선천적인
나띠보, 바

naturalmente 부 자연히; 당연히
나뚜랄멘떼

náutico, ca 형 항해의; 수상의
나우띠꼬, 까

naval 형 배의; 해군의 나발	neblina 여 안개 네블리나
nave 여 배, 선박 나베	necesario, ria 형 필요한 네세사리오, 리아
navegación 여 항행, 항해 나베가시온	necesidad 여 필요; 궁핍 네세시닫
Navidad 여 크리스마스 나비닫	necesitar 타 필요로 하다 네세시따르
navío 남 배, 선박 나비오	negociante 남여 사업가 네고씨안떼

navarro, rra　　　　　　　남여 나바라(Navarra) 사람
나바르로, 르라

navegar　　　　　　　　자 항행하다, 항해하다
나베가르

¡Feliz Navidad!　　크리스마스를 즐겁게 보내십시오
펠리스 나비닫

no hay necesidad　　　　　　　　　필요없다
노 아이 네세시닫

necesitado, da 형 가난한, 곤궁한. 남여 가난한 사람
네쎄씨따도, 다

negar 타 부정하다, 부인하다; 거절하다, 거부하다
네가르

negativo, va 형 부정의; 소극적인. 남 음화(陰畵). 여 부정
네가띠보, 바

negocio 네고씨오	남 사업, 장사	neumático 네우마띠꼬	남 타이어
nene, na 네네, 나	남여 갓난아이	neutral 네우뜨랄	형 중립의
nervio 네르비오	남 신경	neutro, tra 네우뜨로, 뜨라	형 중성의
neto, ta 네또, 따	형 정미의	nevar 네바르	자 눈이 내리다
peso neto 뻬소 네또	정미 중량	nevera 네베라	여 냉장고

negligencia 네글리헨시아   여 태만; 부주의

negligente 네글리헨떼   형 태만한; 부주의한

negociación 네고시아시온   여 거래, 매매; 교섭, 협상

negociar 네고시아르   자 거래하다, 장사하다; 교섭하다, 절충하다

hablar de negocio 아블라르 데 네고씨오   사업에 대해 이야기하다

negro, gra 네그로, 라   형 검은. 남 검정, 검정빛

nervioso, sa 네르비오소, 사   형 신경의; 신경질적인

ni 니	접 …도 …도 (아니다)
nido 니도	남 둥지
niebla 니에블라	여 안개
nieto, ta 네에또, 따	남여 손자, 손녀
nieve 니에베	여 눈(雪)
niñez 니녜스	여 어린 시절, 유년기
nivel 니벨	남 수준, 레벨
no 노	부 아니, …이 아니다

No tengo ni padre ni madre
노 뗑고 니 빠드레 니 마드레
나는 아버지도 어머니도 안 계신다

Nicaragua ((국명)) 니카라과
니까라과

nicaragüense 형 니카라과의. 남여 니카라과 사람
니까라구엔세

ningún 형 어떤 (…도 아니다)
닌군

ninguno, na 형 어떤 (…도 아니다)
닌구노, 나

niño, ña 남여 남자아이, 여자아이
니뇨, 냐

El Niño 엘니뇨 ((이상 고온))
엘 니뇨

La Niña 라니냐 ((이상 저온))
라 니냐

noción 노씨온	여 개념, 관념	nocivo, va 노씨보, 바	형 유해한
noche 노체	여 밤, 야간	nombre 놈브레	남 이름; 명사
de la noche 데라 노체	밤(의)	nombre y apellido 놈브레 이 아뻬이도	성명
por la noche 뽀를 라 노체	밤에, 야간에	nordeste 노르데스떼	남 북동(北東)
toda la noche 또다 라 노체	밤새도록	norma 노르마	여 규범, 규준

noble — 형 귀족의; 고귀한. 남여 귀족
노블레

Son las once de la noche — 밤 11시이다
손 라스 온쎄 델 라 노체

todas las noches — 밤마다, 매일밤
또다스 라스 노체스

nochebuena — 여 크리스마스 이브
노체부에나

nocturno, na — 형 야간의, 밤의. 남 야상곡
녹뚜르노, 나

nombrar — 타 지명하다, 임명하다
놈브라르

normal — 형 정상적인; 보통의
노르말

noroeste 노로에스떼	남 북서	nostalgia 노스딸히아	여 향수(鄕愁)
norte 노르떼	남 북, 북쪽	notario, ria 노따리오, 리아	남여 공증인
nosotros, tras 노소뜨로스, 뜨라tm	대 우리들	noticia 노띠씨아	여 소식, 뉴스

curso normal   정상적인 코스
꾸르소 노르말

nos 대 우리를, 우리에게; 우리 자신을, 우리 자신에게
노스

nota 여 메모, 노트, 각서; 주(註); 평점, 점수
노따

notable 형 주목할 만한, 현저한
노따블레

Sin noticias, buenas noticias   무소식이 희소식
씬 노띠씨아스 부에나스 노띠씨아스

noticiero 남 (신문의) 기사, 통신
노띠씨에로

notorio, ria 형 주지의, 유명한
노또리오, 리아

novecientos, tas 형남 900의; 900번째의. 남 900
노베씨엔또스

novedad 여 새로운 것, 이상한 일
노베닫

novela 노벨라	여 소설	nuca 누까	여 목덜미
novelista 노벨리스따	남여 소설가	nuclear 누끌레아르	형 핵의
noviembre 노비엠브레	남 11월	nudista 누디스따	남여 나체주의자
nube 누베	여 구름	nuera 누에라	여 며느리
nublado, da 누블라도, 다	형 구름 낀	nuevo, va 누에보, 바	형 새로운

sin novedad 무사히, 이상 없이
신 노베닫

noveno, na 형 아홉 번째의. 남 아홉째, 아홉 번째; 9분의 1
노베노, 나

noventa 형 90의; 90번째의. 남 90, 아흔
노벤따

novio, via 남여 연인, 약혼자, 신랑, 신부
노비오, 비아

No hay ni una sola nube en el cielo.
노 아이 니 우나 솔라 누베 엔 엘 씨엘로
하늘에는 단 한 점의 구름도 없다

nudo 남 매듭, 연결; (속도의) 노트
누도

nuestro, tra 형 우리의. 대 우리들의 것
누에스뜨로, 뜨라

de nuevo 데 누에보	다시, 또
nuez 누에스	여 호두
nulo, la 눌로, 라	형 무효의
número 누메로	남 수, 숫자, 번호
nunca 눙까	부 결코 …이 아니다
nueve 누에베	형 9의; 아홉 번째의. 남 9, 아홉
numeroso, sa snap로소, 사	형 수많은, 다수의, 많은
nutritivo, va 누뜨리띠보, 바	형 영양이 있는
nupcial 눕씨알	형 결혼의
nupcias 눕씨아스	여복 결혼
nutrición 누뜨리씨온	여 영양 섭취
nutrir 누뜨리르	타 영양을 주다
valor nutritivo 발로르 누뜨리띠보	영양가

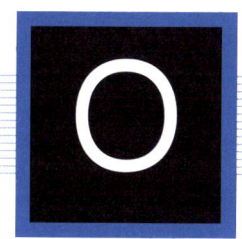

obediencia 오베디엔씨아	여 복종	**obligación** 오블리가씨온	여 의무
obeso, sa 오베소, 사	형 비만의	**obligar** 오블리가르	타 강제하다
obispo 오비스뽀	남 주교	**obra** 오브라	여 작품, 일
objeción 오브헥씨온	여 반대, 이론	**obrero, ra** 오브레로	남여 노동자

o 오   접 혹은, 또는; 그렇지 않으면

obedecer 오베데세르   자타 복종하다, 순종하다, 말을 잘 듣다

obediente 오베디엔떼   형 순종하는, 복종하는, 말을 잘 듣는

objetivo, va 오브헤띠보   형 객관적인. 남 목적

objeto 오브헤또   남 물건, 물품, 상품; 목적

obligatorio, ria 오블리가또리오, 리아   형 의무의, 강제의

enseñanza obligatoria 엔세냔사 오블리가또리아   의무 교육

obrar 오브라르   자 행동하다, 작용하다

obscuridad 여 어둠 옵스꾸리닫	obstinarse 재귀 고집하다 옵스띠나르세
obsequiar 타 선물하다 옵세끼아르	obtener 타 얻다, 획득하다 옵떼네르
obsequio 남 선물 옵세끼오	ocasión 여 기회, 호기 오까씨온
obstáculo 남 장애, 고장 옵스따꿀로	ocaso 남 쇠퇴기, 말기 오까소

obscurecer 타 어둡게 하다
옵스꾸레쎄르

obscuro, ra 형 어두운, 암울한
옵스꾸로, 라

observación 여 관찰; 의견, 소견
옵세르바씨온

observador, ra 남여 옵서버
옵세르바도르, 라

observar 타 관찰하다; 준수하다
옵세르바르

observatorio 남 관측소; 기상대; 천문대
옵세르바또리오

obsesión 여 강박 관념, 망상
옵세씨온

ocasionar 타 야기하다, 원인이 되다
오까씨오나르

306

océano 오쎄아노	명 대양, 해양	ociosidad 오씨오씨닫	여 한가함, 여가
ochenta 오첸따	형 80의. 명 80	octubre 옥뚜브레	명 10월
ocho 오초	형 8의. 명 8	oculista 오꿀리스따	명여 안과의사
ocio 오씨오	명 나태, 태만	ocultar 오꿀따르	타 숨기다

occidental　　　　　　　형 서쪽의, 서(西)의; 서양의
옥씨덴딸

occidente　　　　　　　　　　명 서, 서쪽; 서양
옥씨덴떼

ochocientos, tas　　　　　　　형 800의. 명 800
오초씨엔또스, 따스

ocioso, sa　　　　　　　형 한가한; 게으른, 나태한
오씨오소, 사

octavo, va　　　　　　　형 여덟째의. 명 여덟째
옥따보, 바

ocupación　　　　　　　　명 직업; 점령, 점거
오꾸빠씨온

ocupado, da　　　　　　　　　　형 바쁜, 분주한
오꾸빠도, 다

Estoy ocupado.　　　　　　　　　　나는 바쁘다
에스또이 오꾸빠도

ocultarse 오꿀따르세	재귀 숨다	ofensa 오펜사	여 모욕, 무례함
odio 오디오	남 증오	oferta 오페르따	여 제공; 공급
ofender 오펜데르	타 모욕하다	oficina 오피씨나	여 사무실, 사무소

ocupar　　　　　　　　　　　타 차지하다, 점하다
오꾸빠르

ocurrir　　　　　　　　자 (사건이) 발생하다, 일어나다
오꾸리르

¿Qué ocurre?　　　　　　　　　　무슨 일입니까?
께 오꾸뢰

ocurrirse 재귀 갑자기 생각이 떠오르다, 언뜻 생각하다
오꾸리르세

odiar　　　　　　　　　　　　타 증오하다, 미워하다
오디아르

oeste　　　　　　　　　　　형 서의, 서쪽의. 남 서(西)
오에스떼

ofensivo, va　　　　　　　　　　형 모욕적인. 여 공세
오펜씨보, 바

oficial 형 공적인, 공식적인, 정식의. 남 사관(士官); 공무원
오피시알

cotizaciones oficiales　　　　　　　　공식 환시세
꼬띠사시오네스 오피시알레스

oficio 오피씨오	남 직, 직무	ola 올라	여 파도

oficio 오피씨오 — 남 직, 직무

ofrecer 오프레쎄르 — 타 제공하다

ofrecimiento 오프레씨미엔또 — 남 공급

oído 오이도 — 남 귀, 청각

oír 오이르 — 자타 듣다, 들리다

ojal 오할 — 남 단추 구멍

ojalá 오할라 — 감 부디 ⋯ 하기를

ojo 오호 — 남 눈(目)

Tengo dolor de oídos
뗑고 돌로르 데 오이도스
나는 귀가 아프다

óleo 올레오 — 남 유화; 유화 그림 물감

olimpiada 올림삐아다 — 여 올림픽 경기 대회

los Juegos Olímpicos
로스 후에고스 올림삐꼬스
올림픽 경기 대회

ola 올라 — 여 파도

oler 올레르 — 자 냄새가 나다

olfato 올파또 — 남 후각

olímpico, ca 올림삐꼬, 까 — 형 올림픽의

oliva 올리바 — 여 올리브 (열매)

olivar 올리바르 — 남 올리브 숲[밭]

olivo 올리보 — 남 ((식물)) 올리브

olor 올로르 — 남 냄새

olvidar 올비다르	자타 잊다	once 온쎄	형 11의. 남 11
olvido 올리보	남 망각	onda 온다	여 파도
olla 오야	여 솥	onda corta 온다 꼬르따	단파
olla a presión 오야 아 쁘레씨온	압력솥	ondulación 온둘라씨온	여 기복
ombligo 옴블리고	남 배꼽	onza 온사	여 온스
omisión 오미씨온	여 생략; 누락	opaco, ca 오빠꼬, 까	형 불투명한
omitir 오미띠르	타 생략하다	ópera 오뻬라	여 오페라

olvidarse
올비다르세   재귀 (깜박) 잊어버리다

No me olvides
노 메 올비데스   날 잊지 마라

opción
옵씨온   여 선택; 선택권, 옵션

operación
오뻬라씨온   여 수술; 작용; 조작; 작전

operar
오뻬라르   타 수술하다. 자 작용하다

opinar 오삐나르	탁 생각하다	oponerse 오뽀네르세	재귀 반대하다
opinión 오삐니온	여 의견	oportunidad 오뽀르뚜니닫	여 기회
opio 오삐오	남 아편	oportuno, na 오뽀르뚜노, 나	형 적당한
oponer 오뽀네르	탁 대항시키다	orador, ra 오라도르, 라	남여 연사

oposición 오뽀씨씨온   여 반대, 대립; 채용 시험

oprimir 오쁘리미르   탁 억누르다, 억압하다, 압박하다

óptico, ca 옵띠꼬, 까   형 눈의; 광학의. 남여 안경사. 여 광학

optimismo 옵띠미스모   남 낙관주의, 낙천주의

optimista 옵띠미스따   형 낙천적인. 남여 낙천주의자

óptimo, ma 옵띠모, 마   형 최고로 좋은, 최선의

opuesto, ta 오뿌에스또, 따   형 반대의; 적대하는

opulento, ta 오뿔렌또, 따   형 부유한, 풍부한

oral 오랄	형 구두의	órbita 오르비따	여 궤도
examen oral 엑사멘 오랄	구두 시험	ordenador 오르데나도르	남 컴퓨터
orar 오라르	타 기도하다	oreja 오레하	여 귀

oración   여 기도; 연설; 문(文)
오라씨온

orden   남 순서, 정도, 질서. 여 명령, 지시, 주문
오르덴

ordenar   타 정리하다, 정돈하다; 명령하다
오르데나르

ordenario, ria   형 보통의, 통상의
오르데나리오, 리아

organización   여 조직, 편성; 기구
오르가니싸씨온

organizar   타 조직하다, 구성하다, 만들다
오르가니사르

organizarse   재귀 조직되다, 구성되다, 만들어지다
오르가니사르세

órgano   남 기관; 장치; 기구; 파이프 오르간
오르가노

orgullo   남 긍지, 자존심; 자만, 거만
오르구요

oriente 명 동, 동방, 동양
오리엔떼

orilla 여 연변; 가장자리
오리야

ornamento 남 장식
오르나멘또

oro 남 금, 황금
오로

anillo de oro 금반지
아니요 데 오로

orquesta 여 오케스트라
오르께스따

orgulloso, sa 형 자랑스러운, 긍지가 대단한
오르구요소, 사

sentirse orgulloso 긍지를 느끼다, 자랑스레 생각하다
센띠르세 오르구요소

oriental 형 동의, 동양의. 남여 동양인
오리엔딸

origen 남 발단; 시작; 근원; 출생지, 원산지
오리헨

original 형 시작의; 독창적인, 기발한. 남 원본; 원문, 원서
오리히날

oscurecer 타 어둡게 하다. 자 어두워지다
오스꾸레쎄르

os 대 너희들을, 너희들에게
오스

osado, da 형 대담한
오사도, 다

oscuro, ra 형 어두운
오스꾸로, 라

oso, sa 남여 곰
오소, 사

ostra 여 ((동물)) 굴
오스뜨라

otoño 남 가을
오또뇨

otorgar 타 주다, 수여하다 오또르가르	**oxígeno** 남 산소(酸素) 옥시헤노
oveja 여 ((동물)) 양 오베하	**ozono** 남 오존 오소
oveja negra 말썽꾸러기 오베하 네그라	

   otro, tra　　　　　　형 다른, 별개의; 또 하나의
   오뜨로, 뜨라

   oyente　　　　　　　남여 청중, 청취자; 청강생
   오엔떼

pabellón 빠베욘	남 원뿔골 천막
paciencia 빠씨엔씨아	여 인내, 참을성
Océano Pacífico 오쎄아노 빠씨피꼬	태평양
pacto 빡또	남 협정, 조약
paella 빠에야	여 ((요리)) 빠에야
paga 빠가	여 보수, 봉급
pagar 빠가르	타 지불하다
página 빠히나	여 쪽, 페이지
pago 빠고	남 지불, 보답, 회보
país 빠이스	남 나라, 국가
paisaje 빠이사헤	남 경치, 경관
paja 빠하	여 밀짚, 보릿짚, 짚

pacer 빠쎄르 　자 풀을 먹다, 풀을 먹이다

paciente 빠씨엔떼 　형 참을성이 있는. 남여 환자

pacífico, ca 빠씨피꼬, 까 　형 온화한; 평화스러운

padre 빠드레 　남 아버지. 복 부모(父母)

padrino 빠드리노 　남 대부; 입회인; 후원자

pagano, na 빠가노, 나 　형 이교도의. 남여 이교도

palabra 빨라브라	여 단어; 말; 약속	paloma 빨로마	여 비둘기
palacio 빨라씨오	남 궁전; 호화 저택	pan 빵	남 빵
palacio real 빨라씨오 뢰알	왕궁	panadería 빠나데리아	여 빵집
pálido, da 빨리도, 다	형 창백한	panadero, ra 빠나데로, 라	남여 빵집

paisano, na
빠이사노, 나
　　형 동향의, 동국의. 남여 동향인, 동국인; 민간인

pájaro　　　　　　　　　남 ((조류)) 새; 망상(妄想)
빠하로

palma　　　　　　여 손바닥; ((식물)) 야자나무
빨마

palo　　　　　　　　　남 몽둥이; ((골프)) 클럽
빨로

palpitar　　　　　　동 (가슴이) 뛰다, 맥박 치다
빨삐따르

pamplonica　　　　　형 빰쁠로나(Pamplona)의
빰쁠로니까

mozo pamplonica 빰쁠로나 청년. 남여 빰쁠로나 사람
모소 빰쁠로니까

panameño, ña　　　형 파나마의. 남여 파나마 사람
빠나메뇨, 냐

Panamá ((국명)) 파나마 빠나마	Papa 남 교황 빠빠
pánico 남 공황 빠니꼬	papá 남 아빠 빠빠
pantalón 남 바지 빤딸론	papel 남 종이 빠뻴
paño 남 천, 옷감(tela) 빠뇨	papelera 여 휴지통 빠뻴레라
pañuelo 남 손수건 빠뉴엘로	papelería 여 문방구점 빠뻴레리아
papa 여 [중남미에서] 감자 빠빠	par 남 한 쌍, 한 벌, 둘 빠르

panorama 남 전경, 전망, 파노라마
빠노라마

pantalla 여 스크린; (전등의) 갓
빤따야

papelero, ra 남여 문방구점 주인
빠뻴레로, 라

paquete 남 소포, 소화물; (담배의) 갑
빠께떼

un par de zapatos 구두 한 켤레
움 빠르 데 사빠또스

para 전 …을 위하여, …의 앞으로; …을 향하여; …에 비해
빠라

para que 빠라 께	…하도록	paralizar 빠랄리사르	타 마비시키다
paracaídas 빠라까이다스	남 낙하산	parar 빠라르	자타 멈추다
parada 빠라다	여 정류소	parasol 빠라솔	남 파라솔, 양산
paraguas 빠라구아스	남 우산	parcial 빠르씨알	형 부분적인
paraíso 빠라이소	남 천국; 낙원	pardo, da 빠르도, 다	형 갈색의
parálisis 빠랄리시스	여 마비; 중풍	parecerse 빠레쎄르세	재귀 닮다

parador 　　　　　　　　　　　남 (국영) 관광 호텔
빠라도르

Paraguay 　　　　　　　　　　남 ((국명)) 파라과이
빠라구아이

paraguayo, ya 형 파라과이의. 남여 파라과이 사람
빠라구아요, 야

parásito 　　　　　　　　형 기생하는. 남 기생충, 기생목
빠라씨또

parecer 　자 생각하다, 보이다, 같다. 남 의견; 외견
빠레쎄르

parecido, da 　　　　　　　　　　　형 닮은, 비슷한
빠레씨도, 다

pared 빠렡	여 벽, 담	párpado 빠르빠도	남 눈꺼풀
pareja 빠레하	여 상대, 파트너	parque 빠르께	남 공원
pariente 빠리엔떼	남 친척	parroco 빠로꼬	남 교구 사제
parir 빠리르	자타 낳다, 출산하다	parte 빠르떼	여 부분; 장소
parlamento 빠를라멘또	남 의회, 국회	mayor parte de 마요르 빠르떼 데	대부분의
paro 빠로	남 실업(失業); 파업	en particular 엔 빠르띠꿀라르	특히

Las paredes oyen
라스 빠레데스 오옌

낮 말은 새가 듣고 밤 말은 쥐가 듣는다

parque nacional 국립 공원
빠르께 나씨오날

parrilla 여 석쇠, 불고기 판, 쇠꼬치
빠릐야

parroquia 여 교구; 교구 교회; 고객
빠로끼아

por una parte 한 편으로(는)
뽀르 우나 빠르떼

por otra parte 다른 한 편으로(는)
뽀르 오뜨라 빠르떼

parto 빠르또	남 출산	pasajero, ra 빠사헤로, 라	남여 승객
pasado mañana 빠사도 마냐나	모레	pasaporte 빠사뽀르떼	남 여권
pasaje 빠사헤	남 통행; 통로; 여비	pasatiempo 빠사띠엠뽀	남 오락

participación 빠르띠씨빠씨온 — 여 참가; 통지

participar 빠르띠씨빠르 — 자 참가하다; 공유하다

particular 빠르띠꿀라르 — 형 특별한; 개인의

partida 빠르띠다 — 여 출발; 시합; 증명서

partidario, ria 빠르띠다리오, 리아 — 형 찬성자의, 편의. 남여 지지자, 찬성자

partido 빠르띠도 — 남 시합; 당, 정당, 당파

partir 빠르띠르 — 자타 출발하다; 나누다

pasado 빠사도 — 형 지나간, 과거의. 남 과거

estar pasado de moda 에스따르 빠사도 데 모다 — 유행이 지나가다

pase 빠세	남 통행 허가증	pasillo 빠씨요	남 복도; 낭하
pasear 빠세아르	자 산책하다	pasivo, va 빠씨보, 바	형 소극적인
pasearse 빠세아르세	재귀 산책하다	pasta 빠스따	여 반죽, 반죽 가루
paseo 빠세오	남 산책; 산책길	pastel 빠스뗄	남 케이크
dar un paseo 다르 움 빠세오	산책하다	pastilla 빠스띠야	여 알약, 정제

pasar 타 지나가다, 통과하다; 들어가다; 일어나다
빠사르

¿Qué pasa? 무슨 일입니까?
께 빠사

pascua 여 부활제, 크리스마스
빠스꾸아

pasear por el parque 공원을 산책하다
빠세아르 뽀르 엘 빠르께

pasión 여 정열; (그리스도의) 수난
빠씨온

pastelería 여 과자점, 제과점
빠스뗄레리아

pastor, ra 남여 양치기, 목동, 목자; 목사
빠스또르, 라

patata 빠따따	여 감자
patente 빠뗀떼	여 특허
patín 빠띤	남 스케이트
patinar 빠띠나르	자 스케이트를 타다
patio 빠띠오	남 뜰, 마당, 정원
patria 빠뜨리아	여 조국; 고향
patriota 빠뜨리오따	남여 애국자
patriótico, ca 빠뜨리오띠꼬, 까	형 애국적인
patrulla 빠뜨루야	여 순찰대, 정찰대
pausa 빠우사	여 중단, 휴지
pavo 빠보	남 ((조류)) 칠면조
pavo real 빠보 레알	공작

   pata 빠따   여 (가구나 동물의) 다리

   patatas fritas 빠따띠스 프리따스   감자 튀김, 튀긴 감자

   paterno, na 빠떼르노, 나   형 아버지의, 부의

   padre de la patria 빠드레 데 라 빠뜨리아   국부(國父)

   patrimonio 빠뜨리모니오   남 세습 재산, 유산

   patrón, na 빠뜨론, 나   남여 후원자; 수호 성인

pavor 빠보르	남 공포
payaso 빠야소	남 어릿광대
paz 빠스	여 평화
en paz 엔 빠스	평화시에
peaje 뻬아헤	남 통행료
peatón 뻬아똔	남 보행자
pecado 뻬까도	남 죄
pecar 뻬까르	자 죄를 범하다
peculiar 뻬꿀리아르	형 독특한, 특유의
pecho 뻬초	남 가슴
pedal 뻬달	남 페달
pedazo 뻬다소	남 조각
pedido 뻬디도	남 주문, 주문품
pegar 뻬가르	타 붙이다
peine 뻬이네	남 빗
pelar 뻴라르	타 껍질을 벗기다

pechuga 뻬추가   여 (조류의) 가슴, 가슴살

pedir 뻬디르   타 요구하다, 요청하다; 주문하다; 부탁하다

peinar 뻬이나르   타 (머리를) 빗기다, 머리를 빗어 주다

peinarse 뻬이나르세   재귀 자신의 머리를 빗다

película 여 필름; 영화 뻴리꿀라	pelo 남 머리카락, 머리털 뻴로
peligro 남 위험 뻴리그로	tomar el pelo 놀리다 또마르 엘 뻴로
peligroso, sa 형 위험한 뻴리그로소, 사	pelota 여 공, 볼 뻴로따

pelea 여 싸움, 언쟁, 말다툼
뻴레아

pelea de gallos 닭싸움, 투계
뻴레아 데 가요스

gallo de pelea 싸움닭, 투계
가요 데 뻴레아

pelear 자 싸우다, 언쟁하다, 말다툼하다
뻴레아르

película española 스페인 영화
뻴리꿀라 에스빠뇰라

película coreana 한국 영화
뻴리꿀라 꼬레아나

peluquería 여 이발소; 미장원
뻴로께리아

peluquero, ra 남여 이발사; 미용사
뻴루께로, 라

pena 여 벌, 고통, 슬픔, 번민
뻬나

péndula 뻰둘라	여 ((물리)) 진자	peña 뻬냐 여 바위
península 뻬닌술라	여 반도	peón 뻬온 남 인부, 노무자
pensar 뻰사르	타 생각하다	pepino 뻬삐노 남 ((식물)) 오이

valer la pena (de) + 동사 원형. …할 가치가 있다
발레르 라 뻬나 (데)

pendiente 뻰디엔떼   남 귀걸이. 여 비탈, 경사

penetrar 뻬네뜨라르   자타 침투하다, 스며들다; 끼어들다

pensamiento 뻰사미엔또   남 생각, 사고

Yo pienso, luego existo 나는 생각한다, 고로 존재한다
요 삐엔소 루에고 엑씨스또

pensión 뻰씨온   여 펜션; 연금; 하숙집

penúltimo, ma 뻬눌띠모, 마   형 끝에서 두 번째의

peor 뻬오르   형 더 나쁜. 부 더 나쁘게

pequeño, ña 뻬께뇨, 냐   형 작은, 어린. 남여 어린아이

pera 여 ((과실)) 서양 배 뻬라	perecer 자 죽다 뻬레세르
perderse 재귀 길을 잃다 뻬르데르세	peregrino, na 남여 순례자 뻬레그리노, 나
Perdone 죄송합니다 뻬르도네	pereza 여 게으름, 나태 뻬레사
Perdóneme 죄송합니다 뻬르도네메	perfectamente 부 완전히 뻬르펙따멘떼

percha 여 양복걸이, 모자걸이
뻬르차

perder 자타 잃다; 손해보다; 지다; (탈것을) 놓치다
뻬르데르

Me he perdido 나는 길을 잃었다
메 에 뻬르디도

pérdida 여 분실; 손실, 손해
뻬르디다

perdón 남 용서, 사면. 감 용서하십시오, 죄송합니다
뻬르돈

perdonar 동 용서하다, 사면하다
뻬르도나르

perezoso, sa 형 게으른, 나태한
뻬레소소, 사

perezosón, na 형남여 게을러빠진 (사람)
뻬레소손, 나

| perfecto, ta 형 완전한
뻬르펙또, 따 | periodista 남여 신문 기자
뻬리오디스따 |
|---|---|
| perfume 남 향수
뻬르푸메 | período 남 기간, 시기
뻬리오도 |
| periódico 남 신문
뻬리오디꼬 | perjuicio 남 해, 손해
뻬르후이씨오 |
| periodismo 남 저널리즘
뻬리오디스모 | perla 여 진주
뻬를라 |

perfección 여 완전함, 완벽함; 완성
뻬르펙시온

perfeccionar 타 완전하게 하다
뻬르펙시오나르

perito, ta 형 노련한, 숙련된. 남여 전문가
뻬리또, 따

perjudicar 타 손해를 끼치다
뻬르후디까르

permanente 형 영속적인; 상설의. 여 파마
뻬르마넨떼

permiso 남 허가, 허락; 허가장. 감 실례합니다
뻬르미소 (남의 앞을 지나갈 때)

permitir 동 허가하다, 허락하다
뻬르미띠르

pero 접 그러나. 남 결점, 단점
뻬로

perpetuo, tua 형 영구의 뻬르뻬뚜오, 뚜아	persuadir 타 설득하다 뻬르수아디르
perro, rra 남여 ((동물)) 개 뻬르로	pertenecer 자 속하다 뻬르떼네세르
perro caliente 핫도그 뻬르로 깔리엔떼	Perú 남 ((국명)) 페루 뻬루
persistir 자 고집하다 뻬르씨스띠르	pesadilla 여 악몽 뻬사디야
persona 여 사람; 인칭 뻬르소나	pesado, da 형 무거운 뻬사도, 다

permanecer 자 체류하다, 체재하다
뻬르마네세르

perro pastor 양을 지키는 개
뻬르로 빠스또르

perseguir 타 추적하다; 추구하다; 박해하다
뻬르세기르

personaje 남 인물, 명사; 등장 인물
뻬르소나헤

personal 형 사람의, 개인의. 남 직원, 스탭
뻬르소날

personalidad 여 인격, 개성; 요인
뻬르소날리닫

peruano, na 형 페루의. 남여 페루 사람
뻬루아노, 나

330

pésame 뻬사메	남 애도	pésimo, ma 뻬씨모, 마	형 최악의
pesca 뻬스까	여 낚시질; 어업	pestaña 뻬스따냐	여 속눈썹
pescadería 뻬스까데리아	여 생선 가게	peste 뻬스떼	여 페스트
pescado 뻬스까도	남 생선	petición 뻬띠씨온	여 신청, 요청
pescador 뻬스까도르	남 어부	petróleo 뻬뜨롤레오	남 석유
pesimismo 뻬씨미스모	남 비관주의	piano 삐아노	남 피아노

pesar
뻬사르
자 무게를 달다; 무겁다

a pesar de
아 뻬사르 데
…에도 불구하고

pescadero, ra
뻬스까데로, 라
남여 생선 장수

pescar
뻬스까르
자타 낚시질하다, 고기를 잡다

pesimista
뻬씨미스따
형 비관적인. 남여 비관주의자

peso
뻬소
남 무게; [화폐 단위] 페소

picante 삐깐떼	형 매운	piedra preciosa 삐에드라 쁘레씨오사	보석
chile picante 칠레 삐깐떼	매운 고추	piel 삐엘	여 피부; 가죽
pie 삐에	남 (신체의) 발	pierna 삐에르나	여 (신체의) 다리
piedra 삐에드라	여 돌	pijama 삐하마	남 파자마

pez 남 물고기. 여 송진, 타르, 역청, 아스팔트
삐스

pianista 남여 피아니스트, 피아노 연주가
삐아니스따

picar 타 (벌레가) 쏘다, 찌르다
삐까르

pícaro, ra 형 악한의. 남여 악한, 악인
삐까로, 라

pico 남 (새의) 부리, 주둥이; 산꼭대기; (시간에서) 약간
삐꼬

Son las ocho y pico 8시가 조금 넘었다
손 라스 오초 이 삐꼬

piedad 여 효심, 효도; 경건, 믿음
삐에닫

pieza 여 조각; 한 개; 부품; 희곡; 방
삐에사

pila 삘라	여 전지	pino 삐노	남 소나무
pilar 삘라르	남 기둥, 지주	pinza 삔사	여 핀셋
pimienta 삐미엔따	여 후추	piña 삐냐	여 파인애플
pimiento 삐미엔또	남 피망; 고추	pipa 삐빠	여 파이프
pincel 삔셀	남 화필	pirata 삐라따	남 해적

píldora
삘도라
여 환약; 경구 피임약

piloto
삘로또
남 조종사, 파일럿; 도선사

pinchar
삔차르
타 찌르다; 펑크내다

pintar
삔따르
자타 칠하다, 그림을 그리다

pintor, ra
삔또르, 라
남여 화가; 페인트 공

pintoresco, ca
삔또레스꼬, 까
형 그림 같은

pintura
삔뚜라
여 그림, 회화; 페인트

pisar 자타 밟다, 짓밟다 삐사르	plan 남 계획, 안(案), 플랜 쁠란
piscina 여 수영장, 풀, 풀장 삐씨나	plancha 여 다리미 쁠란차
piso 남 층; 아파트 삐소	planchar 타 다리다 쁠란차르
pista 여 족적; 트랙; 활주로 삐스따	planeta 남 혹성 쁠라네따
pistola 여 권총 삐스똘라	plantar 타 심다; 설치하다 쁠란따르
pizarra 여 흑판, 칠판 삐사롸	plata 여 은(銀) 쁠라따
placer 남 기쁨, 즐거움 쁠라세르	moneda de plata 은화 모네다 데 쁠라따

piscina cubierta　　　　　　　　　　실내 수영장
삐씨나 꾸비에르따

piscina al aire libre　　　　　　　야외 수영장
삐씨나 알 아이레 리브레

plano, na　　형 반반한, 납작한. 남 평면; 시가지도
쁠라노, 나

planta　　여 식물; (건물의) 층; 평면도; 발바닥
쁠란따

plástico, ca　　형 플라스틱의; 조형의. 남 플라스틱
쁠라스띠꼬, 까

plátano 쁠라따노	남 바나나
plato 쁠라또	여 접시; 요리
playa 쁠라야	여 해변, 바닷가
plaza 쁠라사	여 광장; 장, 시장
plazuela 쁠라수엘라	여 소광장
plegable 쁠레가블레	형 접을 수 있는
cama plegable 까마 쁠레가블레	접는 침대
plataforma 쁠라따포르마	여 대, 단; (정당의) 강령
plazo 쁠라소	남 기한, 기간; 분할불
plural 쁠루랄	형 복수의. 남 ((문법)) 복수
pobre 뽀브레	형 가난한; 가련한, 불쌍한
pobrecito, ta 뽀브레씨또, 따	형 가련한, 불쌍한
silla plegable 씨야 쁠레가블레	접의자
plomo 쁠로모	남 납, 연(鉛)
pluma 쁠루마	여 깃; 펜
población 뽀블라시온	여 마을; 인구
poblar 뽀블라르	타 식민하다
pobreza 뽀브레사	여 가난
poco a poco 뽀꼬 아 뽀꼬	조금씩

un poco 움 뽀꼬	약간	poetisa 뽀에띠사	여 여류 시인
un poco de 움 뽀꼬 데	약간의	polvo 뽈보	남 먼지; 가루
poema 뽀에마	남 시(詩)	pólvora 뽈보라	여 화약
poesía 뽀에씨아	여 시(詩)	pollo 뽀요	남 병아리; 통닭
poeta 뽀에따	남여 시인	ponerse el sol 뽀네르세 엘 솔	해가 지다

poco, ca   형 적은. 부 조금, 별로 … 없다
뽀꼬, 까

poder   형 할 수 있다, 해도 되다. 남 힘, 능력; 권력
뽀데르

Querer es poder   뜻 있는 곳에 길이 있다
께레르 에스 뽀데르

poderoso, sa   형 강력한, 힘있는; 유력한
뽀데로소, 사

podrido, da   형 부패한, 썩은
뽀드리도, 다

policía   여 경찰. 남여 경찰관
뽈리씨아

político, ca
뽈리띠꼬, 까
형 정치의; 결혼으로 맺어진. 남 정치가. 여 정치, 정책

| popularidad 여 인기 | portarse 재귀 행동하다 |
| 뽀뿔라리닫 | 뽀르따르세 |

| por 전 때문에, 으로, 위해서 | portátil 형 휴대용의 |
| 뽀르 | 뽀르따띨 |

| porcelana 여 자기(磁器) | porte 남 운송, 운임 |
| 뽀르셀라나 | 뽀르떼 |

| porción 여 부분; 양(量), 몫 | portezuela 여 승강구 |
| 뽀르시온 | 뽀르떼수엘라 |

| portal 남 현관 | porvenir 남 미래, 장래 |
| 뽀르딸 | 뽀르베니르 |

poner 타 놓다, 넣다; 입히다
뽀네르

ponerse 재귀 입다, 신다, 쓰다, 끼다; 몸에 붙이다
뽀네르세

ponerse a + 동사 원형 …하기 시작하다
뽀네르세 아

popular 형 인기 있는, 유행의; 인민의
뽀뿔라르

porque 접 … 때문에, 이므로
뽀르께

portada 여 (건물의) 정면; (책의) 속표지
뽀르따다

portero, ra 남여 수위, 문지기; 관리인
뽀르떼로, 라

poseedor, ra 남여 소유자 뽀세에도르, 라	tarjeta postal 우편 엽서 따르헤따 뽀스딸
poseer 타 소유하다 뽀세에르	poste 남 기둥 뽀스떼
posesión 여 소유; 소유물 뽀세씨온	postizo, za 형 인공의 뽀스띠소, 사
posibilidad 여 가능성 뽀씨빌리닫	diente postizo 의치 디엔떼 뽀스띠소
posición 여 위치; 지위 뽀씨씨온	postre 남 디저트, 후식 뽀스뜨레

Portugal 남 ((국명)) 포르투갈
뽀르뚜갈

portugués, sa
뽀르뚜께스, 사
형 포르투갈의. 남여 포르투갈 사람. 남 포르투갈어

posada 여 여인숙, 작은 여관
뽀사다

posible 형 가능한, 할 수 있는
뽀씨블레

positivo, va 형 긍정적인; 적극적인
뽀씨띠보, 바

postal 형 우편의. 여 엽서; 우편 엽서
뽀스딸

posterior 형 마지막의; 뒤의, 후의
뽀스떼리오르

postura 뽀스뚜라	여 자세; 태도
potable 뽀따블레	형 마실 수 있는
agua potable 아구아 뽀따블레	음료수
potente 뽀뗀떼	형 힘있는, 강력한
potencia 뽀땐씨아	여 힘, 능력; 세력; 강국
práctica 쁘락띠까	여 연습, 실습; 실행
practicar 쁘락띠까르	타 연습하다, 수업하다, 실행하다
práctico, ca 쁘락띠꼬, 까	형 실용적인, 실제적인
precaución 쁘레까우씨온	여 주의, 예방책
preceder 쁘레세데르	타 앞서다, 앞에 놓이다
precioso, sa 쁘레씨오소, 사	형 예쁜, 아름다운
precisión 쁘레씨씨온	여 정확함, 정밀함; 필요성
prácticamente 쁘락띠까멘떼	부 실제로
prado 쁘라도	남 목초지, 목장
precio 쁘레씨오	남 값, 가격
precisar 쁘레시사르	타 명확히 하다

precoz 쁘레꼬스	형 조숙한	pregunta 쁘레군따	여 질문
predecir 쁘레데씨르	타 예언하다	prejuicio 쁘레후이씨오	남 선입관, 편견
predicar 쁘레디까르	타 설교하다	premio 쁘레미오	남 상(賞)
prefacio 쁘레파시오	남 서문, 머리말	prenda 쁘렌다	여 의류; 담보

predominio   남 우위, 우월함
쁘레도미니오

preferencia   여 편애; 우선권
쁘레페렌씨아

preferir   타 좋아하다, 택하다
쁘레페리르

hacer una pregunta   질문하다
아세르 우나 쁘레군따

preguntar   타 질문하다, 묻다
쁘레군따르

preguntarse   재귀 자문하다
쁘레군따르세

preguntón, na 형 꼬치꼬치 물어보는, 질문을 잘 하는
쁘레군똔, 나

prehistórico, ca   형 선사 시대의
쁘레이스또리꼬, 까

prender 타 잡다, 체포하다 쁘렌데르	**preparativo** 남 준비 쁘레빠라띠보
preocupación 여 걱정 쁘레오꾸빠씨온	**preposición** 여 전치사 쁘레뽀씨씨온
preocupar 타 걱정시키다 쁘레오꾸빠르	**presa** 여 포획, 획득물; 댐 쁘레사
preparación 여 준비; 예습 쁘레빠라씨온	**presagio** 남 전조; 예감 쁘레사히오

prensa 여 신문, 보도 기관; 인쇄기; 압착기
쁘렌사

preocuparse 재귀 걱정하다
쁘레오꾸빠르세

No se preocupe 걱정하지 마십시오
노 세 쁘레오꾸뻬

No te preocupes 걱정하지 마라
노 떼 쁘레오꾸뻬스

preparar 타 준비하다, 예습하다
쁘레빠라르

presencia 여 존재; 전면; 풍채
쁘레센씨아

presentación 여 소개; 제출, 제시
쁘레센따씨온

presentar 타 소개하다; 입후보하다.
쁘레센따르

presente 쁘레쎈떼	형 있는, 출석한	pedir prestado 뻬디르 쁘레스따도	빌리다
presentir 쁘레센띠르	타 예감하다	prestar 쁘레스따르	타 빌려 주다
presión 쁘레씨온	여 압력	presupuesto 쁘레수뿌에스또	남 예산
preso, sa 쁘레소, 사	남여 포로	pretexto 쁘레떼스또	남 구실
prestado, da 쁘레스따도, 다	형 빌린	previo, via 쁘레비오, 비아	형 사전의

presentarse
쁘레센따르세
재귀 자신을 소개하다

Permítame presentarme a mí mismo
뻬르미따메 쁘레센따르메 아 미 미스모
제 자신을 소개하겠습니다

presentimiento
쁘레센띠미엔또
남 예감, 조짐

presidenta
쁘레씨덴따
여 여자 총재[의장, 주재자, 대통령]; 대통령의 부인, 주재자의 아내

presidente
쁘레씨덴떼
남여 대통령, 총재, 의장, 주재자

préstamo
쁘레스따모
남 대부, 대출; 차관

previsión [여] 예측, 예보 쁘레비씨온	princesa [여] 공주 쁘린세사
prima [여] 프레미엄, 보험료 쁘리마	principal [형] 주요한, 주된 쁘린씨빨
primavera [여] 봄 쁘리마베라	príncipe [남] 왕자 쁘린씨뻬
primo, ma [남여] 사촌 쁘리모, 마	principio [남] 시작, 기원 쁘린씨삐오

prevención [여] 예방; 주의, 조심
쁘레벤씨온

prevenir [타] 준비하다; 조심하다; 예방하다
쁘레베니르

prever [타] 예견하다, 예지하다
쁘레베르

primario, ria [형] 최초의; 초등의; 기초적인
쁘리마리오, 리아

primer [형] 첫째의. (primero가 남성 단수 명사 앞에서 o 탈락)
쁘리메르

primero, ra [형] 첫째의. [부] 첫째로, 우선, 최초로. [남] 첫째
쁘리메로, 라

primitivo, va [형] 원시의, 원시적인, 미개의
쁘리미띠보, 바

a principios de …의 초순에
아 쁘린씨삐오스 데

en principio 엠 쁘린씨삐오	처음에
prisa 쁘리사	여 서두름, 조급함
haber prisa 아베르 쁘리사	급하다
darse prisa 다르세 쁘리사	서두르다, 급하다.
tener prisa 떼네르 쁘리사	서두르다, 급하다
prisión 쁘리씨온	여 교도소; 감금, 징역
prisionero, ra 쁘리씨오네로, 라	남여 포로, 죄수
prisma 쁘리스마	남 프리즘; 기둥, 각기둥
privado, da 쁘리바도, 다	형 개인적인, 사적인
privar 쁘리바르	타 빼앗다, 박탈하다
privilegio 쁘리빌레히오	남 특권, 특전
problema 쁘로블레마	남 문제
probable 쁘로바블레	형 있을 법한, 가능성 있는, 그럴싸한
probablemente 쁘로바블레멘떼	부 아마, 아마도, 필경
probar 쁘로바르	타 시도하다; 시식하다, 시음하다; 증명하다

procesión 쁘로세씨온	여 행렬	prodigio 쁘로디히오	남 경이로움
proclamar 쁘로끌라마르	타 선언하다	producción 쁘로둑씨온	여 생산; 제작
prodigar 쁘로디가르	타 낭비하다	profesión 쁘로페씨온	여 (전문) 직업

probarse
쁘로바르세
　　재귀 옷을 입어 보다

proceso
쁘로세소
　　남 경과, 과정; 처치; 소송

procurar
쁘로꾸라르
　　타 애쓰다, 노력하다

prodigioso, sa
쁘로디히오소, 사
　　형 경이적인

producir
쁘로두시르
　　타 생산하다; 제작하다

producto
쁘로둑또
　　남 생산물, 제품, 제작물

¿Cuál es su profesión? 당신의 직업은 무엇입니까?
꾸알 에스 수 쁘로페씨온

profesional
쁘로페시오날
　　형 직업의; 본직의. 남여 전문가, 프로

profesor, ra
쁘로페소르, 라
　　남여 선생, 교수

profeta 쁘로페따	남 예언자	prólogo 쁘롤로고	남 서문, 머리말
profundidad 쁘로푼디닫	여 깊이	prolongar 쁘롤롱가르	타 연장하다
profundo, da 쁘로푼도, 다	형 깊은	promedio 쁘로메디오	남 평균
programa 쁘로그라마	남 프로그램	promesa 쁘로메사	여 약속
prohibición 쁘로이비씨온	여 금지	prometer 쁘로메떼르	타 약속하다
prójimo, ma 쁘로히모, 마	남여 이웃	pronombre 쁘로놈브레	남 대명사

progresar 자 진보하다, 발전하다
쁘로그레사르

progreso 남 진보, 발전, 향상
쁘로그레소

prohibir 타 금하다, 금지하다
쁘로이비르

Amarás a tu prójimo como a ti mismo
아마라스 아 뚜 쁘로히모 꼬모 아 띠 미스모
네 이웃을 네 몸처럼 사랑해라

prometido, da 남여 약혼자
쁘로메띠도, 다

promover 타 촉진하다; 승진시키다
쁘로모베르

pronóstico 남 예상, 예측 쁘로노스띠꼬	propina 여 팁 쁘로삐나
pronto 부 재빨리, 속히 쁘론또	de propina 팁으로 데 쁘로삐나
pronunciación 여 발음 쁘로눈씨아씨온	proporción 여 비율 쁘로뽀르씨온
pronunciar 타 발음하다 쁘로눈씨아르	proporcionar 타 공급하다 쁘로뽀르씨오나르
propaganda 여 선전 쁘로빠간다	proposición 여 제안, 신청 쁘로뽀씨씨온

tan pronto como …하자마자
딴 쁘론또 꼬모

Hasta pronto 이른 시일 안에 만나자
아스따 쁘론또

propagar 타 선전하다; 번식시키다
쁘로빠가르

propiedad 여 소유권; 소유지; 특권
쁘로삐에닫

propietario, ria 남여 소유자
쁘로삐에따리오, 리아

propio, pia 형 자신의; 고유의
쁘로삐오, 삐아

proponer 타 제안하다, 제기하다
쁘로뽀네르

propósito 쁘로뽀씨또	남 의도, 목적	próspero, ra 쁘로스뻬로, 라	형 번영한
propuesta 쁘로뿌에스따	여 제안, 신청	protección 쁘로떽씨온	여 보호, 비호
prórroga 쁘로로가	여 연장, 연기	protesta 쁘로떼스따	여 항의, 이의
prosa 쁘로사	여 산문	protestar 쁘로떼스따르	타 항의하다
prosperar 쁘로스뻬라르	자 번영하다	provecho 쁘로베초	남 이익, 득

proseguir 쁘로세기르   타 계속해서 하다

protagonista 쁘로따고니스따   남여 주인공; 주역

protector, ra 쁘로떽또르, 라   형 보호하는. 남여 보호자

proteger 쁘로떼헤르   타 보호하다, 지키다

protestante 쁘로떼스딴떼   남여 개신교도, 신교도

provechoso, sa 쁘로베초소, 사   형 유익한, 유용한

proveer 쁘로베에르   타 준비하다, 갖추다; 공급하다

proverbio 쁘로베르비오	답 속담, 격언
providencia 쁘로비덴씨아	여 섭리, 신
provincia 쁘로빈씨아	여 주, 지방
provisión 쁘로비씨온	여 저장; 식량
prudencia 쁘루덴씨아	여 신중함, 분별
psicología 시꼴로히아	여 심리학

provenir
쁘로베니르
자 유래하다, 나오다, 비롯되다

provicional
쁘로비씨오날
형 임시의, 일시적인

provocar
쁘로뽀까르
타 도발하다; 유발하다

próximo, ma
쁘록시모, 마
형 다음의(que viene)

proyectar
쁘로옉따르
타 발사하다; 투영하다; 계획하다

proyecto
쁘로옉또
답 계획, 기획; 초안

prudente
쁘루덴떼
형 신중한, 분별력이 있는

prueba
쁘루에바
여 증거; 시험; 실험; 경기

publicación
쁘블리까씨온
여 출판; 공표, 발표

publicidad 여 광고, 선전 뿌블리씨닫	**puerco** 남 돼지 뿌에르꼬
pueblecito 남 작은 마을 뿌에블레씨또	**puerta** 여 문 뿌에르따
pueblo 남 마을; 읍 뿌에블로	**puerto** 남 항구 뿌에르또
pueblo costero 해안 마을 뿌에블로 꼬스떼로	**puesta** 여 천체가 지는 것 뿌에스따
puente 남 다리, 교량 뿐엔떼	**puesta del sol** 석양 뿌에스따 델 솔

publicar 타 출판하다; 발표하다, 공표하다
뿌블리까르

público, ca 형 공공의; 공개의. 남 공중, 청중
뿌블리꼬, 까

construir un puente 다리를 건설하다
꼰스뜨루이르 움 뿐엔떼

poner un puente (이를) 걸다
뽀네르 운 뿐엔떼

Abra la puerta 문을 열어 주십시오
아브라 라 뿌에르따

Cierre la puerta 문을 닫아 주십시오
씨에띄 라 뿌에르따

pues 접 왜냐하면, …하기 때문에; 그래서
뿌에스

pulga 여 벼룩 뿔가	punta 여 끝, 선단; 뿔 뿐따
pulgar 남 엄지손가락 뿔가르	punto 남 점, 구두점 뿐또
pulir 타 갈다, 연마하다 뿔리르	en punto 정각 엠 뿐또
pulmón 남 폐 뿔몬	punto de vista 관점, 견지 뿐또 데 비스따
pulsar 타 (손으로) 누르다 뿔사르	puñado 남 한 줌, 한 움큼 뿌냐도
pulsera 여 팔찌 뿔세라	puñal 남 단도, 비수 뿌냘
pulso 남 맥, 맥박 뿔소	puño 남 주먹 뿌뇨

puesto 남 장소, 위치; 지위; 노점
뿌에스또

mercado de pulgas 벼룩시장
메르까도 데 뿔가스

estar a punto de + 동사원형
에스따르 아 뿐또 데
　　　　막 …하려 하다, …할 찰나이다

puntual 형 시간을 엄수하는
뿐뚜알

Sé puntual 시간을 엄수해라.
세 뿐뚜알

pupila 뿌삘라	여 눈동자	oro puro 오로 뿌로	순금
purgar 뿌르가르	타 깨끗이 하다	purpúreo, a 뿌르뿌레오, 아	형 자줏빛의
purgativo 뿌르가띠보	남 하제(下劑)	pus 뿌스	남 고름
purgatorio 뿌르가또리오	남 연옥		

pupitre
뿌삐뜨레   남 공부 책상, 아동용 책상

purificación
뿌리피까씨온   여 정화, 청정; 정련

purificar
뿌리피까르   타 맑게 하다, 정화하다

puro, ra
뿌로, 라   형 순수한, 순종의. 남 여송연, 시거

puta
뿌따   여 성매매 여성, 매춘부

a fin de que ...하도록 아 핀 데 께	No hay de qué 천만에요 노 아이 데 께
para que ...하도록 빠라 께	quebrar 타 깨다, 부수다 께브라르
sin que ... 함이 없이 씬 께	queja 여 불평, 하소연; 탄식 께하

que
께　　대 [관계 대명사] …하는. 접 …라고, …하는 것,
　　　 …하는 일을

a menos que　　　　　　　　　…하지 않으면
아 메노 께

a no ser que　　　　　　　　　…하지 않으면
아 노 세르 께

con tal (de) que　　　…하는 조건으로, …하면
꼰 딸 (데) 께

en caso de que　　　　　　　　…할 경우에
엔 까소 데 께

qué　　　　형 무슨, 어떤. 대 무엇. 부 굉장히, 매우
께

quebrantar　　　　타 부수다, 깨다, 쪼개다, 빻다
께브란따르

quedar　　　　　자 남다, 있다, 체류하다; 되다
께다르

quedarse　　재귀 남다, 남아 있다, 있다, 뒤처지다
께다르세

quejarse 재귀 불평하다 께하르세	quién 대 누구 끼엔
quemadura 여 화상 께마두라	a quién 누구를, 누구에게 아 끼엔
queso 남 치즈 께소	de quién 누구의 데 끼엔
quiebra 여 파산, 도산 끼에브라	quienquiera 대 누구이건 끼엔끼에라

quehacer 남 일, 볼일, 업무
께하세르

quemar 타 태우다, 굽다, 불사르다
께마르

quemarse 재귀 데다; 그을리다
께마르세

querer 타 원하다, 바라다; 좋아하다, 사랑하다
께레르

querer + 동사 원형 …하고 싶다, 하기를 원하다
께레르

Querer es poder 정신일도 하사불성(精神一到何事不成)
께레르 에스 뽀데르

querido, da 형 사랑하는, 친애하는. 남여 애인
께리도, 다

quien 대 [관계 대명사] …하는 (사람)
끼엔

química 끼미까	여 화학
quinta 낀따	여 별장
quitar 끼따르	타 빼앗다; 벗기다
quitarse 끼따르세	재귀 벗다

químico, ca 　　　　형 화학의. 남여 화학자
끼미꼬, 까

quince 　　　　　　형 15의, 열다섯 번째의. 남 15
낀세

quinientos, tas 　　　형 500의; 500번째의. 남 500
끼니엔또스, 따스

quinto, ta 　　　　　형 다섯째의. 남 다섯째, 5분의 1
낀또, 따

quiosco 　　　　　　　　　　　남 신문 판매대, 매점
끼오스꼬

Quítate las gafas 　　　　　　안경을 벗어라
끼따떼 라스 가파스

quizá 　　　　　　　　　　부 아마, 아마도, 필경
끼사

quizás 　　　　　　　　　부 아마, 아마도, 필경
끼사스

Quizás tengas razón 아마 네 말이 맞을 지도 모른다
끼사스 뗑가스 라손

R

rabo 라보	남 꼬리	rail, raíl 라일	남 레일
racimo 라씨모	남 (과실의) 송이	raíz 라이스	여 뿌리
ración 라씨온	여 1인분(의 식사)	rama 라마	여 (나무의) 가지; 분야
racional 라씨오날	형 합리적인	ramillete 라미예떼	남 꽃다발
radar 라다르	남 레이더	rana 라나	여 개구리
radiactivo, va 라디악띠보, 바	형 방사성의	rango 랑고	남 지위, 신분, 계급

radiar
라디아르
타 방사하다; 방송하다

radical
라디깔
형 근본적인; 급진적인

radio
라디오
여 라디오. 남 반경, 라듐

ramo
라모
남 작은 가지; 꽃다발; 부문, 분야

rápido, da
라삐도, 다
형 빠른. 부 빨리. 남 급행열차

raro, ra
라로, 라
형 드문, 귀한, 진기한

rapidez 여 신속함, 빠름 라삐데스	**rayo** 남 광선 라요
rascacielos 남 마천루 라스까씨엘로스	**razón** 여 이유, 까닭 라손
rata 여 쥐 라따	**precio razonable** 적정가 쁘레씨오 라소나블레
raya 여 선, 줄; 무늬 라야	**en realidad** 실제로, 사실 엔 뢰알리닫

ratito 남 잠깐 (rato의 축소사)
라띠또

rato 남 잠시, 잠깐, 짧은 시간
라또

ratón 남 생쥐; ((컴퓨터)) 마우스
라똔

tener razón 옳다, 타당하다, 일리가 있다
떼네르 라손

razonable 형 이유 있는, 타당한
라소나블레

reacción 여 반응; 반동, 반발
뢰악씨온

reaccionar 자 반응하다; 반발하다
뢰악씨오나르

reactor 남 원자로; 제트기; 제트 엔진
뢰악또르

rebelión 뢰벨리온	여 반란, 반역	receta 레세따	여 처방전; 조리법

real 뢰알   형 현실의, 실제의; 왕의, 왕립의

realidad 뢰알리닫   여 현실, 사실, 진실, 실제

realismo 뢰알리스모   남 현실주의, 사실주의

realista 뢰알리스따   형 현실주의의. 남여 현실주의자, 사실주의자

realizar 뢰알리사르   타 실현하다, 실행하다

rebaja 뢰바하   여 가격 인하; 바겐세일

rebajar 뢰바하르   자타 가격을 인하하다

recado 뢰까도   남 전언, 짧은 편지, 쪽지

recepción 뢰셉씨온   여 수령; 프런트; 환영회

recepcionista 뢰셉씨오니스따   남여 (프런트의) 접수원

rechinar 뢰치나르   자타 삐걱거리다, 삐걱삐걱 소리내다, 털털거리다

recibir 뢰시비르	타 받다	recíproco, ca 뢰시쁘로꼬, 까	형 상호의
recibo 뢰시보	남 영수증	recitar 뢰씨따르	타 읊다, 낭송하다
reciente 뢰시엔떼	형 최근의	recobrar 뢰꼬브라르	타 회복하다
recientemente 뢰시엔떼멘떼	부 최근	recolección 뢰꼴렉씨온	여 수확; 수집
recinto 뢰신또	남 구내	reconciliar 뢰꼰씰리아르	타 화해시키다
reclamar 뢰끌라마르			타 요구하다. 자 항의하다
recoger 뢰꼬헤르			타 줍다, 모으다, 거두다
recomendación 뢰꼬멘다씨온			여 권장, 추천, 의뢰
recomendar 뢰꼬멘다르			타 추천하다; 권장하다
reconciliarse 뢰꼰씰리아르세			재귀 화해하다
reconocer 뢰꼬노쎄르			타 권하다, 추천하다
reconocimiento 뢰꼬노씨미엔또			남 식별; 승인; 검사; 감사

reconstruir 뢰꼰스뜨루이르	타 재건하다	recuperar 뢰꾸뻬라르	타 회복하다
récord 뢰꼬르	남 기록	red 뢷	여 그물
rector, ra 뢱또르, 라	남여 학장	redacción 뢰닥씨온	여 편집, 편집부

recordar 타 기억하다, 생각해 내다
뢰꼬르다르

recorrer 타 쏘다니다, 돌아다니다
뢰꼬리르

recreo 남 오락, 레크레이션
뢰끄레오

recto, ta 형 곧은, 똑바른; 공정한; 정직한
뢱또, 따

recuerdo 남 회상, 추억; 기념품, 선물. 복 안부
뢰꾸에르도

Recuerdos a su familia 가족에게 안부 전해 주세요
뢰꾸에르도스 아 수 파밀리아

rechazar 타 거절하다; 격퇴하다
뢰차사르

redactar 타 (문서 등을) 쓰다; 작성하다
뢰닥따르

redondo, da 형 둥근, 원형의
뢰돈도, 다

reducción 여 삭감, 축소 뢰둑씨온	refranero 남 격언집 뢰프라네로
reflejo 형 반사광 뢰플레호	refrescar 타 시원하게 하다 뢰프레스까르
reflexión 여 숙고; 반성 뢰플렉시온	refresco 남 청량 음료수 뢰프레스꼬
reflexivo, va 형 재귀의 레플렉시보, 바	refrigerador 남 냉장고 뢰프리헤라도르
verbo reflexivo 재귀 동사 베르보 뢰플렉시보	refuerzo 남 보강, 증강 뢰푸에르소
reforma 여 개혁, 개정 뢰포르마	refugiarse 재귀 피난하다 뢰푸히아르세
refrán 남 격언 뢰프란	regalar 타 선물하다 뢰갈라르

reducir　타 삭감하다, 축소하다
뢰두씨르

referencia　여 언급, 관련; 참조; 조회
뢰페렌씨아

referir　타 언급하다, 말하다, 이야기하다
뢰페리르

reflexionar　타 숙고하다, 반성하다
뢰플렉시오나르

reformar　타 개혁하다, 개정하다
뢰포르마르

스페인어	품사	뜻
regalo 뢰갈로	남	선물
región 뢰히온	여	지방
regla 뢰글라	여	규칙, 법칙; 자
regreso 뢰그레소	남	귀환
rehén 뢰엔	남	인질
rehusar 뢰우사르	타	거절하다
reina 뢰이나	여	여왕; 왕비
reinado 뢰이나도	남	통치, 군림
reino 뢰이노	남	왕국
reír 뢰이르	자	웃다
régimen 뢰히멘	남	정체, 체제; 식이 요법, 다이어트
registrar 뢰히스뜨라르	타	등록하다; 검사하다
registro 뢰히스뜨로	남	검사, 등기, 대장, 등기부
regresar 뢰그레사르	자	되돌아가다, 되돌아오다
regular 뢰굴라르	형/타	규칙적인; 보통의. 규제하다; 조절하다
rehacer 뢰아세르	타	다시 만들다, 수선하다, 고치다
reinar 뢰이나르	타	통치하다, 군림하다

reja 뢰하	여 격자, 격자창	religión 뢸리히온	여 종교
relación 뢸라씨온	여 관계, 관련	reloj 뢸로흐	남 시계
relacionar 뢸라시오나르	타 관련시키다	relojería 뢸로헤리아	여 시계포

relacionarse   재귀 관련되다
뢸라시오나르세

relajante   형 긴장이 풀린, 마음이 편안한
뢰라한떼

relámpago   남 번개, 번갯불
뢸람빠고

relatar   타 이야기하다, 말하다
뢰라따르

relativo, va   형 관계가 있는; 상대적인
뢸라띠보, 바

religioso, sa 형 종교의; 신심이 깊은. 남 수도사, 수녀
뢸리히오소, 사

rellenar   타 채우다, 채워 넣다
뢰예나르

relojero, ra   남여 시계 장수, 시계포 주인
뢸로헤로, 라

remediar   타 구제하다; 치료하다
뢰메디아르

remitir 뢰미띠르	타 보내다	rendirse 뢴디르세	재귀 항복하다
remoto, ta 뢰모또, 따	형 먼	renombre 뢰놈브레	남 명성, 고명
rendición 뢴디씨온	여 항복	renta 뢴따	여 소득; 연금; 임차료
rendir 뢴디르	타 굴복시키다	reñirse 뢰니르세	재귀 서로 다투다

remedio
뢰메디오
남 대책, 방법, 조치, 치료

remendar
뢰멘다르
타 수리하다, 수선하다

remesa
뢰메사
여 발송, 발송품; 송금

remitente
뢰미뗀떼
남여 보내는 사람

renacimiento
뢰나씨미엔또
남 재생, 부활

Renacimiento
뢰나씨미엔또
남 루네상스

renombrado, da
뢰놈브라도, 다
형 유명한

renunciar
뢰눈씨아르
타 버리다, 포기하다

repartir 로빠르띠르	타 분배하다	repetición 로뻬띠씨온	여 반복, 되풀이
reparto 로빠르또	남 분배	repollo 로뽀요	남 배추
repaso 로빠소	남 복습	reportaje 로뽀르따헤	남 신문 기사
repente 로뻰떼	남 급한 동작	reposar 로뽀사르	자 쉬다, 휴식하다
de repente 데 로뻰떼	갑자기, 돌연	reposo 로뽀소	남 휴식

reñir 자 말다툼하다, 언쟁하다, 다투다
로니르

reparación 여 수리, 수선; 보상
로빠라씨온

reparar 타 수리하다, 수선하다; 보상하다
로빠라르

repetir 타 반복하다, 되풀이하다
로뻬띠르

representación 여 표현; 상연; 대표
로쁘레센따씨온

representante 남여 대표자; 대리인
로쁘레센딴떼

representar 타 대표하다; 표현하다; 연출하다
로쁘레센따르

reprender 레쁘렌데르	태 꾸중하다	residencia 레씨덴씨아	여 거주; 저택
reprochar 레쁘로차르	태 비난하다	residente 레씨덴떼	남여 거주자
reproche 레쁘로체	남 비난	residir 레씨디르	자 거주하다
reputación 레뿌따씨온	여 평판; 명성	residuo 레씨두오	남 나머지, 찌꺼기
reserva 레세르바	여 예약	resistencia 레씨스뗀씨아	여 저항, 반항
reservar 레세르바르	태 예약하다	respirar 레스삐라르	자태 호흡하다

reproducir 레쁘로두시르 　　태 재현하다; 복제하다

república 레뿌블리까 　　여 공화국; 공화제

República de Corea 레뿌블리까 데 꼬레아 　　대한민국

republicano, na 형 공화국의, 공화제의. 남여 공화주의자
레뿌블리까노, 나

repuesto 레뿌에스또 　　남 비축; 교환 부품

resfriado, da 　　형 감기 걸린. 남 감기
레스프리아도, 다

responsabilidad 여 책임 뢰스뽄사빌리닫	**restar** 타 공제하다. 자 남다 뢰스따르
responsable 형 책임 있는 뢰스뽄사블레	**restaurante** 남 식당 뢰스따우란떼

resistir 자타 참다, 견디다; 거역하다
뢰씨스띠르

resolución 여 해결; 결정, 결의, 결심
뢰솔루씨온

resolver 타 결정하다, 결심하다; 해결하다
뢰솔베르

respectivo, va 형 각자의, 저마다의
뢰스뻭띠보, 바

respetar 타 존경하다, 존중하다
뢰스뻬따르

respiración 여 호흡; 호흡 작용
뢰스삐라씨온

responder 타 대답하다, 답하다
뢰스뽄데르

respuesta 여 대답, 답; 회답
뢰스뿌에스따

restablecer 타 복구시키다, 회복시키다
뢰스따블레세르

restablecerse 재귀 회복되다
뢰스따블레세르세

resultado 레술따도	명 결과	**retrato** 레뜨라또	명 초상화

restaurante argentino 레스따우란떼 아르헨띠노 — 아르헨티나 식당

restaurante coreano 레스따우란떼 꼬레아노 — 한국 식당

restaurante chino 레스따우란떼 치노 — 중국 식당

restaurante español 레스따우란떼 에스빠뇰 — 스페인 식당

restaurante italiano 레스따우란떼 이딸리아노 — 이탈리아 식당

restaurante japonés 레스따우란떼 하뽀네스 — 일본 식당

restaurante mexicano 레스따우란떼 메히까노 — 멕시코 식당

restaurar 레스따우라르 — 타 부흥시키다; 복원하다, 수복하다

resto 레스또 — 명 나머지, 잔여; 잔금. 명복 유물, 유골, 시체

restricción 레스뜨릭씨온 — 여 제한, 구속, 속박

resultar 레술따르 — 자 결과가 …이 되다, …로 되다

retrete 뢰뜨레떼	남 변소	riesgo 리에스고	남 위험
reunión 뢰우니온	여 모임, 회합	río 리오	남 강(江)
reunir 뢰우니르	타 모으다	risa 리사	여 웃음
revista semanal 뢰비스따 세마날	주간 잡지	rítmo 리뜨모	남 리듬
revista mensual 뢰비스따 멘수알	월간 잡지	robar 르로바르	타 훔치다
revolución 뢰볼루씨온	여 혁명; 회전	roble 르로블레	남 떡갈나무
rey 뢰이	남 왕	robo 르로보	남 도둑질

reunirse
뢰우니르세 　　　　　　재귀 모이다, 결합하다

revelar
뢰벨라르 　　　　　　타 폭로하다; 현상하다

revista
뢰비스따 　　　　　　여 잡지; 검사, 정밀 조사

rico, ca
리꼬, 까 　　　　　　형 부유한; 맛있는. 남여 부자

riqueza
리께사 　　　　　　여 부, 풍부함, 풍성함

roer 르로에르	타 갉다, 쏠다
rojo, ja 르로호, 하	형 붉은
color rojo 꼴로르 르로호	붉은 색
ropa 르로빠	여 옷, 의류
rosa blanca 르로사 블랑까	백장미
rosa negra 르로사 네그라	흑장미
rosa roja 르로사 르로하	붉은 장미
rosado, da 로사도, 다	형 핑크색의
rostro 로스뜨로	남 얼굴
diente rota 디엔떼 르로따	부러진 이

rogar
르로가르
타 기원하다, 간청하다

ramano, na
로마노, 나
형 로마의. 남여 로마 사람

romper
르롬뻬르
타 부수다, 쪼개다, 찢다

romperse
르롬뻬르세
재귀 부서지다, 쪼개지다, 찢어지다; 부러뜨리다, 부수다

rosa
르로사
여 장미, 장미꽃, 장미화

rotación
로따씨온
여 회전; (지구의) 자전

roto, ta
르로또, 따
형 부서진, 깨진, 쪼개진

rubí 르루비	남 루비, 홍옥	**ruido** 르루이도	남 소음; 잡음
rubio, bia 르루비오, 비아	형 금발의	**rumor** 루모르	남 루머, 소문
tabaco rubio 따바꼬 루비오	순한 담배	**rural** 루랄	형 시골의
rueda 루에다	여 바퀴	**Rusia** 르루씨아	((국명)) 러시아
ruego 루에고	남 간청, 청원	**ruta** 루	여 길, 루트, 경로

chica rubia 금발 머리 아가씨
치까 루비아

hacer ruido 소란을 피우다, 소리를 지르다
아쎄르 루이도

ruso, sa 형 러시아의. 남여 러시아 사람. 남 러시아 어
르루소, 사

sábado 남 토요일 사바도	sabroso, sa 형 맛있는 사브로소, 사
sábana 여 시트, 홑이불 사바나	sacar 타 꺼내다, 뽑다 사까르
saber 동타 알다, 알고 있다 사베르	sacar el billete 표를 사다 사까르 엘 비예떼
saber a …의 맛이 나다 사베르 아	saco 남 자루; 웃옷, 저고리 사꼬
sabiduría 여 지식 사비두리아	sacrificar 타 희생시키다 사끄리피까르
sabor 남 맛 사보르	sacrificarse 재귀 희생하다 사끄리피까르세

Hasta el sábado
아스따 엘 사바도

토요일에 만납시다

sabana
사바나

여 (열대의) 대초원, 평원

saber + 동사 원형
사베르

…하는 법을 알다

Esto sabe a ajo
에스또 사베 아 아호

이것은 마늘 냄새가 난다

sabio, bia
사비오, 비아

형 영리한, 현명한, 박식한

sacar una fotografía
사까르 우나 포또그라피아

사진을 찍다

sacrificio 사끄리피씨오	남 희생; 희생물	sala 살라	여 큰 방, 거실
sacudir 사꾸디르	타 흔들다	sala de clase 살라 데 끌라세	교실
sagaz 사가스	형 명민한	salado, da 살라도, 다	형 (맛이) 짠
sake 사께	남 청주, 정종	salida 살리다	여 출구; 출발
sal 살	여 소금	saliva 살리바	여 침

sagrado, da 형 신성한, 성스러운
사그라도, 다

Pásame la sal 소금을 건네 주라
빠사메 라 살

salida del metro 지하철 출구
살리다 델 메뜨로

salir 자 나가다, 나오다, 출발하다
살리르

salir a la calle 거리에 나가다
살리르 알 라 까예

salir de …에서 나가다[나오다], …를 출발하다[떠나다]
살리르 데

salir para …로[향해서] 출발하다[떠나다]
살리르 빠라

salmón 남 ((어류)) 연어 살몬	salud 여 건강. 감 건배! 살룬
salón 남 응접실; 홀, 살롱 살롱	saludar 타 인사하다 살루다르
salsa 여 소스; 살사 춤 살사	saludo 남 인사. 복 안부 살루도
salsa de soja 간장 살사 데 소하	salvaje 형 야생의; 미개의 살바헤
saltar 자 뛰다, 점프하다 살따르	animal salvaje 야생 동물 아니말 살바헤
salto 남 도약, 점프; 폭포 살또	salvo, va 형 무사한 살보, 바

salmón ahumado 훈제 연어
살몬 아우마도

salón-comedor 남 응접실 겸 식당
살론 꼬메도르

saludable 형 건강이 좋은, 건전한
살루다블레

Saludos a su señora 부인에게 안부 전해 주십시오
살루도스 아 수 세뇨라

salvadoreño, ña 형 엘살바도르의. 남여 엘살바도르 사람
살바도레뇨, 냐

salvar 타 구조하다, 구원하다; 극복하다
살바르

sano y salvo 무사히 사노 이 살보	sano, na 형 건전한, 건강한 사노, 나
sandalia 여 샌들 산달리아	alimento sano 건강 식품 알리멘또 사노
sandía 여 수박 산디아	sardina 여 정어리 사르디나
sangre 여 피, 혈액 상그레	sargento 남 하사, 하사관 사르헨또
sangriento, ta 형 유혈의 상그리엔또, 따	sartén 여 프라이팬 사르뗀
sanidad 여 위생; 건강 사니닫	sastre 남 재단사 사스뜨레
sanitario, ria 형 위생의 사니따리오, 리아	sastrería 여 양복점 사스뜨레리아

banco de sangre 혈액 은행
방꼬 데 상그레

santo, ta 형 성(聖), 성스러운. 남여 성인
산또, 따

santuario 남 성당, 신당(神堂)
상뚜아리오

sardana 여 사르다나 ((까딸루냐 지방의 춤의 하나))
사르다나

sardanista 남여 sardana 연구자[연구가]
사르다니스따

satélite 남 위성; 인공 위성
사뗄리떼

satisfacción 여 만족
사띠스팍씨온

satisfacer 타 만족시키다
사띠스파세르

satisfecho, cha 형 만족한
사띠스페초, 차

sazón 남 성숙함; 맛; 호기
사손

sé 동 나는 안다; …되어라
세

Sé bien   나는 잘 안다
세 비엔

seco, ca 형 건조한, 마른
세꼬, 까

secretaría 여 사무국
세끄레따리아

sed 여 갈증, 목마름
셋

Estoy satisfecho   잘 먹었습니다.
에스또이 사띠스페초

se
세   (재귀 대명사) 3인칭 단수 및 복수형과 원형.
대 (간접 목적 대명사) 그에게, 그녀에게, 당신에게; 그들에게, 당신들에게

No lo sé   나는 그것을 모른다
놀 로 세

Sé bueno   착한 사람이 되어라
세 부에노

secar   타 건조시키다, 말리다
세까르

sección   여 부문, 부분, 과, 단면
섹씨온

seda 세다	여 비단, 실크	seguida 세기다	여 연속, 계속
sede 세데	여 본부	según 세군	전 …에 의하면

  secretario, ria   남여 비서, 비서관
  세끄레따리오, 리아

  secretario general   사무총장
  세끄레따리오 헤네랄

  secreto, ta   형 비밀의. 남 비밀
  세끄레또

  guardar el secreto   비밀을 지키다
  구아르다르 엘 세끄레또

  tener sed   목마르다, 갈증이 나다
  떼네르 셋

  Tengo mucha sed   나는 무척 목이 마르다
  뗑고 무차 셋

  medias de seda   실크 스타킹
  메디아스 데 세다

  en seguida   즉시, 즉각, 당장
  엔 세기다

  seguir 타 따르다, 추종하다, 뒤따라 가다; 더듬어 가다
  세기르

  Siga bien   잘 가십시오, 조심해 가십시오
  씨가 비엔

seguridad 세구리닫	여 안전	**sello** 세요	남 우표; 도장
selva 셀바	여 밀림	**semana** 세마나	여 주(週)

Siga derecho 똑바로 가십시오
씨가 데레초

según una noticia 소식에 의하면
세군 우나 노띠씨아

segundo, da 형 둘째의, 제이의, 두 번째의.
세군도 남 둘째, 두 번째 부 둘째로

seguramente 부 안전하게, 틀림없이
세구라멘떼

seguridad nacional 국가 안보
세구리닫 나씨오날

seguro, ra 형 안전한, 확고한, 확실한. 남 보험
세구로, 라

seis 형 6의; 여섯째의. 남 6, 여섯
세이스

seiscientos, tas 형 600의; 600번째의. 남 600
세이스씨엔또스, 따스

selección 여 선택, 선발; 선집
셀렉씨온

semáforo 남 신호기, 신호등
세마포로

semanal 형 주의 세마날	semilla 여 종자, 씨앗 세미아
salario semanal 주급 살라리오 세마날	senda 여 샛길 센다
revista semanal 주간 잡지 뢰비스따 세마날	sensación 여 감정, 느낌 센사씨온
semejante 형 비슷한, 닮은 세메한떼	sentarse 재귀 앉다 센따르세
semestre 남 반년 세메스뜨레	Sentaos 너희들 앉아라 센따오스

Buen fin de semana 주말을 잘 보내십시오
부엔 핀 데 세마나

sencillo, lla   형 간단한, 단순한; 단일의
센씨요, 야

sensato, ta   형 분별[사려] 있는
센사또, 따

sensibilidad   여 감수성; 감각
센씨빌리닫

sensible   형 분별 있는, 양식이 있는, 현명한
센씨블레

sentado, da   형 앉은, 앉아 있는
센따도, 다

sentar   자타 앉히다; 어울리다
센따르

Siéntate (너) 앉아라 씨엔따떼	sentencia 예 판결; 격언 센뗀씨아
No te sientes 너 앉지 마라 노 떼 씨엔떼스	sentimental 형 감상적인 센띠멘딸
Siéntese (당신) 앉으십시오 씨엔떼세	sentimiento 남 감정 센띠미엔또

sentar la cabeza 분별을 찾다
센따르 라 까베사

No os sentéis 너희들 앉지 마라
노 오스 센떼이스

Sentémonos 우리 앉읍시다
센떼모노스

No nos sentemos 우리 앉지 맙시다
노 노스 센떼모스

No se siente (당신) 앉지 마세요
노 세 씨엔떼

Siéntense (여러분) 앉으십시오
씨엔뗀세

No se sienten (여러분) 앉지 마세요
노 세 씨엔뗀

No te sienta bien 너한테 잘 어울리지 않는다
노 떼 씨엔따 비엔

sentido 남 의미; 감각; 방향
센띠도

Lo siento 로 씨엔또	미안합니다
señal 세냘	여 신호; 표시
señora 세뇨라	여 부인, 여사
septiembre 셉띠엠브레	남 9월
ser 세르	자 이다; 있다, 존재하다
serie 세리에	여 시리즈, 연속, 일련

sentir 자타 느끼다, 미안해하다, 유감이다, 안됐다
센띠르

Lo siento mucho 대단히 미안합니다, 참 안됐습니다
로 씨엔또 무초

¡Cuánto lo siento! 정말 안됐군요!
꾸안또 로 씨엔또

sentirse 재귀 느끼다, 유감으로 생각하다
센띠르세

señor 남 씨, 분, 귀하, 님; 선생
세뇨르

señorita 여 아가씨, 양, 미스
세뇨리따

separar 타 나누다, 분리하다
세빠라르

separarse 재귀 헤어지다, 이별하다
세빠라르세

séptimo, ma 형 일곱째의. 남 일곱째
셉띠모, 마

serpiente 여 뱀 세르삐엔떼	**sesión** 여 회의; 공연, 상연 세씨온
servilleta 여 냅킨 세르비예따	**seta** 여 버섯 세따
servirse + inf. …해 주시다 세르비르세	**severo, ra** 형 엄한 세베로, 라

sereno, na 형 평정한. 남 야경
세레노, 나

serio, ria 형 진지한; 고지식한; 심각한
세리오, 리아

servicio 남 봉사, 서비스; 봉사료; 근무, 업무; 영업; 화장실
세르비씨오

servidor, ra 남여 하인, 봉사자, 급사
세르비도르, 라

servir 자타 섬기다, 봉사하다, 거들다
세르비르

sesenta 형 60의; 60번째의. 남 60, 예순
세센따

setecientos, tas 형 700의; 700번째의. 남 700
세떼씨엔또스

setenta 형 70의, 70번째의. 남 70, 일흔
세뗀따

sevillano, na 남여 세비야 사람
세비야노, 나

sexo 섹소	명 성(性)
sexual 섹수알	형 성의, 성적인
relación sexual 릴라씨온 섹수알	성관계
si 씨	접 만일 …이라면

sexto, ta 형 여섯째의, 여섯 번째의. 명 여섯째, 6분의 1
세스또, 따

sí 씨 — 부 예. 대 자기 자신, 그것 자체

siempre 씨엠쁘레 — 부 늘, 항상, 언제나

siempre que 씨엠쁘레 께 — …할 때는 언제나

dormir [echar] la siesta 도르미르 [에차르] 라 씨에스따 — 낮잠을 자다

siete 씨에떼 — 형 7의; 일곱째의. 명 7, 일곱

siglo 씨글로 — 명 세기, 백년, 오랫동안

significar 씨그니피까르 — 타 의미하다, 뜻하다

para siempre 빠라 씨엠쁘레	영원히
sierra 씨에라	여 산맥
siesta 씨에스따	여 낮잠
significado 시그니피까도	명 의미

siguiente 씨게엔떼	형 다음의	símbolo 씸볼로	남 상징
sílaba 씰라바	여 음절	similar 씨밀라르	형 유사한, 비슷한
silencio 씰렌씨오	남 정숙; 침묵	simpatía 씸빠띠아	여 호감; 공감
silla 씨야	여 의자	simultáneo, a 씨물따네오, 아	형 동시의
sillón 씨욘	남 안락의자	sin 씬	전 … 없는; … 없이
silvestre 씰베스뜨레	형 야생의	sinceridad 씬세리닫	여 성실함

silencioso, sa 형 정숙한, 무언의
씰렌씨오소, 사

silencioso, sa 형 정숙한, 무언의
씰렌씨오소, 사

simpático, ca 형 상냥스런, 호감이 가는
씸빠띠꼬, 까

simple 형 단순한, 간단한; 단일의; 간소한
씸쁠레

sin que + subj. …하지 않고, …함이 없이
씬 께

sincero, ra 형 성실한, 진지한
씬세로, 라

| sindicato 남 노동 조합
씬디까또 | sitio 남 장소; 포위
씨띠오 |
|---|---|
| sinfonía 여 심포니, 교향곡
씬포니아 | situado, da 형 위치한
씨뚜아도, 다 |
| síntoma 남 징후; 전조
씬또마 | so 전 … 아래
소 |
| sinvergüenza 남여 철면피
씬베르구엔사 | soberanía 여 주권
소베라니아 |
| siquiera 부 하다못해
씨끼에라 | soberano, na 남여 군주
소베라노, 나 |

singular 형 독특한, ; 기묘한; ((문법)) 단수의
씽굴라르

sino 접 (…이 아니고) …이다
씨노

no A sino B   A가 아니고 B다
노   씨노

sinónimo, ma 형 동의의. 남 동의어
씨노니모, 마

ni siquiera   …조차 … 아니다
니 씨끼에라

sistema 남 조직, 기구, 계통, 제도, 시스템
씨스떼마

situación 여 상태, 상황, 입장, 정세
씨뚜아씨온

sobre todo 소브레 또도	특히, 더욱이	**sofá** 소파	남 소파
socialismo 소씨알리스모	남 사회주의	**sofocar** 소포까르	타 질식시키다
socorro 소꼬로	남 구조, 구제	**sol** 솔	남 태양, 해

sobre 소브레   전 …의 위에; …에 관해서. 남 봉투

sobresaliente 소브레살리엔떼   형 걸출한, 우수한

sobrino, na 소브리노, 나   남여 조카, 생질, 질녀

social 소씨알   형 사회의, 사회적인; 회사의

socialista 소씨알리스따   형 사회주의의. 남여 사회주의자

sociedad 소씨에닫   여 사회; 회, 모임, 협회, 클럽, 학회; 회사

socio, cia 소씨오, 씨아   남여 조합원, 출자 사원; 회원

Casa de Socorro 까사 데 소꼬로   응급 구제소

solamente 솔라멘떼   부 오직, 단지, 뿐

tomar el sol 또마르 엘 솔	일광욕하다
soledad 솔레닫	여 고독
solemne 솔렘네	형 장엄한
solicitud 솔리씨뚣	여 신청, 지원
solitario, ria 솔리따리오, 리아	형 고독한
soldado, da 솔다도, 다	남여 병사, 군인
solicitar 솔리씨따르	타 신청하다; 지원하다
sólido, da 솔리도, 다	형 견고한, 단단한
solo, la 솔로, 라	형 단일의, 오직 하나의, 외톨의
soltero, ra 솔떼로, 라	남여 미혼, 독신자. 형 미혼의, 독신의
solterón, na 솔떼론, 나	남여 노총각, 노처녀
solución 솔루씨온	여 해결, 해답; 용해
sólo 솔로	부 오직, 단지, 뿐
solsticio 솔스띠씨오	남 동지, 하지
solucionar 솔루씨오나르	타 해결하다
sombra 솜브라	여 그늘, 그림자
sombrerería 솜브레레리아	모자 가게

sombrero 솜브레로	남 모자	soplar 소쁠라르	자 바람이 불다
son 손	남 소리	soplón, na 소쁠론, 나	남여 고자쟁이
sonar 소나르	자 울리다	soportar 소뽀르따르	타 참다
sonecico 소네씨꼬	남 작은 소리	sorprender 소르쁘렌데르	타 놀라게 하다
sonido 소니도	남 소리	sorprenderse 소르쁘렌데르세	재귀 놀라다
sonrisa 손뤼사	여 미소	sorpresa 소르쁘레사	여 놀라움
soñar 소냐르	자 꿈꾸다	sorteo 소르떼오	남 추첨
sopa 소빠	여 수프, 국	sostén 소스뗀	남 브래지어

sombrerero, ra 모자 가게 주인; 모자 장수
솜브레레로, 라

sonreír 자 미소 짓다, 방긋 웃다
손뢔이르

sordo, da 형 귀가 먼, 귀먹은. 남여 귀머거리
소르도, 다

sortija 여 (문양이 있는) 반지
소르띠하

sótano 남 지하실 소따노	**sudar** 자 땀이 나다 수다르
suave 형 부드러운 수아베	**sudor** 남 땀 수도르
subir 자타 오르다, 올리다 수비르	**sueldo** 남 봉급, 급료 수엘도
submarino 남 잠수함 숩마리노	**suelto** 남 잔돈 수엘또
sucio, cia 형 더러운 수씨오, 씨아	**tener sueño** 졸리다 떼네르 수에뇨
sucursal 여 지점, 지사 수꾸르살	**Tengo sueño** 나는 졸린다 뗑고 수에뇨

su 형 그의, 그녀의, 당신의, 그들의, 그녀들의,
수   당신들의, 그것의, 그것들의

subdirector, ra 남여 부사장, 부공장장
숩디렉또르, 라

suegro, gra 남여 장인, 시아버지; 장모, 시어머니
수에그로, 그라

cuarto sucio 더러운 방
꾸아르또 수씨오

suelo 남 지면, 땅바닥, 방바닥, 마루
수엘로

sueño 남 졸음, 수면, 꿈, 몽상
수에뇨

suerte 여 운, 행운 수에르떼	sumar 타 합계하다 수마르
tener suerte 운이 있다 떼네르 수에르떼	suministrar 타 공급하다 수미니스뜨라르
suficiente 형 충분한 수피씨엔떼	suministro 남 공급 수미니스뜨로
sujeto 남 주제; 사람; 주어 수헤또	súper 남 고급 기름, 슈퍼 수뻬르
suma 여 합계 수마	superior 형 위의; 상급의 수뻬리오르

Buena suerte   잘 다녀오십시오, 안녕히 가십시오
부에나 수에르떼

Mucha suerte   운이 좋으시군요
무차 수에르떼

sufrir 통 괴로워하다, 고민하다; (괴로움을) 당하다
수프리르

sugerir   통 제안하다; 암시하다
수헤리르

superficie   여 표면, 외면; 면적
수뻬르피씨에

superfluo, flua   형 쓸데없는, 헛된
수뻬르플루오, 플루아

gasto superfluo   쓸데없는 낭비
가스또 수뻬르플루오

sur 형 남쪽의. 남 남, 남쪽 수르	suspiro 남 한숨 수스삐로
suspirar 자 한숨을 쉬다 수스삐라르	susto 남 놀라움 수스또

supermercado 남 슈퍼마켓
수뻬르메르까도

suponer 타 추측하다, 가정하다, 상상하다
수뽀네르

supuesto, ta 형 가정의, 가상의
수뿌에스또, 따

por supuesto 물론(입니다)
뽀르 수뿌에스또

suyo, ya
수요, 야   형 그[그녀, 당신, 그들, 그녀들, 당신들]의.
     대 그[그녀, 당신, 그들, 그녀들, 당신들]의 것

tabaco 명 ((식물)) 담배
따바꼬

taberna 여 주점, 술집
따베르나

tabla 여 판, 판자
따블라

¿Qué tal? 어떻게 지내느냐?
께 딸

talento 명 재능, 능력
딸렌또

taller 명 공장, 아틀리에
따에르

tamaño 명 크기, 사이즈
따마뇨

también 부 역시, …도
땀비엔

tambor 명 북
땀보르

tan 부 그렇게
딴

tacaño, ña 형 인색한. 명여 인색한 사람
따까뇨, 냐

tal 형 그러한, 그와 같은. 부 그렇게, 그런 식으로
딸

talla 여 크기, 사이즈; 신장(身長)
따야

tamaño grande 큰 사이즈, 대(大)
따마뇨 그란데

tamaño mediano 중간 사이즈, 중(中)
따마뇨 메디아노

tamaño pequeño 작은 사이즈, 소(小)
따마뇨 뻬께뇨

tampoco 부 역시 …이 아니다
땀뽀꼬

tango 땅고	남 탱고	tapia 따삐아	여 담, 벽
tanque 땅께	남 탱크	tarde 따르데	부 늦게. 여 오후
tapa 따빠	여 뚜껑; 표지	de la tarde 델 라 따르데	오후(의)
tapar 따빠르	타 덮다	por la tarde 뽀를라 따르데	오후에

tanto, ta 형 그렇게 많은. 부 그렇게 많이
딴또, 따

tañer 자타 (악기를) 켜다, 울리다(tocar)
따녜르

taquilla 여 표 파는 곳, 매표소
따끼야

taquillero, ra 남여 표 파는 사람, 매표원
따끼예로, 라

tardar 자 시간이 걸리다, 늦어지다
따르다르

tardar en + 동사 원형 …하는데 시간이 걸리다
따르다르 엔

¿Cuánto se tarda de Seúl a Madrid en avión?
꾸안또 세 따르다 데 세울 아 마드릳 엔 아비온
　서울에서 마드리드까지 비행기로 시간이 얼마나 걸립니까?

Es muy tarde　　　　　　　　시간이 많이 늦었다
에스 무이 따르데

tardío, a 따르디오, 아	형 늦은	tarro 따르로	남 깡통
tarea 따레아	여 일(trabajo)	taxi 딱시	남 택시
tarifa 따리파	여 요금, 요금표	taxi libre 딱시 리브레	빈 택시
tarjeta 여 카드, 엽서, 명함 따르헤따		en taxi 엔 딱시	택시로
tarjeta de visita 따르헤따 데 비씨따	명함	taxista 딱씨스따	남여 택시 기사

tarjeta de crédito   신용 카드
따르헤따 데 끄레디또

tarjeta de teléfono   전화카드
따르헤따 데 뗄레포노

un tarro de mermelada   잼 한 통
운 따르로 데 메르멜라다

parada de taxis   택시 정류소
빠라다 데 딱씨스

Vamos a tomar un taxi   택시를 탑시다
바모스 아 또마르 운 딱시

una taza de café   커피 한 잔
우나 따사 데 까페

Otra taza, por favor   한 잔 더 부탁합니다
오뜨라 따사 뽀르 파보르

taza 여 잔 따사	tecnología 여 과학 기술 떽놀로히아
te 대 너를, 너에게	teja 여 기와 떼하
té 남 차, 홍차 떼	tejido 남 직물 떼히도
teatro 남 극장, 연극(drama) 떼아뜨로	tela 여 천 뗄라
techo 남 천장(天障) 떼초	teléfono 남 전화, 전화기 뗄레포노
técnica 여 기술 떼끄니까	teléfono móvil 휴대전화 뗄레포노 모빌

Yo te amo 　　　　　　　　나는 당신을 사랑한다
요 떼 아모

Te presento a mi amiga, Luisa
떼 쁘레센또 아 미 아미가 루이사
　　　　　　　　내 친구 루이사를 너에게 소개한다

Me alegro de verte 　　　　　　너를 만나니 기쁘다
메 알레그로 데 베르떼

ir al teatro 　　　　　　　　오페라 구경 가다
이르 알 떼아뜨로

técnico, ca 　　　　형 기술적인. 남여 기술자
떼끄니꼬, 까

telefonear 　　　　자 전화를 걸다, 전화하다
뗄레포네아르

telegrama 남 전보 뗄레그라마	tempestad 여 폭풍우 뗌뻬스딷
televisión 여 텔레비전 뗄레비씨온	templo 남 신전, 사원 뗌쁠로
televisor 남 텔레비전 세트 뗄레비소르	temporada 여 계절, 시기 뗌보라다
tema 남 테마, 주제 떼마	temporada alta 성수기 뗌뽀라다 알따
temperamento 남 기질 뗌뻬라멘또	temporada baja 비수기 뗌뽀라다 바하

teléfono celular ((중남미)) 휴대전화
뗄레포노 쎌룰라르

teléfono público 공중 전화
뗄레포노 뿌블리꼬

llamar por teléfono 전화하다, 전화를 걸다
야마르 뽀르 뗄레포노

temer 동 두려워하다, 걱정하다
떼메르

temperatura 여 온도, 기온; 체온
뗌뻬라뚜라

templado, da 형 따뜻한, 온난한
뗌쁠라도, 다

temporada de lluvias 우기
뗌뽀라다 데 유비아스

| temprano 형 이른. 분 일찍
떰쁘라노 | tenis 남 테니스, 정구
떼니스 |
|---|---|
| tender 자타 넓히다, 내뻗다
뗀데르 | teoría 여 이론
떼오리아 |
| tenedor 남 포크
떼네도르 | terminal 여 터미널
떼르미날 |

temporal 형 일시적인; 임시의
뗌뽀랄

Es muy temprano 시간이 매우 이르다
에스 무이 뗌쁘라노

tener 타 가지다, 가지고 있다
떼네르

tener que + 동사 원형 …해야 한다, 하지 않으면 안 된다
떼네르 께

Tengo que ir de compras 나는 쇼핑 가야 한다
뗑고 께 이르 데 꼼쁘라스

tercer 형 셋째의 (남성 단수 명사 앞에서 o 탈락형)
떼르세르

tercero, ra 형 셋째의, 세 번째의. 남 셋째; 3분의 1, 제삼자
떼르세로, 라

terminal de autobuses 버스 터미널
떼르미나르 데 아우또부스

terminar 타 끝내다. 자 끝나다
떼르미나르

ternera 떼르네라	여 송아지 고기
terraza 떼라사	여 테라스
terreno 떼레노	남 땅, 흙; 토지
tesis 떼씨스	여 논문
tesoro 떼소로	남 보물
testigo 떼스띠고	남여 증인; 목격자
testimonio 떼스띠모니오	남 증언, 증거
terminarse 떼르미나르세	재귀 끝나다, 끝내다
termómetro 떼르모메뜨로	남 온도계, 체온계
fábrica textil 파브리까 떽스띨	직물 공장, 방직 공장
tiempo 띠엠뽀	남 때, 시간; 날씨, 일기
Hace buen tiempo 아쎄 부엔 띠엠뽀	날씨가 좋다
textil 떽스띨	형 직물의, 방직의
texto 떽스또	남 본문(本文)
a tiempo 아 띠엠뽀	제시간에
ti 띠	대 너 (전치사 다음에서)
tibio, bia 띠비오, 비아	형 미지근한
tiempo 띠엠뽀	남 시간; 시기; 날씨
tienda 띠엔다	여 천막; 가게, 상점

tigre 띠그레	남 호랑이	vino tinto 비노 띤또	적포도주
tijeras 띠헤라스	여복 가위	tipo 띠뽀	남 형, 타입, 종류
tinta 띤따	여 잉크	título 띠뚤로	남 제명, 칭호, 자격

Hace mal tiempo 아쎄 말 띠엠뽀   날씨가 나쁘다

tierra 띠에라   여 땅, 흙, 뭍, 육지, 지구

timbre 띰브레   남 초인종; 수입 인지

tintar 띤따르   타 염색하다, 물들이다

tinto, ta 띤또, 따   형 포도주 빛깔의. 남 적포도주

tintorería 띤또레리아   여 염색소, 세탁소

tío, a 띠오, 아   남여 삼촌, 숙모; 아저씨, 아주머니

típico, ca 띠삐꼬, 까   형 특이한, 특색 있는, 특유의

típica bota 띠삐까 보따   특이한 가죽 술자루

tiza 띠사	여 분필
tocador 또까도르	남 화장대; 화장실
No toque 노 또께	만지지 마세요
todavía 또다비아	부 아직

todo el día 또도 엘 디아	온종일
toda la noche 또다 라 노체	밤새도록
sobre todo 소브레 또도	더욱이, 특히
tomar el sol 또마르 엘 솔	일광욕하다

tocadiscos 또까디스꼬스 — 남 레코드플레이어

tocar 또까르 — 자타 닿다, 만지다; (악기를) 연주하다

tocar el piano 또까르 엘 삐아노 — 피아노를 연주하다

Todavía no es hora 또다비아 노 에스 오라 — 아직 시간이 안 되었다

todo, da 또도, 다 — 형 모든. 대 모두, 모든 것[일].

todos los días 또도스 로스 디아스 — 매일, 날마다

todas las noches 또다스 라스 노체스 — 매일 밤, 밤마다

toledano, na 똘레다노, 나 — 남여 톨레도 사람

| tomate 또마떼 | 남 토마토 | torear 또레아르 | 자 투우하다 |

tomar
또마르
타 잡다, 붙잡다, 먹다, 마시다, 취하다; (탈것을) 타다

tomar el avión
또마르 엘 아비온
비행기를 타다

tomar el autobús
또마르 엘 아우또부스
버스를 타다

tomar el metro
또마르 엘 메뜨로
지하철을 타다

tomar el taxi
또마르 엘 딱씨
택시를 타다

tomar el tren
또마르 엘 뜨렌
기차를 타다

tomar tierra en
또마르 띠에라 엔
…에 착륙하다

zumo de tomate
쑤모 데 또마떼
토마토 주스

tontería
똔떼리아
여 어리석은 일, 바보 짓

tonto, ta
똔또, 따
형 어리석은, 멍청한, 바보 같은. 남여 바보, 멍청이

torero 또레로	남 투우	tortuga 또르뚜가	여 거북
tormenta 또르멘따	여 폭풍우	tos 또스	여 기침
toro 또로	남 황소, 복 투우	toser 또세르	자 기침하다
plaza de toros 쁠라사 데 또로스	투우장	tostada 또스따다	여 토스트 (빵)
torre 또뢰	여 탑	tostar 또스따르	타 굽다

torcer 자타 구부리다, 비틀다, 굽어지다, 돌다
또르쎄르

Tuerza a la derecha   오른쪽으로 도십시오
뚜에르사 알 라 데레차

Tuerza a la izquierda   왼쪽으로 도십시오
뚜에루사 알 라 이스끼에르다

corrida de toros   투우 (경기)
꼬뤼다 데 또로스

tortilla   여 오믈렛; (중남미) 또르띠야
또르띠야

total   형 전체의, 전부의. 남 합계, 총액
또딸

trabajador, ra   남여 일꾼, 노동자
뜨라바하도르, 라

tradición 여 전설, 전통 뜨라디씨온	traje 남 옷, 의복, 복장 뜨라헤
traducción 여 번역 뜨라둑씨온	traje de baño 해수욕복 뜨라헤 데 바뇨
traducir 통 번역하다 뜨라두씨르	trampa 여 덫, 함정 뜨람빠
traer 타 가져오다, 데려오다 뜨라에르	tranquilizar 타 안심시키다 뜨랑낄리싸르
tráfico 남 교통, 교통량 뜨라피꼬	tranquilo, la 형 고요한 뜨랑낄로, 라
tragedia 여 비극 뜨라헤디아	transporte 남 운반, 운송 뜨란스뽀르떼

trabajar   자타 일하다, 근무하다
뜨라바하르

trabajo   남 일, 노동; 일터, 직장
뜨라바호

tradicional   형 전설의, 전통적인
뜨라디씨오날

transbordador   남 페리 보트
뜨란스보르다도르

transatlántico   남 대서양 항로선
뜨란사뜨란띠꼬

transferencia   여 대체(對替)
뜨란스페렌씨아

tranvía 뜨람비아	남 전차	tratado 뜨라따도	남 조약
tras 뜨라스	전 …의 뒤에	tren 뜨렌	남 기차, 열차

transferir 뜨란스페리르   타 대체(對替)하다

transportar 뜨란스뽀르따르   타 운반하다, 운송하다

tratamiento 뜨라따미엔또   남 취급; 대우; 경칭; 처리

tratar 뜨라따르   타 취급하다, 대우하다

tratar de + 동사 원형 뜨라따르 데   …하려고 애쓰다

tratar de +「명사」 뜨라따르 데   …을 대하다, 다루다

trece 뜨레세   형 13의; 13번째의. 남 13, 열셋

treinta 뜨레인따   형 30의, 30번째의. 남 30, 서른

en tren 엔 뜨렌   열차로, 열차를 타고

tres 뜨레스   형 3의; 셋째의, 세 번째의. 남 3, 셋

tresillo 뜨레씨요	남 응접 세트	triunfo 뜨리운포	남 승리, 개선
triángulo 뜨리앙굴로	남 삼각형	tronar 뜨로나르	자 천둥이 치다
tribunal 뜨리부날	남 재판소, 법원	tropa 뜨로빠	여 군대
tribunal supremo 뜨리부날 수쁘레모	대법원	tropical 뜨로삐깔	형 열대의
trigo 뜨리고	남 밀	trucha 뚜루차	여 ((어류)) 송어
harina de trigo 아리나 데 뜨리고	밀가루	trueno 뜨루에노	남 천둥
triste 뜨리스떼	형 슬픈	tu 뚜	형 너의
tristeza 뜨리스떼사	여 슬픔	tú 뚜	대 너, 당신, 자네
triunfal 뜨리운팔	형 승리의, 개선의	tumbarse 뚬바르세	재귀 드러눕다

trescientos, tas 뜨레스씨엔또스, 따스 형 300의; 300번째의. 남 300, 삼백

trimestre 뜨리메스뜨레 남 3개월간; (3학기제의) 1학기

tumbar 뚬바르 타 쓰러뜨리다, 넘어뜨리다

túnel 뚜넬	남 터널	tutor, ra 뚜또르, 라	남여 후견인
turismo 뚜리스모	남 관광		

　turista 남여 관광객. 형 관광의
　뚜리스다

　tutear 타 말을 놓다, 친하게 지내다
　뚜떼아르

　Vamos a tutear 말 놓고 지냅시다
　바모스 아 뚜떼아르

　tuyo, ya 형 너의. 대 너의 것
　뚜요, 야

 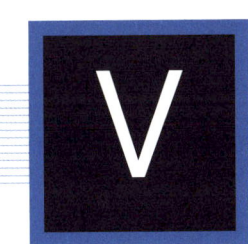

por último 마지막으로
뽀르 울띠모

un, una 관 하나의, 어떤
운, 우나

único, ca 형 유일한
우니꼬, 까

unidad 여 단위
우니닫

último, ma 형 마지막의, 최후의
울띠모, 마

undécimo, ma 형 열한째의. 남 열한째; 11분의 1
운데씨모, 마

unión 여 결합, 단결; 동맹; 조합
우니온

universal 형 보편적인; 전세계의
우니베르살

universitario, ria 형 대학교의. 남여 대학생
우니베르씨따리오, 리아

ciudad universitaria 대학촌
씨우닫 우니베르씨따리아

unificación 여 통일
우니피까씨온

unificar 타 통일시키다
우니피까르

uniforme 남 제복, 유니폼
우니포르메

unir 타 합하다
우니르

unirse 재귀 합해지다
우니르세

universidad 여 대학교
우니베르씨닫

universo 우니베르소 　남 우주; 세계	**usar** 우사르 　타 사용하다
uno 우노 　형 하나의. 남 1, 하나	**uso** 우소 　남 사용
uña 우냐 　여 손톱, 발톱	**usted** 우스뗄 　대 당신, 귀하
urbano, na 우르바노, 나 　형 도시의	**utensilio** 우뗀씰리오 　남 기구, 도구
urgencia 우르헨씨아 　여 긴급	**útil** 우띨 　형 유익한
Uruguay ((국명)) 우루과이 우루구아이	**uva** 우바 　여 포도

estudiante universitario 에스뚜디안떼 우니베르씨따리오 　대학생

urgente 우르헨떼 　형 급한, 화급을 다투는

uruguayo, ya 우루구아요, 야 　형 우루과이의. 남여 우루과이 사람

utilidad 우띨리닫 　여 유용성; 실리; 이익

utilizar 우띨리사르 　타 이용하다, 활용하다

V

vaca 여 암소
바까

carne de vaca 쇠고기
까르네 데 바까

vacante 형 빈
바깐떼

vaciar 타 비우다
바씨아르

vacío, a 형 빈
바씨오, 아

vacuna 여 백신
바꾸나

vagabundo, da 형 방랑의
바가분도, 다

vago, ga 형 막연한
바고, 가

vagón 남 차량
바곤

vajilla 여 식기, 그릇
바히야

válido, da 형 유효한
발리도, 다

valiente 형 용감한
발리엔떼

vacaciones 여복 휴가, 방학
바까씨오네스

vacaciones de invierno 겨울 휴가, 겨울 방학
바까씨오네스 데 임비에르노

vacaciones de verano 여름 휴가, 여름 방학
바까씨오네스 데 베라노

valer 자 가치가 있다, 가격이 …이다
발레르

¿Cuánto vale esto? 이것은 얼마입니까?
꽌또 발레 에스또

valla 바야	여 담장, 울타리	vaquero 바께로	남 카우보이
valle 바예	남 골짜기	vara 바라	여 회초리
válvula 발불라	여 밸브	variable 바리아블레	형 변화할 수 있는
vanguardia 방구아르디아	여 전위	variación 바리아씨온	여 변화
vanidad 바니닫	여 허영심	variar 바리아르	타 변화시키다
vano, na 바노, 나	형 헛된, 무익한	variedad 바리에닫	여 다양성; 종류
vapor 바뽀르	남 증기, 수증기	varias noches 바리아스 노체스	여러 날 밤

valioso, sa 발리오소, 사	형 귀중한; 고가의
valor 발로르	남 가치, 가격, 값; 용기
vanidoso, sa 바니도소, 사	형 허영심이 많은
variado, da 바리아도, 다	형 변화가 풍부한
vario, ria 바리오, 리아	형 다양한; 몇 개의

varios libros 여러 권의 책 바리오스 리브로스		vasto, ta 바스또, 따	형 광대한
varón 바론	남 남자	veda 베다	여 금렵기, 금어기
vascuense 바스꾸엔세	남 바스크 말	vegetación 베헤따씨온	여 ((집합)) 식물
vasija 바시하	여 용기, 그릇	vehículo 베히꿀로	남 차량, 차
vaso 바소	남 잔, 컵	vejez 베헤스	여 노년, 노년기
un vaso de agua 물 한 잔 움 바소 데 아구아		vela 벨라	여 철야

vasco, ca   형 바스크의. 남여 바스크 사람
바스꼬, 까

vecino, na   형 이웃의. 남여 이웃 사람
베씨노, 나

vegetal   형 식물의, 식물성의. 남 식물
베헤딸

vehemente   형 격렬한, 맹렬한
베에멘떼

veinte   형 20의; 20번째의. 남 20, 스물
베인떼

veinticinco   형 25의; 25번째의. 남 25, 스물 다섯
베인띠씽꼬

velar 베라르	자 철야하다	vello 베요	남 체모
velocidad 벨로씨닫	여 속도, 속력	vena 베나	여 정맥; 광맥
veloz 벨로스	형 빠른, 신속한	venda 벤다	여 붕대

veinticuatro 형 24의; 24번째의. 남 24, 스물넷
베인띠꾸아르또

veintidós 형 22의; 22번째의. 남 22, 스물둘
베인띠도스

veintinueve 형 29의; 29번째의. 남 29, 스물아홉
베인띠누에베

veintiocho 형 28의; 28번째의. 남 28, 스물여덟
베인디오초

veintiséis 형 26의; 26번째의. 남 26, 스물여섯
베인띠세이스

veintisiete 형 27의; 27번째의. 남 27, 스물일곱
베인띠씨에떼

veintitrés 형 23의; 23번째의. 남 23, 스물셋
베인띠뜨레스

vencer 타 이기다, 승리하다; 무찌르다; 극복하다
벤쎄르

vencido, da 형 패한; 기한이 다된. 남여 패자
벤씨도, 다

vendar 벤다르	타 붕대를 감다	vengar 벵가르	타 복수하다
vender 벤데르	타 팔다	venir 베니르	자 오다
Se vende 세 벤데	팝니다	Ven acá 벤 아까	이리 오너라
veneno 베네노	남 독, 독물	venta 벤따	여 판매
venenoso, sa 베네노소, 사	형 유독한	ventaja 벤따하	여 판매; 우위
venganza 벵간사	여 복수, 보복	ventana 벤따나	여 창문

vendedor, ra 남여 판매원, 점원, 외판원
벤데도르, 라

venerar 타 존경하다; 숭배하다
베네라르

venozolano, na 형 베네수엘라의. 남여 베네수엘라 사람
베네솔라노, 나

Venezuela ((국명)) 베네수엘라
베네수엘라

Venga acá 이리[이쪽으로] 오십시오
벵가 아까

ventanilla 여 창구; (열차 등의) 창, 창문
벤따니야

ventilar 벤띠라르	타 환기시키다	veras 베라스	여복 진실, 진심
ventura 벤뚜라	여 행운; 우연	verbal 베르발	형 구두의; 동사의
ver 베르	타 보다, 만나다	verbo 베르보	남 동사
verse 베르세	재귀 보이다; 있다	verbo reflexivo 베르보 로플렉씨보	재귀 동사
veranear 베라네아르	자 피서 가다	verdad 베르닫	여 사실, 진실
veraneo 베라네오	남 피서	fruta verde 프루따 베르데	풋과실
verano 베라노	남 여름	verdura 베르두라	여 야채, 채소

ventilador 벤띨라도르   남 선풍기; 환기 장치

Quiero verte 끼에로 베르떼   너를 보고 싶다

de veras 데 베라스   진심으로, 진정으로, 실로

verdaderamente 베르다데라멘떼   부 진짜로, 진실로

verdadero, ra 베르다데로, 라   형 진실의, 사실의

verso 베르소	남 시, 시구(詩句)	vestido 베스띠도	남 드레스
vertical 베르띠깔	형 수직의	vestir 베스띠르	타 옷을 입히다
verticalmente 베르띠깔멘떼	부 수직으로	vestirse 베스띠르세	재귀 옷을 입다
vestíbulo 베스띠불로	남 현관	vez 베스	여 배, 번

verde 베르데   형 녹색의, 풋. 남 녹색

vergonzoso, sa 베르곤소소, 사   형 수치스러운

vergüenza 베르구엔사   여 수치, 부끄러움

tener vergüenza 떼네르 베르구엔사   수치스럽다, 부끄럽다

versificar 베르시피까르   타 실증하다; 실행하다

versión 베르씨온   여 해석; 번역; …판(版)

vestido violeta 베스띠도 비올레따   보랏빛 드레스

veterano, na 베떼라노, 나   형 노련한. 남여 베테랑

a veces 아 베쎄스	가끔, 이따금
de vez en cuando 데 베스 엔 꾸안도	때때로
otra vez 오뜨라 베스	다시, 또 한번
tal vez 딸 베스	아마(quizás)
vía 비아	여 길; 노선; 경유
viajante 비아한떼	남여 세일즈맨
viajar 비아하르	자 여행하다
viaje 비아헤	남 여행
vicisitud 비시시뚣	여 변천
víctima 빅띠마	여 희생, 희생자
victoria 빅또리아	여 승리
victorioso, sa 빅또리오소, 사	형 승리의

de una vez   단숨에, 빨리, 한번에
데 우나 베스

viajar por Europa   유럽을 여행하다
비아하르 뽀르 에스빠냐

¡Buen viaje! 잘 가세요, 안녕히 가세요, 잘 다녀오세요
부엔 비아헤

viajero, ra   남여 여행가, 여행자
비아헤로, 라

vicio   남 악습, 악벽, 악덕; 결함
비씨오

vicioso, sa   형 악습의, 악벽의; 결함이 있는
비씨오소, 사

vid 빋	여 포도나무	vigilar 비힐라르	타 감시하다
viento 비엔또	남 바람	vigor 비고르	남 활력; 효력
vientre 비엔뜨레	남 배, 복부	vigoroso, sa 비고로소, 사	형 활력 있는
viernes 비에르네스	남 금요일	vil 빌	형 비열한
viga 비가	여 대들보	villa 비야	여 별장
vigilante 비힐란떼	남 경비원, 야경	vinagre 비나그레	남 식초

vida
비다
여 인생, 일생, 생명, 생활

ganarse la vida
가나르세 라 비다
생계를 꾸리다

viejo, ja
비에호, 하
형 낡은, 헌; 늙은. 남여 노인, 노파

Hace viento fuerte
아쎄 비엔또 푸에르떼
강풍이 분다

vigente
비헨떼
형 효력이 있는; 현행의

villancico
비얀씨꼬
남 크리스마스 캐롤

vino 비노 — 남 술, 포도주	**violento, ta** 비올렌또, 따 — 형 난폭한
vino blanco 비노 블랑꼬 — 백포도주	**violín** 비올린 — 남 바이올린
vino tinto 비노 띤또 — 적포도주	**la Virgen** 라 비르헨 — 성모
viña 비냐 — 여 포도밭, 포도원	**visa** 비사 — 여 ((중남미)) 사증, 비자
violencia 비올렌씨아 — 여 폭력; 맹렬함	**visado** 비사도 — 남 사증, 비자

vínculo 빙꿀로 — 남 연결, 인연, 유대

violación 비올라씨온 — 여 위반; 침해; 부녀 폭행

violar 비올라르 — 타 위반하다; 침해하다; 강간하다

violeta 비올레따 — 형 보랏빛의, 보라색의

color violeta 꼴로르 비올레따 — 보랏빛, 보라색

virgen 비르헨 — 형 처녀의; 미사용의. 여 처녀

virtud 비르뚣 — 여 덕, 미덕; 효력, 능력

visible 비씨블레	형 보이는; 명백한	**vital** 비딸	형 생명의; 중대한
visita 비씨따	여 방문; 방문객	**vitalicio, cia** 비딸리씨오, 씨아	형 종신의
hacer una visita 아쎄르 우나 비씨따	방문하다	**vitamina** 비따미나	여 비타민
punto de vista 뿐또 데 비스따	견지, 관점	**vitrina** 비뜨리나	여 쇼윈도
vistazo 비스따쏘	남 힐끗 보기	**víveres** 비베레스	남복 식량
visual 비수알	형 시각(視覺)의	**vivienda** 비비엔다	여 주택; 주거

visión 비씨온 — 여 시각, 시력; 전망; 환영

visitante 비씨딴떼 — 남여 방문객, 방문자

visitar 비씨따르 — 타 방문하다, 문병하다

vista 비스따 — 여 시각, 시력; 외견; 전망

echar un vistazo 에차르 운 비스따쏘 — 힐끗 보다, 잠깐 보다

viudo, da 비우도, 다 — 남여 홀아비, 과부, 미망인

vivir 자 살다, 생활하다 비비르	**volante** 남 핸들, 운전대 볼란떼
¡Viva Corea! 한국 만세! 비바 꼬레아	**volcán** 남 화산 볼깐
vocablo 남 단어, 어휘 보까블로	**volver a casa** 귀가하다 볼베르 아 까사
vocación 여 천직; 자질 보까씨온	**voraz** 형 대식의; 탐욕스런 보라스

¿Dónde vive usted? 어디 사십니까?
돈데 비베 우스뗃

Vivo en México 나는 멕시코에서 삽니다
비보 엔 메히꼬

vivo 형 살아 있는, 생명이 있는
비보

vocabulario 남 어휘, 어휘집
보까불라리오

volar 자타 나르다, 날다, 비행하다
볼라르

volcar 타 뒤집다, 전복시키다
볼까르

volumen 남 (책의) 권; 양; 체적; 음량
볼루멘

voluntad 여 의지, 의욕; 의향
볼룬딷

432

vosotros, tras 대 너희들 보소뜨로스, 뜨라스	en voz alta 큰 소리로 엔 보스 알따
votar 자 투표하다 보따르	en voz baja 작은 소리로 엔 보스 바하
voz 여 목소리; ((문법)) 태 보스	vuestro, tra 형 너희들의 부에스뜨로, 뜨라

voluntario, ria 형 자발적인. 남여 지원병, 지원자
볼룬따리오, 리아

volver 자 돌아가다, 돌아오다
볼베르

volver a + 동사 원형 다시 …하다
볼베르 아

vomitar 타 토하다, 구토하다
보미따르

voto 남 투표, 표; ((종교)) 서원
보또

Voz de pueblo, voz de Dios 인민의 소리는 하늘의 소리
보스 데 뿌에블로 보스 데 디오스

vuelo 남 비행(飛行); (비행기의) 편
부엘로

vuelta 여 거스름돈; 회전, 귀환
부엘따

dar una vuelta 한바퀴 돌다
다르 우나 부엘따

vulgar 　　　　형 통속적인
불가르

　　La vuelta para usted　　　　거스름돈 필요없습니다
　　라 부엘따 빠라 우스뗃

　　Quiero dar una vuelta　　　　구경 좀 하겠습니다
　　끼에로 다르 우나 부엘따

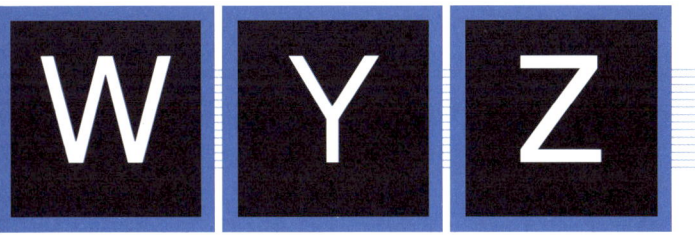

watt 왓	남 와트
web 웹	남 웹
whisky 위스끼	남 위스키
winchéster 윈체스떼르	남 연발총

y 이	접 와, 과, 그리고; 그러면
ya 야	부 이미, 벌써
yacer 야쎄르	자 눕다, 잠들다
yacimiento 야씨미엔또	남 광상, 광맥
yate 야떼	남 요트
yegua 예구아	여 암말
yema 예마	여 달걀 노른자위
yerno 예르노	남 사위

Ya es hora
야 에스 오라   벌써 시간이 다 됐다

yendo
옌도   가면서 (ir 동사의 현재 분사)

yeso 예소	남 석고
yo 요	나
yugo 유고	남 멍에; 속박

Z

zafiro 사피로	남 사파이어
zaga 사가	여 후부(後部)
zaguán 사구안	남 현관
zanahoria 사나오리아	여 ((식물)) 당근
zanja 상하	여 도랑
zapatilla 사빠띠야	여 슬리퍼

Yo te espero 요 떼 에스뻬로	나는 너를 기다린다
zambullirse 삼부이르세	재귀 물에 뛰어들다
zapatería 싸빠떼리아	여 양화점; 구두 수선소
zapatero, ra 싸빠떼로, 라	남여 양화점 주인, 구두 수선공

zapato 남 구두 싸빠또	parque zoológico 동물원 빠르께 소올로히꼬
zinc 남 아연, 양철 씽	zóologo, ga 남여 동물학자 소올로고, 가
zoología 여 동물학 소올로히아	zorro, rra 남여 여우 소르로, 르라
zoológico, ca 형 동물학의 소올로히꼬, 까	zumo 남 즙, 주스 쑤모

Ponte los zapatos 　　　　　　구두를 신어라
뽄떼 로스 사빠또스

Quítate los zapatos 　　　　　구두를 벗어라
끼따떼 로스 사빠또스

zarpar 　　　　　　　자 출범하다; 닻을 올리다
사르빠르

zarzuela 　　　여 사르수엘라 (스페인의 가극)
사르수엘라

zona 　　　　　　　　　여 지역, 지대, 지구, 구역
소나

zumbar 　　　　　　　　자 (귀가) 울리다, 멍하다
쑴바르

Me zumban mucho los oídos 　귀가 많이 울린다
메 쑴반 무초 로스 오이도스

zumo de naranja 　　　　　　　오렌지 즙[주스]
쑤모 데 나랑하

zurcir 타 꿰매다, 깁다
쑤르씨르

zurdo, da 형 왼손잡이의. 남여 왼손잡이
수르도, 다

초보자를 위한
한국어-스페인어
COREANO-ESPAÑOL

김충식 저

머 리 말

우리나라 사람들도 이제 여행을 많이 하고 있다.

세계 어느 곳이고 가지 않는 곳이 없을 정도로 누비고 다닌다. 나라마다 고유의 전통이 있고, 생활 습관이 달라 우리 눈에는 모두가 새롭고 신기하지만, 스페인과 중남미는 특히 우리의 것과는 많이 달라 볼거리가 많다.

스페인은 반도 국가여서 15세기 중반까지 수많은 외세의 침략으로 시달려야 했기에 더욱이 다양한 문화가 존재하기 때문에 관광의 최적지가 되는 것이다. 유럽의 다른 나라와는 달리 유대 문화와, 이슬람 문화와 가톨릭 문화가 혼합되어 스페인을 본다는 것은 곧 이슬람 문화를 보는 것이요, 유대 문화를 보는 것이요, 가톨릭 문화를 볼 수 있기에 짧은 시간에 생각보다 많은 것을 체험할 수 있는 것이다.

또한 중남미는 멕시코와 과테말라에 산재해 있는 마야 문화를 만날 수 있고, 페루의 잉카 문화를 접할 수 있으며, 다양한 인디오들의 생활상을 체험할 수 있어 생각보다 많은 것을 마음에 안고 귀국할 수 있는 곳들이다.

이러한 곳을 여행하기 위해서는 최소한의 스페인어를 구사할 수 있어야 여행의 맛이 더해지지만, 미쳐 스페인어를 알지 못하는 여행자를 위해 간단한 단어장을 이용해서라도 몇 마디를 사용할 수 있도록 이 단어장을 쓰게 되었으니 잘 이용하여 보람된 여행이 되길 바란다.

김 충 식

차례

머리말 · 3

ㄱ · 5
ㄴ · 33
ㄷ · 39
ㄹ · 53
ㅁ · 57
ㅂ · 69
ㅅ · 81
ㅇ · 99
ㅈ · 121
ㅊ · 135
ㅋ · 145
ㅌ · 151
ㅍ · 157
ㅎ · 165

부록 1. · 175
부록 2. · 189

가게	la tienda 라 띠엔다	가난	la pobreza 라 뽀브레싸
가격	el precio 엘 쁘레씨오	가난하다	ser pobre 세르 뽀브레
가구(家具)	el mueble 엘 무에블레	가난한	pobre 뽀브레
가구점	la mueblería 라 무에블레리아	가늘다	ser delgado 세르 델가도
가까이	cerca 쎄르까	가능성	la posibilidad 라 뽀씨빌리닫
가깝다	Está cerca. 에스따 쎄르까	가능하다	Es posible 에스 뽀씨블레
가끔	a veces 아 베쎄스	가다	ir 이르

어디 가십니까?	¿A dónde va usted? 아 돈데 바 우스뗃
나는 …에 간다	Yo voy a... 요 보이 아
나는 스페인에 갑니다.	Voy a España. 보이 아 에스빠냐
나는 마드리드에 갑니다.	Voy a Madrid. 보이 아 마드릳
나는 멕시코에 갑니다.	Voy a México. 보이 아 메히꼬

한국어	스페인어	한국어	스페인어
나는 간다.	Yo voy. 요 보이	가르치다	enseñar 엔세냐르
갑시다	Vamos. 바모스.	가르키다	señalar 세냘라르
가다랑어	el atún 엘 아뚠	가마솥	el caldero 엘 깔데로
가득 차 있다	estar lleno 에스따르 예노	가면(假面)	la máscara 라 마스까라
가로수	alameda 알라메다	가발	la peluca 라 뻬루까
가루	el polvo 엘 뽈보	가방	la maleta 라 말레따
가르마	la raya 라 라야	가볍다	ser ligero 세르 리헤로

식당에 갑시다. Vamos al restaurante.
바모스 알 뢔스따우란떼

가라앉다 (조용해지다) calmarse
깔마르세

가라앉다 (통증이) mitigarse
미띠가르세

가라앉히다 (통증을) mitigar
미띠가르

가루 비누 el jabón en polvo
엘 하본 엔 뽈보

가솔린	la gasolina 라 가솔리나
가수(歌手)	el cantante 깐딴떼
가스	el gas 엘 가스
가슴	el pecho 엘 뻬초
가시	la espiga 라 에스삐가
가위	la tijera 라 띠헤라
가을	el otoño 엘 오또뇨
가자	Vamos 바모스
가정(家庭)	el hogar 엘 오가르
가정부	el ama de llaves 엘 아마 데 야베스
가져오다	traer 뜨라에르
가져오십시오	Traiga. 뜨라이가

가스 레인지   la cocina de gas
라 꼬씨나 데 가스

나는 가슴이 아프다   Me duele el pecho.
메 두엘레 엘 뻬초

가정 상비약   la medicina casera
라 메디씨나 까세라

커피 한 잔 가져오십시오   Traiga un café
뜨라이가 운 까페

당신의 가족에게 안부 전하십시오
Recuerdos a su familia.
르레꾸에르도스 아 수 파밀리아

가족	la familia 라 파밀리아	가치	el valor 엘 바로르
가죽	el cuero 엘 꾸에로	각자	cada uno 까다 우노
가지(나무의)	la rama 라 라마	각자 부담	el escote 엘 에스꼬떼
가지고 가다	llevar 예바르	각자 부담하다	escotar 에스꼬따르
가지고 오다	traer 뜨라에르	간	el sazón 엘 사쏜
가지다	tener 떼네르	간을 맞추다	sazonar 사쏘나르

가지((식물))　　　　　　　　　　　　la berenjena
　　　　　　　　　　　　　　　　　라 베렝헤나

가져오십시오　　　　　　　　　　　Traiga usted.
　　　　　　　　　　　　　　　　　뜨라이가 우스뗃

나는 가지고 있다　　　　　　　　　Yo tengo.
　　　　　　　　　　　　　　　　　요 뗑고

나는 돈을 가지고 있다.　　　　　　Yo tengo dinero.
　　　　　　　　　　　　　　　　　요 뗑고 디네로

나는 돈을 가지고 있지 않다.

　　　　　　　　　　　　　　　　　Yo no tengo dinero.
　　　　　　　　　　　　　　　　　요 노 뗑고 디네로

간(肝)	el hígado 엘 이가도
간단하다	ser breve 세르 브레베
간밤	anoche 아노체
간염((의학))	la hepatitis 라 에빠띠띠스
간장	la salsa de soja 라 살사 데 소하
	la salsa de soya (중남미) 라 살사 데 소야
간판	el letrero 엘 레뜨레로
간호사	el enfermero (남) 엘 엠페르메로
	la enfermera (여) 라 엠페르메라
갈대	la caña 라 까냐
갈아타기	el transbordo 엘 뜨란스보르도
갈아타다	transbordar 뜨란스보르다르
갈증	la sed 라 셋
감((과실))	el caqui 엘 까끼
감각	el sentido 엘 센띠도
감기	el resfriado 엘 레스프리아도
감다¹(눈을)	cerrar 쎄라르
눈을 감다	cerrar los ojos 쎄라르 로스 오호스

나는 갈증이 난다	Tengo sed. 뗑고 셋
나는 감기 걸렸다	Estoy resfriado. 에스또이 레스프리아도
머리를 감다	lavarse el pelo 라바르세 엘 뻴로

한국어	스페인어	한국어	스페인어
감다²(머리를)	lavarse 라바르세	갓난아이	el bebé 엘 베베
감독	el director (남자) 엘 디렉또르	강(江)	el río 엘 리오
	la directora (여자) 라 디렉또라	강낭콩	la judía 라 후디오
감사	las gracias 라스 그라씨아스.	강하다	ser fuerte 세르 푸에르떼
감사합니다	Gracias. 그라씨아스	갚다	pagar 빠가르
감옥	la cárcel 라 까르쎌	개((동물))	el perro 엘 뻬로
감자	la patata 라 빠따따	개구리	la rana 라 롸나
	la papa (중남미) 라 빠빠	개미	la hormiga 라 오르미가
갑자기	de repente 데 뤠뻰떼	개인	el individuo 엘 인디비디오
값	el precio 엘 쁘레씨오	객실	la sala 라 살라

대단히 감사합니다   Muchas gracias.
무차스 그라씨아스

값이 얼마입니까   ¿Cuánto es?
꽌또 에스

거기	ahí 아이	거울	el espejo 엘 에스뻬호
거리(距離)	la calle 라 까예	거의	casi 까씨
거부하다	negar 네가르	거지	el mendigo 엘 멘디고
거북((동물))	la tortuga 라 또르뚜가	거짓말	la mentira 라 멘띠라
거스름돈	la vuelta 라 부엘따	거짓말하다	mentir 멘띠르
거실	el cuarto de estar 엘 꾸아르또 데 에스따르	거품	la espuma 라 에스뿌마

거스름돈을 부탁합니다.   La vuelta, por favor.
라 부엘따 뽀르 파보르

거스름돈 필요없습니다.   La vuelta para usted.
라 부엘따 빠라 우스뗃

거울을 보아라.   Mírate en el espejo.
미라떼 엔 엘 에스뻬호

거짓말쟁이   el mentiroso (남자)
엘 멘띠로소

la mentirosa (여자)
라 멘띠로사

거짓말하지 마라.   No digas mentiras.
노 디가스 멘띠라스

걱정	la preocupacín 라 쁘레오꾸빠씨온	건설하다	construir 꼰스뜨루이르
걱정시키다	preocupar 쁘레오꾸빠르	건축	la arquitectura. 라 아르끼떽뚜라
걱정하다	preocuparse 쁘레오꾸빠르세	걷다	andar 안다르
건강	la salud 라 살룯	걸어 갑시다	Vamos a pie. 바모스 아 삐에
건물	el edificio 엘 에디피씨오	걸다¹(전화를)	llamar 야마르
건배!	¡Salud! 살룯	걸다²(옷을)	colgar 꼴가르
건설	la construcción 라 꼰스뜨룩씨온	검다	Es negro. 에스 네그로

걱정하지 마라　　　　　　　　　　No te preocupes.
　　　　　　　　　　　　　　　　노 떼 쁘레오꾸뻬스

걱정하지 마세요　　　　　　　　　No se preocupe usted.
　　　　　　　　　　　　　　　　노 세 쁘레오꾸뻬 우스뗃

건축가　　　　　　　　　　　　　el arquitector (남자)
　　　　　　　　　　　　　　　　엘 아르끼떽또르

　　　　　　　　　　　　　　　　la arquitectora (여자)
　　　　　　　　　　　　　　　　라 아르끼떽또라

걸어갈 수 있습니까?　　　　　　　¿Se puede ir a pie?
　　　　　　　　　　　　　　　　세 뿌에데 이르 아 삐에

검사(檢査)	la inspección 라 인스뻭씨온	결국	al fin 알 핀
검사(檢事)	el fiscal 엘 피스깔	결근	la ausencia 라 아우센씨아
검정	el color negro 엘 꼴로르 네그로	결론	la conclusión 라 꽁끌루씨온
겨울	el invierno 엘 임비에르노	결심	la resolución 라 레솔루씨온
격언	el refrán 엘 레프란	결심하다	resolver 뢰솔베르
견디다	aguantar 아구안따르	결점	el defecto 엘 데펙또
견본	la muestra 라 무에스뜨라	결코(… 아니다)	nunca 눙까
결과	el resultado 엘 뤠술따도	결핵	el tubérculo 엘 뚜베르꿀로

걸어서 15분 걸립니다

　　Se tarda quince minutos a pie.
　　세 따르다 낀쎄 미누또스 아 삐에

걸어서 얼마나 걸립니까?

　　Cuánto tiempo se tarda a pie?
　　꽌또띠엠뽀 세 따르다 아 삐에

겨울 방학

　　las vacaciones de invierno
　　라스 바까시오네스 데 임비에르노

결혼	el casamiento 엘 까사미엔또	경대	el tocador 엘 또까도르
결혼식	las bodas 라스 보다스	경력	la carrera 라 까레라
결혼하다	casarse 까사르세	경비(經費)	los gastos 로스 가스또스
경공업	la industria ligera 라 인두스뜨리아 리헤라	경비(警備)	la guardia 라 구아르디아
경기(競技)	el juego 엘 후에고	경비원	el guardia 엘 구아르디아

결혼 생활　　　　　　　　　　la vida matrimonial
　　　　　　　　　　　　　　　라 비다 마뜨리모니알

결혼 케이크　　　　　　　　　el pastel de boda
　　　　　　　　　　　　　　　엘 빠스뗄 데 보다

결혼하셨습니까?　　　　　　　¿Está usted casado?
　　　　　　　　　　　　　　　에스따 우스뗄 까사도

예, 결혼했습니다.　　　　　　　Sí, estoy casado.
　　　　　　　　　　　　　　　씨 에스또이 까사도

아닙니다, 아직 결혼하지 않았습니다.
　　　　　　　　　　　　　　　No, todavía no estoy casado.
　　　　　　　　　　　　　　　노 또다비아 노 에스또이 까사도

경기(景氣)　　　　　　　　　　la situación económica
　　　　　　　　　　　　　　　라 씨뚜아씨온 에꼬노미까

경영	la administración 라 아드미니스뜨라씨온	경제학	las económicas 라스 에꼬노미까스
경영하다	administrar 아드미니스뜨라르	경주(競走)	la carrera 라 까뤠라
경작	el cultivo 엘 꿀띠보	경찰	la policía 라 뽈리씨아
경작자	el cultivador 엘 꿀띠바도르	경찰관	el policía (남자) 엘 뽈리씨아
경작하다	cultivar 꿀띠바르		la policía (여자) 라 뽈리씨아
경쟁	la competición 라 꼼뻬띠씨온	경찰서	la comisaría 라 꼬미사리아
경쟁자	el rival (남자) 엘 리발	경치	el paisaje 엘 빠이사헤
	la rival (여자) 라 리발	경험	la experiencia 라 에스뻬리엔씨아
경쟁하다	competir 꼼뻬띠르	계단	la escalera 라 에스깔레라
경제	la economía 라 에꼬노미아		

경제학자   el economista (남자) 엘 에꼬노미스따

la economista (여자) 라 에꼬노미스따

한국어	스페인어	한국어	스페인어
계산	la cuenta 라 꾸앤따	계약하다	contratar 꼰뜨라따르
계산기	la calculadora 라 깔꿀라도라	계획	el plan 엘 쁠란
계산대	la caja 라 까하	계획하다	proyectar 쁘로옉따르
계산서	la cuenta 라 꾸앤따	고개	la nuca 라 누까
계산하다	contar 꼰따르	고구마	la batata 라 바따따
계속	la continuación 라 꼰띠누아씨온	고급	la calidad superior 라 깔리닫 수뻬리오르
계속하다	continuar 꼰띠누아르	고급 호텔	el hotel de lujo 엘 오뗄 데 루호
계약	el contrato 엘 꼰뜨라또	고기	la carne 라 까르네
계약서	el contrato 엘 꼰뜨라또	고난	la dificultad 라 디피꿀딷

계산서를 부탁합니다   La cuenta, por favor.
라 꾸엔따 뽀르 파보르

고등 학교   la escuela superior
라 에스꾸엘라 수뻬리오르

대단히 고맙습니다   Muchas gracias.
무차스 그라씨아스

한국어	스페인어	한국어	스페인어
고등어	la caballa 라 까바야	고아	el huérfano (남자) 엘 우에르파노
고르다	escoger 에스꼬헤르		la huérfana (여자) 라 우에르파나
고막(鼓膜)	el tímpano 엘 띰빠노	고양이	el gato 엘 가또
고맙습니다	Gracias. 그라씨아스	고용	el empleo 엘 엠쁠레오
고무	la goma 라 고마	고용주	el empleador 엘 엠쁠레아도르
고생	el sufrimiento 엘 수프리미엔또	고용하다	emplear 엠쁠레아르
고생하다	sufrir 수프리르	고장	la comarca 라 꼬마르까
고속도로	la autopista 라 아우또삐스따	고장(故障)	la avería 라 아베리아

고생 끝에 낙이 온다   No hay mal que dure cien años.
노 아이 말 께 두레 씨엔 아뇨스

고용 계약   el contrato de empleo
엘 꼰뜨라또 데 엠쁠레오

고치다[1] (수리하다)   reparar
레빠라르

고치다[2] (치료하다)   curar
꾸라르

고장 나다	averiarse 아베리아르세	곧	en seguida, pronto 엔 세기다 쁘론또
고집	la persistencia 라 뻬르씨스뗀씨아	골동품	las antigüedades 라스 안띠구에다데스
고집하다	persistir 뻬르씨스띠르	골목	el callejón 엘 까예혼
고추	el chile, el ají 엘 칠레 엔 아히	골짜기	el valle 엘 바예
고춧가루	el ají en polvo 엘 아히 엔 뽈보	골프	el golf 엘 골프
고향	la tierra natal 라 띠에르라 나딸	골프를 치다	jugar al golf 후가르 엘 골프
곤란	el apuro 엘 아뿌로	곰((동물))	el oso 엘 오소
곤란하다	apurarse 아뿌라르세	곱다	ser hermoso 세르 에르모소

고혈압   la hipertensión arterial
라 이뻬르뗀씨온 아르떼리알

곧 돌아오겠습니다.   Volveré dentro de poco.
볼베레 덴뜨로 데 뽀꼬

곧 만납시다   Hasta pronto.
아스따 쁘론또

골동품 가게   la tienda de antigüedades
라 띠엔다 데 안띠구에다데스

공	la pelota 라 뻴로따	공급	abastecimiento 아바스떼씨미엔또
공격	el ataque 엘 아따께	공급하다	abastecer 아바스떼쎄르
공격하다	atacar 아따까르	공기(空氣)	el aire 엘 아이레
공군	las fuerzas aéreas 라스 푸에르사스 아에레아스	공부	el estudio 엘 에스뚜디오

공무원　　　　　　　　el funcionario público
　　　　　　　　　　　　엘 풍씨오나리오 뿌블리꼬

공문서　　　　　　　　el documento oficial
　　　　　　　　　　　　엘 도꾸멘또 오피씨알

공원(工員)　　　　　　el obrero (남자)
　　　　　　　　　　　　엘 오브레로

　　　　　　　　　　　　la obrera (여자)
　　　　　　　　　　　　라 오브레라

공중 목욕탕　　　　　el baño público
　　　　　　　　　　　　엘 바뇨 뿌블리꼬

공중전화　　　　　　　el teléfono público
　　　　　　　　　　　　엘 뗄레포노 뿌블리꼬

공중전화는 어디에 있습니까?
　　　　¿Dónde hay un teléfono público?
　　　　돈데 아이 운 뗄레포노 뿌블리꼬

공부하다	estudiar 에스뚜디아르	과거	el pasado 엘 빠사도
공업	la industria 라 인두스뜨리아	과로	el trabajo excesivo 엘 뜨라바호 엑쎄씨보
공원(公園)	el parque 엘 빠르께	과목	la asignatura 라 아씨그나뚜라
공장	la fábrica 라 파브리까	과수(果樹)	el frutal 엘 프루딸
공항	el aeropuerto 엘 아에로뿌에르또	과실(果實)	la fruta 라 프루따

공항은 어디로 갑니까?
¿Por dónde se va al aeropuerto?
뽀르 돈데 세 바 알 아에로뿌에르또

과로하다　　　　　　　　　　　trabajar demasiado
　　　　　　　　　　　　　　　뜨라바하르 데마씨아도

과속　　　　　　　　　　　　　la velocidad excesiva
　　　　　　　　　　　　　　　라 벨로씨닫 엑쎄씨바

과속 방지턱　　　　　　　　　　el guardia tumbado
　　　　　　　　　　　　　　　엘 구아르디아 뚬바도

과일 장수　　　　　　　　　　　el frutero (남자)
　　　　　　　　　　　　　　　엘 프루떼로

　　　　　　　　　　　　　　　la frutera (여자)
　　　　　　　　　　　　　　　라 프루떼라

과실(過失)	el error 엘 에르로르	관광(觀光)	turismo 뚜리스모
과일	la fruta 라 프루따	관광객	turista 뚜리스따
과일 가게	la frutería 라 프루떼리아	관광 버스	el autocar 엘 아우또까르
과테말라	Guatemala 구아떼말라	관광지	el lugar turístico 엘 루가르 뚜리스띠꼬
과학	la ciencia 라 씨엔씨아	관람	el espectáculo 엘 에스뻭따꿀로
관계	la relación 라 뤨라씨온	관람객	el espectador 엘 에스뻭따도르

과테말라 사람	el guatemalteco (남자) 엘 구아떼말떼꼬
	la guatemalteca (여자) 라 구아떼말떼까
과학자	el científico (남자) 엘 씨엔띠피꼬
	la científica (여자) 라 씨엔띠피까
관광 안내소	la información turistica 라 임포르마시온 뚜리스띠까
관람권	el billete de entrada 엘 비예떼 데 엔뜨라다

한국어	스페인어	한국어	스페인어
관람료	la entrada 라 엔뜨라다	괜찮습니다	No importa. 노 임뽀르따
관리	la gerencia 라 헤렌씨아	괴로움	la aflicción 라 아플릭씨온
관리인	el gerente 엘 헤렌떼	괴롭다	estar afligido 에스따르 아플리히도
관리하다	administrar 아드미니스뜨라르	괴롭히다	molestar 몰레스따르
관심	el interés 엘 인떼레스	굉장하다	ser excelente 세르 엑쎌렌떼
관절	la articulación 라 아르띠꿀라씨온	교대	el turno 엘 뚜르노
관절염	la artritis 라 아르뜨리띠스	교대하다	turnar 뚜르나르
관절통	la artralgia 라 아르뜨랄히아	교섭	la negociación 라 네고씨아씨온
광고	la publicidad 라 뿌블리씨닫	교수	el profesor (남자) 엘 쁘로페소르
광선	la luz 라 루스		la profesora (여자) 라 쁘로페소라
괘종시계	el despertador 엘 데스뻬르따도르	교실	la clase 라 끌라세

| 관청 | la oficina gubernamental
라 오피씨나 구베르나멘딸 |

한국어	스페인어	한국어	스페인어
교역	el comercio 엘 꼬메르씨오	교통	el tráfico 엘 뜨라피꼬
교역하다	comerciar 꼬메르씨아르	교통 신호등	el semáforo 엘 세마포로
교외	las afueras 라스 아푸에라스	교환	el cambio 엘 깜비오
교육	la educación 라 에두까씨온	교환하다	cambiar 깜비아르
교육자	el educador 엘 에두까도르	교활하다	ser astuto 세르 아스뚜또
교육하다	educar 에두까르	교회	la iglesia 라 이글레씨아
교제	el trato 엘 뜨라또	교회에 가다	ir a la iglesia 이르 알 라 이글레씨아
교제하다	tener trato 떼네르 뜨라또	구경하다	observar 옵세르바르
교차로	el cruce 엘 끄루쎄	구두	los zapatos 로스 싸빠또스

교육 대학	la facultad normal 라 파꿀딴노르말
교통 경찰관	el agente de tráfico 엘 아헨떼 데 뜨라피꼬
교통 사고	el accidente de tráfico 엘 악씨덴떼 데 뜨라피꼬

구두쇠	el tacaño (남자) 엘 따까뇨
	la tacaña (여자) 라 따까냐
구둣방	la zapatería 라 싸빠떼리아
구름	la nube 라 누베
구름다리	el viaducto 엘 비아둑또
구멍	el agujero 엘 아구헤로
구명대	la boya salvavidas 라 보야 살바비다스
구부리다	doblar 도블라르
구석	el rincón 엘 륀꼰
구실	el pretexto 엘 쁘레떼스도
구운 고기	la carne asada 라 까르네 아사다
구하다	encontrar 엔꼰뜨라르
국	la sopa 라 소빠
국가	el país, la nación 엘 빠이스 라 나씨온
국군	el ejército 엘 에헤르씨또
국내	el interior del país 엘 인떼리오르 델 빠이스
국내선	el vuelo nacional 엘 부엘로 나씨오날
국민	el pueblo 엘 뿌에블로

구경 좀 하겠습니다   Quiero dar una vuelta.
끼에로 다르 우나 부엘따

구명 보트   el bote salvavidas
엘 보떼 살바비다스

구명 조끼   chaleco salvavidas
찰레꼬 살바비다스

국보	el tesoro nacional 엘 떼소로 나씨오날	군(軍)	el ejército 엘 에헤르씨또
국수	el tallarín 엘 따야린	군인	el militar (남) 엘 밀리따르
국적	la nacionalidad 라 나씨오날리닫		la militar (여) 라 밀리따르
국제적	internacional 인떼르나씨오날	굴	la cueva 라 꾸에바
국화(國花)	la flor nacional 라 플로르 나씨오날	굴((조개))	la ostra 라 오스뜨라
국회	las Cortes 라스 꼬르떼스	굴뚝	la chimenea 라 치메네아

국립 공원   el Parque Nacional
         엘 빠르께 나씨오날

국립 도서관   la Biblioteca Nacional
           라 비블리오떼까 나씨오날

국립 미술관   el Museo Nacional
           엘 무세오 나씨오날

국립 박물관   el Museo Nacional
           엘 무세오 나씨오날

국립 의료원   el Centro Médico Nacional
           엘 쎈뜨로 메디꼬 나씨오날

국제선   la línea internacional
       라 리네아 인떼르나씨오날

굵다	ser grueso 세르 그루에소
굽다	asar 아사르
권력	el poder 엘 뽀데르
권리	el derecho 엘 데레초
권하다	recomendar 뤠꼬멘다르
귀	la oreja 라 오레하
귀고리	el pendiente 엘 뻰디엔떼
귀부인	la dama 라 다마
귀여워하다	acariciar 아까리씨아르
귀엽다	ser mono 세르 모노
귀찮다	molestarse 몰레스따르세
귀찮게 하다	molestar 몰레스따르
규칙	la regla 라 뤠글라
규칙적	regular 뤠굴라르
균형	el equilibrio 엘 에낄리브리오
귤	la naranja 라 나랑하
그것	eso 에소
그들	ellos 에요스

나를 귀찮게 하지 마라
No me molestes.
노 메 몰레스떼스

귀중품
los objetos de valor
로스 오브헤또스 데 발로르

그것은 무엇입니까
¿Qué es eso?
께 에스 에소

그래	sí 씨	그리고	y 이
그래서	por eso 뽀르 에소	그리다	pintar 삔따르
그러나	pero 뻬로	그림	el cuadro 엘 꾸아드로
그러면	entonces 엔똔쎄스	그림자	la sombra 라 솜브라
그러므로	por eso 뽀르 에소	그립다	echar de menos 에차르 데 메노스
그렇게	así 아씨	그물	la red 라 레드
그렇게 많이	tanto 딴또	그제께	anteayer 안떼아예르
그릇	la vasija 라 바씨하	그치다	cesar 세사르

그것은 얼마입니까	¿Cuánto es eso? 꽌또 에스 에소
그랜드 피아노	el piano de cola 엘 삐아노 데 꼴라
그리워하다	echar de menos 에차르 데 메노스
그림엽서	la tarjeta cuadrada 라 따르헤따 꾸아드라다

극(劇)	el teatro 엘 떼아뜨로	금요일	el viernes 엘 비에르네스
극락세계	el paraíso 엘 빠라이소	급하다	tener prisa 떼네르 쁘리사
극복하다	vencer 벤쎄르	급행 열차	el tren rápido 엘 뜨렌 라삐도
극장	el teatro 엘 떼아뜨로	기쁘다	estar alegre 에스따르 알레그레
글자	la letra 라 레뜨라	기쁨	la alegría 라 알레그리아
금	la línea 라 리네아	기장(機長)	el capitán 엘 까삐딴
금(金)((광물))	el oro 엘 오로	기차	el tren 엘 뜨렌
금광	la mina de oro 라 미나 데 오로	깨다(잠에서)	despertarse 데스뻬르따르세
금메달	la medalla de oro 라 메다야 데 오로	깨우다	despertar 데스뻬르따르

금메달리스트   medallista de oro
메다이스따 데 오로

뵙게 되어 무척 기쁩니다   Me alegro mucho de verle.
메 알레그로 무초 데 베를레

기차역   la estación de ferrocarril
라 에스따씨온 데 페로까릴

한국어	스페인어	한국어	스페인어
꺾어지다(길이)	torcer 또르쎄르	꽃양배추	la col 라 꼴
껌	el chicle 엘 치끌레	꽃장수	el florero (남자) 엘 플로레로
꼬리	la cola 라 꼴라		la florera (여자) 라 플로레라
꼬집다	pellizcar 뻬이스까르	꽃집	la florería 라 플로레리아
꼬챙이	el pincho 엘 삔초	꾸미다	ataviar 아따비아르
꼭	sin falta 씬 팔따	꾸짖다	reprender 뤠쁘렌데르
꼭대기	la cima 라 씨마	꿀	la miel 라 미엘
꽁초	la colilla 라 꼴리야	꿀벌	la abeja 라 아베하
꽃	la flor 라 플로르	끝	el fin 엘 핀
꽃가게	la florería 라 플로레리아	끝나다	terminar 떼르미나르
꽃다발	el ramillete 엘 라미예떼	끝내다	terminar 떼르미나르
꽃병	el florero 엘 플로레로	끼니	la comida 라 꼬미다

나	yo 요	난방	la calefacción 라 깔레팍씨온
나누다	dividir 디비디르	날	el día 엘 디아
나라	el país 엘 빠이스	날마다	todos los días 또도스 로스 디아스
나무	el árbol 엘 아르볼	날씨	el tiempo 엘 띠엠뽀
나쁘다	ser malo 세르 말로	남	el otro 엘 오뜨로
나이	la edad 라 에닫	남기다	dejar 데하르
나이프	el cuchillo 엘 꾸치요	남다	faltar 팔따르
난간	el pasamano 엘 빠사마노	남동생	el hermano 엘 에르마노

나는 한국 사람이다	Yo soy coreano. (남) 요 소이 꼬레아노
	Yo soy coreana. (여) 요 소이 꼬레아나
날씨가 좋다	Hace buen tiempo. 아쎄 부엔 띠엠뽀
날씨가 나쁘다	Hace mal tiempo. 아쎄 말 띠엠뽀

한국어	스페인어	한국어	스페인어
남자	el hombre 엘 옴브레	내려가다	bajar 바하르
남쪽	el sur 엘 수르	내리다¹(물건을)	bajar 바하르
남편	el marido, el esposo 엘 마리도 엘 에스뽀소	내복	la ropa interior 라 로빠 인떼리오르
남한	Corea del Sur 꼬레아 델 수르	내일	mañana 마냐나
낮	el día 엘 디아	냄비	la cazuela 라 까수엘라
낮다	ser bajo 세르 바호	냇물	el río 엘 리오
낮잠	la siesta 라 씨에스따	냉장고	la nevera 라 네베라
낳다	nacer 나쎄르	너	tú 뚜
내년	el año próximo 엘 아뇨 쁘록씨모	너무	demasiado 데마씨아도

낮잠을 자다   dormir una siesta
도르미르 우나 씨에스따

내리다²(탈것에서)   bajarse
바하르세

내일 만납시다   Hasta mañana.
아스따 마냐나

너희들	vosotros, vosotras 보소뜨로스 보소뜨라스
넥타이	la corbata 라 꼬르바따
넷	cuatro 꾸아뜨로
노랑	el amarillo 엘 아마리요
노랗다	ser amarillo 세르 아마리요
노인	el viejo (남자) 엘 비에호
	la vieja (여자) 라 비에하
논	el arrozal 엘 아르로살
놀다	jugar 후가르
놀음	el juego 엘 후에고
높다	ser alto 세르 알또
높이	la altura 라 알뚜라
놓다	poner 뽀네르
놓치다	perder 뻬르데르
뇌염	la encefalitis 라 엔쎄팔리띠스
뇌종양	el encefaloma 엘 엔쎄팔로마
누구	quién 끼엔
누나	la hermana 라 에르마나
노트북 컴퓨터	el ordenador portátil 엘 오르데나도르 뽀르따띨
뇌일혈	la hemorragia cerebral 라 에모라히아 쎄레브랄
누구십니까(전화에서)	¿Quién habla? 끼엔 아블라

누르다	prensar 쁘렌사르
눈	el ojo 엘 오호
눈을 감다	cerrar los ojos 세라르 로스 오호스
눈을 뜨다	abrir los ojos 아브리르 로스 오호스
눈	la nieve 라 니에베
눈이 내리다	nevar 네바르
눈이 내린다	Nieva. 니에바
눕다	acostarse 아꼬스따르세
눕히다	acostar 아꼬스따르
늦게 도착하다	llegar tarde 예가르 따르데
뉴스	la noticia 라 노띠씨아
느끼다	sentir 센띠르
느낌	el sentimiento 엘 센띠미엔또
늘	siempre 씨엠쁘레
늘씬하다	ser esbelto 세르 에스벨또
능숙하다	ser hábil 세르 아빌
늦게	tarde 따르데
늦다	tardar 따르다르
니코틴	la nicotina 라 니꼬띠나

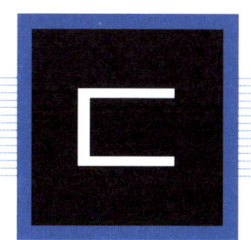

다과점	la pastelería 라 빠스뗄레리아
다루다	tratar 뜨라따르
다르다	ser diferente 세르 디페렌떼
다른	otro 오뜨로
다른 사람	la otra persona 라 오뜨라 뻬르소나
다리¹ (사람의)	la pierna 라 삐에르나
다리² (교량)	el puente 엘 뿌엔떼
다리다	planchar 라 쁠란차르
다리미	la plancha. 라 쁠란차
다리미질하다	planchar 쁠란차르
다음 주	la semana próxima 라 세마나 쁘록씨마
다음 해	el año próximo 엘 아뇨 쁘록씨모
다섯	cinco 씽꼬
다섯째	el quinto 엘 낀또
다스	la docena 라 도세나
다스리다	gobernar 고베르나르
다시	otra vez 오뜨라 베스
다음	próximo 쁘록씨모
다음 달	el mes próximo 엘 메스 쁘록씨모
다이아몬드	el diamante 엘 디아만떼
다이어트	la dieta 라 디에따
다이얼을 돌리다	marcar 마르까르

한국어	스페인어	한국어	스페인어
다치다	herirse 에리르세	단추	el botón 엘 보똔
다큐멘터리	el documental 엘 도꾸멘딸	단편 소설	el cuento 엘 꾸엔또
다투다	reñir 뢰니이르	닫다	cerrar 쎄라르
닦다	fregar 프레가르	닫히다	cerrarse 쎄라르세
단골	el cliente 엘 끌리엔떼	달¹	el mes 엘 메스
단과대학	la facultad 라 파꿀딸	1월	enero 에네로
단백질	la albúmina 라 알부미나	2월	febrero 페브레로
단어	el vocablo 엘 보까블로	3월	marzo 마르쏘
단어집	el vocabulario 엘 보까불라리오	4월	abril 아브릴
단체	el grupo 엘 그루뽀	5월	mayo 마요
단체 표		el billete colectivo 엘 비예떼 꼴렉띠보	
문을 닫아 주십시오		Cierre usted la puerta. 씨에레 우스뗃 라 뿌에르따	

한국어	스페인어	한국어	스페인어
6월	junio 후니오	달다(맛이)	Es dulce. 에스 둘세
7월	julio 훌리오	달러	el dólar 엘 돌라르
8월	agosto 아고스또	달리다	correr 꼬레르
9월	septiembre 셉띠엠브레	닭	el gallo (수컷) 엘 가요
10월	octubre 옥뚜브레		la gallina (암컷) 라 가이나
11월	noviembre 노비엠브레	닭고기	la carne de gallina 라 까르네 데 가이나
12월	diciembre 디씨엠브레	닮다	parecerse 빠레쎄르세
달²((천문))	la luna 라 루나	담배	el tabaco 엘 따바꼬
달이 떴다	Hay luna. 아이 루나		el cigarrillo (궐련) 엘 씨가르리요
달걀	el huevo 엘 우에보		el cigarro (여송연) 엘 씨가르로

너는 누구를 닮았니? ¿A quién te pareces? 아 끼엔 떼 빠레쎄스

나는 어머니를 닮았다 Me parezco a mi madre. 메 빠레스꼬 아 미 마드레

담배 가게	el estanco 엘 에스땅꼬
담배꽁초	la colilla 라 꼴리야
담요	la manta 라 만따
당구	el billar 엘 비아르
당구장	el salón de billar 엘 살롱 데 비아르
당근	la zanahoria 라 사나오리아
당뇨병	la diabetes 라 디아베떼스
당신	usted 우스떼
당뇨병 환자	el diabético (남자) 엘 디아베띠꼬 / la diabética (여자) 라 디아베띠까
당좌 예금	la cuenta corriente 라 꾸엔따 꼬뤼엔떼
대답하다	contestar, responder 꼰떼스따르 ㄹ왜스뽄데르
당신의 남편	su esposo 수 에스뽀소
당신의 아내	su esposa 수 에스뽀사
당장	ahora mismo 아오라 미스모
닻	el ancla 엘 앙끌라
대개	generalmente 헤네랄멘떼
대답	la contestación 라 꼰떼스따씨온
대사관	la embajada 라 엠바하다
대체하다	transferir 뜨란스페리르

대학교	la universidad 라 우니베르씨닫	더 적게	menos 메노스
대합실	la sala de espera 라 살라 데 에스뻬라	더럽다	estar sucio 에스따르 수씨오
더	más 마스	더위	el calor 엘 깔로르
더 많이	más 마스	덜	menos 메노스

대사(大使)   el embajador (남)
엘 엠바하도르

la embajadora (여)
라 엠바하도라

스페인 주재 한국 대사관
la Embajada de Corea en España
라 엠바하다 데 꼬레아 엔 에스빠냐

대체(對替)   la transferencia
라 뜨란스페렌씨아

대학생   el universitario (남자)
엘 우니베르씨따리오

la universitaria (여자)
라 우니베르씨따리아

더블 베드   la cama de matrimonio
라 까마 데 마뜨리모니오

한국어	스페인어	한국어	스페인어
덥다 (날씨가)	hace calor 아쎄 깔로르	도착	la llegada 라 예가다
덥다 (몸이)	tener calor 떼네르 깔로르	도착하다	llegar 예가르
덮다	cubrir 꾸브리르	독(毒)	el veneno 엘 베네노
도넛	el buñuelo 엘 부뉴엘로	독감	la gripe 라 그리뻬
도둑	el ladrón (남자) 엘 라드론	독일	Alemania 알레마니아
	la ladrona (여자) 라 라드로나	독일어	el alemán 엘 알레만
도매상	el mayorista 엘 마요리스따	돈	el dinero 엘 디네로
도시	la ciudad 라 씨우닫	돌다	torcer 또르쎄르

도매   la venta al por mayor
라 벤따 알 뽀르 마요르

도매하다   vender al por mayor
벤데르 알 뽀르 마요르

독일 사람   alemán (남자)
알레만

     alemana (여자)
알레마나

돌아가다	volver 볼베르	돕다	ayudar 아유다르
돌아오다	volver 볼베르	돗자리	la estera 라 에스떼라

너 돈 있니?   ¿Tienes dinero?
띠에네스 디네로

돈 얼마나 있니?   ¿Cuánto dinero tienes?
꾸안또 디네로 띠에네스

나는 돈이 있다   Tengo dinero.
뗑고 디네로

나는 돈이 없다   No tengo dinero.
노 뗑고 디네로

나는 돈을 약간 가지고 있다
Tengo un poco de dinero.
뗑고 움 뽀꼬 데 디네로

나는 돈이 많다   Tengo mucho dinero.
뗑고 무초 디네로

돈지갑   el monedero, la cartera
엘 모네데로 라 까르떼라

오른쪽으로 도세요   Tuerza a la derecha.
뚜에르싸 알 라 데레차

왼쪽으로 도세요   Tuerza a la izquierda.
뚜에르싸 알 라 이스끼에르다

한국어	스페인어	한국어	스페인어
동(東)	el este / 엘 에스떼	두려움	el temor / 엘 떼모르
동물	el animal / 엘 아니말	두렵다	temer / 떼메르
동생	el hermano (남자) / 엘 에르마노	두 번째	el segundo / 엘 세군도
	la hermana (여자) / 라 에르마나	둘	dos / 도스
동전	la moneda / 라 모네다	둘째	el segundo / 엘 세군도
돼지((동물))	el cerdo / 엘 쎄르도	뒤에	detrás / 데뜨라스
됐습니다	Vale / 발레	뒤집어쓰다	achacar / 아차까르
두다	dejar / 데하르	드라마	el drama / 엘 드라마

돼지고기 — la carne de cerdo / 라 까르네 데 쎄르도

되도록 빨리 — lo antes posible / 로 안떼스 뽀씨블레

lo más pronto posible / 로 마스 쁘론또 뽀씨블레

드라이어 — el secador del pelo / 엘 세까도르 델 뺄로

드롭스	el bombón 엘 봄봉
들어가다	entrar 엔뜨라르
들어오다	entrar 엔뜨라르
등(사람의)	la espalda 라 에스빨다
들리다¹(장소에)	pasar (por) 빠사르 (뽀르)
네 집에 들려라	Pasa por mi casa. 빠사 뽀르 미 까사
들리다²(소리가)	oírse 오이르세
네 말이 잘 들리지 않는다	No te oigo bien. 노 떼 오이고 비엔
들어오십시오	Pase / Adelante 빠세 / 아델란떼
등기 우편	el correo certificado 엘 꼬레오 쎄르띠피까도
등산모	la gorra de alpinistas 라 고라 데 알삐니스따스
등산복	la ropa de alpinistas 라 로빠 데 알삐니스따스
등(燈)	la lámpara 라 람빠라
등산	el alpinismo 엘 알삐니스모
등산가	el alpinista (남자) 엘 알삐니스따
	la alpinista (여자) 라 알삐니스따

한국어	Español	한국어	Español
등심	el solomillo 엘 솔로미요	딸	la hija 라 이하
등의자	la silla de mimbre 라 씨야 데 밈브레	딸기	la fresa 라 프레사
디스켓	el disco flexible 엘 디스꼬 플렉씨블레	땀	el sudor 엘 수도르
디스코텍	la discoteca 라 디스꼬떼까	땅	la tierra 라 띠에ㄹ라
디스크	el disco 엘 디스꼬	땅콩	el cacahuete 엘 까까우에떼
디저트	el postre 엘 뽀스뜨레	때¹(더러운)	el mugre 엘 무그레
따뜻하다	ser templado 세르 뗌쁠라도	때²(시간)	el tiempo 엘 띠엠뽀
따라가다	seguir 세기르	때때로	a veces 아 베쎄스
따르다	seguir 세기르	떠나다	salir 살리르

등산화   las botas de alpinistas
라스 보따스 데 알삐니스따스

나를 따라 오세요   Sígueme.
씨게메

땅굴   el túnel subterráneo
엘 뚜넬 숩떼ㄹ라네오

또	otra vez 오뜨라 베스	뜨겁다	estar caliente 에스따르 깔리엔떼
또요?	¿Otra vez? 오뜨라 베스	뜸	la moxa 라 목사
똑똑하다	ser inteligente 세르 인뗄리헨떼	뜸질	la moxa 라 목사
똑바로	derecho 데레초	뜻밖에	inesperadamente 인에스뻬라다멘떼
뛰다	saltar 살따르	띠	la faja 라 파하
뛰어나다	sobresalir 소브레살리르		

스페인으로 떠나다   salir para España
살리르 빠라 에스빠냐

똑바로 가십시오   Siga derecho.
씨가 데레초

라디오	la radio 라 라디오	레몬	el limón 엘 리몬
라이터	el encendedor 엘 엔쎈데도르	레인코트	el impermeable 엘 임뻬르메아블레
라켓	la raqueta 라 라께따	레코드	el disco 엘 디스꼬
라틴어	el latín 엘 라띤	렌즈	el lente 엘 렌떼
램프	la lámpara 라 람빠라	로봇	el autómata 엘 아우또마따
러시 아워	la hora punta 라 오라 뿐따	롤 필름	el rollo 엘 르로요
럼주(酒)	el ron 엘 론	루비((광물))	el rubí 엘 르루비

라틴 아메리카	la América Latina 라 아메리까 라띠나
레몬 즙	el zumo de limón 엘 수모 데 리몬
	el jugo de limón (중남미) 엘 후고 데 리몬
레코드 플레이어	el tocadiscos 엘 또까디스꼬스
렌터카	el coche de alquiler 엘 꼬체 데 알낄레르

루주	el colorete 엘 꼴로레떼	리터	el litro 엘 리뜨로
리듬	el rítmo 엘 뤼뜨모	립스틱	el pintalabios 엘 삔딸라비오스
리본	la cinta 라 씬따	링	el cuadrilátero 엘 꾸아드릴라떼로
리모트 컨트롤			el telecontrol 엘 뗄레꼰뜨롤

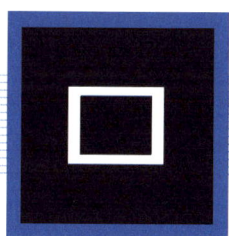

한국어	스페인어	한국어	스페인어
마가린	la margarina / 라 마르가리나	마차	el carro / 엘 까르로
마누라	la esposa / 라 에스뽀사	마취	la anestesia / 라 아네스떼씨아
마늘	el ajo / 엘 아호	마취제	el anestésico / 엘 아네스떼씨꼬
마비	la parálisis / 라 빠랄리씨스	마카로니	los macarrones / 로스 마까로네스
마시지	el masaje / 엘 마사헤	마흔	cuarenta / 꾸아렌따
마시다	beber / 베베르	막내아들	el hijo menor / 엘 이호 메노르
마약	la droga / 라 드로가	막다	impedir / 임뻬디르
마요네즈	la mayonesa / 라 마요네사	막차	el último tren / 엘 울띠모 뜨렌
마을	el pueblo / 엘 뿌에블로	만나다	ver / 베르
마음	el corazón / 엘 꼬라손	만년필	la estilográfica / 라 에스띨로그라피까
마지막	el último / 엘 울띠모	만들다	hacer / 아쎄르
마스터 카드	la tarjeta maestra / 라 따르헤따 마에스뜨라		

만약	si 씨
만족	la satisfacción 라 사띠스팍씨온
만족시키다	satisfacer 사띠스파쎄르
만족하다	estar contento 에스따르 꼰뗀또
만지다	tocar 또까르
만지지 마세요	No toque. 노 또께
많다	Es mucho. 에스 무초
많은	mucho 무초
많이	mucho 무초
말	el habla 엘 아블라
말(馬)((동물))	el caballo 엘 까바요
말다툼	la riña 라 뤼냐
말다툼하다	reñir 뢰니르
말일	el último día 엘 울띠모 디아
말하다	hablar, decir 아블라르 데씨르
맑다	ser claro 세르 끌라로
맛	el sabor 엘 사보르
맛보다	probar 쁘로바르
맛있다	Es rico. 에스 뤼꼬
망고((과실))	el mango 엘 망고
망원경	el telescopio 엘 뗄레스꼬삐오
망토	el manto 엘 만또

굉장히 맛있군요.　　¡Qué rico! 께 뤼꼬

한국어	스페인어	한국어	스페인어
망하다	quebrar 께브라르	매입하다	comprar 꼼쁘라르
맡기다	guardar 구아르다르	매주	todas las semanas 또다스 라스 세마나스
매년	todos los años 또도스 로스 아뇨스	맥주	la cerveza 라 쎄르베사
매니저	el director 엘 디렉또르	맨션	la mansión 라 만씨온
매니큐어	la manicura 라 마니꾸라	맵다	Es picante 에스 삐깐떼
매달	cada mes 까다 메스	머리	la cabeza 라 까베사
매우	muy 무이	머리핀	la horquilla 라 오르끼야
매월	cada mes 까다 메스	머릿솔	el cepillo 엘 쎄삐요
매일	todos los días 또도스 로스 디아스	머물다	quedarse 께다르세
매입	la compra 라 꼼쁘라	먹다	comer 꼬메르
나는 머리가 아프다	Tengo dolor de cabeza. 뗑고 도로르 데 까베사		
머리카락	el cabello, el pelo 엘 까베요 엘 뻴로		

먼저	primero 쁘리메로	메뉴	el menú 엘 메누
먼지	el polvo 엘 뽈보	메모리	la memoria 라 메모리아
멀다	estar lejos 에스따르 레호스	멕시코	México 메히꼬
멀리	lejos 레호스	멜로디	la melodía 라 멜로디아
멀미	el mareo 엘 마레오	멤버	el miembro 엘 미엠브로
멀미하다	marearse 마레아르세	며느리	la nuera 라 누에라
나는 멀미한다	Me mareo. 메 마레오	면(綿)	el algodón 엘 알고돈

많이 먹었습니다 Estoy lleno.
에스또이 예노

잘 먹었습니다 Estoy satisfecho.
에스또이 사띠스페초

메뉴 좀 부탁합니다 El menú, por favor.
엘 메누 뽀르 파보르

멕시코 사람 el mexicano (남자)
엘 메히까노

la mexicana (여자)
라 메히까나

1회 2회 3회

면도	el afeitado 엘 아페이따도	모기	el mosquito 엘 모스끼또
면도하다	afeitarse 아페이따르세	모니터	el monitor 엘 모니또르
면세	la franquicia 라 프랑끼씨아	모닝콜하다	llamar 야마르
면세점	la tienda libre 라 띠엔다 리브레	모두	todo 또도
면허증	el diploma 엘 디쁠로마	모든 것	todo 또도
멸치	la anchoa 라 안초아	모레	pasado mañana 빠사도 마냐나
명인	el maestro 엘 마에스뜨로	모르다	ignorar 익노라르
명함	la tarjeta 라 따르헤따	모양	la forma 라 포르마
몇	cuánto 꾸안또	모자	el sombrero 엘 솜브레로

면도기	la maquinilla de afeitar 라 마끼니야 데 아페이따르
제 명함입니다	Aquí está mi tarjeta. 아끼 에스따 미 따르헤따
모닝콜	la llamada de la mañana 라 야마다 데 라 마냐나

한국어	스페인어	한국어	스페인어
모자	la gorra (운동모) 라 고라	목구멍	la garganta 라 가르간따
모자	el gorro (빵모자) 엘 고르로	목덜미	la nuca 라 누까
모으다	reunir 뢰우니르	목도리	la bufanda 라 부판다
모이다	reunirse 뢰우니르세	목숨	la vida 라 비다
모조	la imitación 라 이미따씨온	목요일	el jueves 엘 후에베스
모조품	la imitación 라 이미따씨온	목욕	el baño 엘 바뇨
모조하다	imitar 이미따르	목욕시키다	bañar 바냐르
모포	la manta 라 만따	목욕탕	el baño 엘 바뇨
모험	la aventura 라 아벤뚜라	목욕하다	bañarse 바냐르세
모험하다	aventurarse 아벤뚜라르세	목장	la granja 라 그랑하
목	el cuello 앨 꾸에요	목재	la madera 라 마데라
목걸이	el collar 엘 꼬야르	못	la parte 라 빠르떼

몸	el cuerpo 엘 꾸에르뽀	무더위	el calor sofocante 엘 까로르 소포깐떼
몸조심	el cuidado 엘 꾸이다도	무릎	la rodilla 라 로디야
몸조심하다	cuidarse 꾸이다르세	무슨	qué 께
몹시	muy, mucho 무이 무초	무엇	qué 께
무	el nabo 엘 나보	묵다	alojarse 알로하르세
무(無)	nada 나다	문(門)	la puerta 라 뿌에르따
무게	el peso 엘 뻬소	묶다	atar 아따르
무관심	la indiferencia 라 인디페렌씨아	문방구점	la papelería 라 빠뻴레리아
무대	la escena 라 에세나	문화	la cultura 라 꿀뚜라

문을 열어 주십시오	Abra la puerta. 아브라 라 뿌에르따
문을 닫아 주십시오	Cierre la puerta. 씨에레 라 뿌에르따
묻다¹(질문하다)	preguntar 쁘레군따르

한국어	스페인어	한국어	스페인어
묻다²(매장하다)	encerrar 엔쎄라르	미래	el futuro 엘 푸뚜로
물	el agua 엘 아과	미망인	la viuda 라 비우다
물건	la cosa, el objeto 라 꼬사, 엘 오브헤또	미리	de antemano 데 안떼마노
물고기	el pez 엘 뻬스	미소(微笑)	la sonrisa 라 손뤼사
물론	Desde luego 데스데 루에고	미소하다	sonreír 손뢰이르
물집	la ampolla 라 암뽀야	미술	las bellas artes 라스 베야스 아르떼스
뮤지컬	el musical 엘 무씨깔	미술관	el museo 엘 무세오
미나리	el perejil 엘 뻬레힐	미안합니다	Lo siento 로 씨엔또
미등(尾燈)	la luz trasera 라 루스 뜨라세라	미용사	la peluquera 라 뻴루께라

물 한 잔 부탁합니다 Un vaso de agua, por favor.
운 바소 데 아과 뽀르 파보르

미국(美國) los Estados Unidos de América
로스 에스따도스 우니도스 데 아메리까

미국 사람 estadounidense
에스따도우니덴세

민족	la raza 라 라사	밀가루	la harina de trigo 라 아리나 데 뜨리고
민주주의	la democracia 라 데모끄라씨아	밀다	empujar 엠뿌하르
믿다	creer 끄레에르	밀월	la luna de miel 라 루나 데 미엘
내 말을 믿어라	Créeme. 끄레에메	밀월 여행	la luna de miel 라 루나 데 미엘
믿음	la creencia 라 끄레엔씨아	밀크	la leche 라 레체
밀	el trigo 엘 뜨리고	밑화장	la fundación 라 푼다씨온

미용실	el salón de belleza 엘 사롱 데 베예사
미장원	el salón de belleza 엘 살롱 데 베예사
	la peluquería 라 뻴루께리아
미혼자	el soltero, la soltera 엘 솔떼로 라 솔떼라
미화(美貨)	el dólar estadounidense 엘 도라르 에스따도우니덴세
밀크 커피	el café con leche 엘 까페 꼰 레체

바	el bar 엘 바르	바람¹	el deseo 엘 데세오
바구니	el cesto 엘 쎄스또	바람²	el viento 엘 비엔또
바꾸다	cambiar 깜비아르	바람이 분다	Sopla 소쁠라
바꿔 타기	el transbordo 엘 뜨란스보르도	바쁘다	estar ocupado 에스따르 오꾸빠도
바꿔 타다	transbordar 뜨란스보르다르	바지	el pantalón 엘 빤딸론
바나나	el plátano 엘 쁠라따노	바텐더	el barman 엘 바르만
바느질	la costura 라 꼬스뚜라	박물관	el museo 엘 무세오
바느질하다	coser 꼬세르	박사	el doctor (남자) 엘 독또르
바다	el mar 엘 마르		la doctora (여자) 라 독또라
바닥	el suelo 엘 수엘로	박아넣다	engastar 엥가스따르
바라다	desear 데세아르	박하	la menta 라 멘따
바라보다	mirar 미라르	밖	el exterior 엘 에스떼리오르

밖에	fuera 푸에라	발	el pie 엘 삐에
반(半)	la mitad 라 미딷	발목	el tobillo 엘 또비요
반(班)	la clase 라 끌라세	발생하다(일이)	ocurrir 오꾸리르
반갑습니다	Me alegro. 메 알레그로	발코니	el balcón 엘 발꼰
반지	el anillo 엘 아니요	밝다	ser claro 세르 끌라로
반창고	la tirita 라 띠리따	밝음	la claridad 라 끌라리닫
받다	recibir 뤠씨비르	밤[1]	la noche 라 노체
받아들이다	aceptar 아쎕따르	밤에	por la noche 뽀를 라 노체

반가웠습니다   Mucho gusto
                무초 구스또

무척 반갑습니다   Me alegro mucho.
                    메 알레그로 무초

뵙게 되어서 반갑습니다   Me alegro de verle.
                           메 알레그로 데 베를레

밤 열 시다   Son las diez de la noche.
              손 라스 디에스 델 라 노체

밤²((과실))	la castaña 라 가스따냐
밤색	el castaño 엘 까스따뇨
밥	la comida 라 꼬미다
방	la habitación 라 아비따씨온
방문	la visita 라 비씨따
방문객	el visitante 엘 비씨딴떼
방문하다	visitar 비씨따르
방석	el cojín 엘 꼬힌
방송	la emisión 라 에미씨온
방학	las vacaciones 라스 바까씨오네스
배¹((과실))	la pera 라 뻬라
배³((해부))	el vientre 엘 비엔뜨레
배(倍)	la vez 라 베스
배고프다	tener hambre. 떼네르 암브레

밥 먹읍시다   Vamos a comer.
바모스 아 꼬메르

방송국   la estación de emisión
라 에스따씨온 데 에미씨온

배²((탈것))   el barco, el buque
엘 바르꼬, 엘 부께

나는 배고프다   Tengo hambre.
뗑고 암브레

나는 무척 배고프다   Tengo mucha hambre.
뗑고 무차 암브레

배고픔	el hambre 엘 암브레	백만	un millón 운 미욘
배다리	el puente 엘 뿌엔떼	백발	la cana 라 까나
백(百)	ciento 씨엔또	백포도주	el vino blanco 엘 비노 블랑꼬
백 달러	cien dólares 씨엔 돌라레스	뱀	la serpiente 라 세르삐엔떼
백 유로	cien euros 씨엔 에우로스	버섯	el champiñón 엘 참삐뇬
백 페소	cien pesos 씨엔 뻬소스	버스	el autobús 엘 아우또부스
백과사전	la enciclopedia 라 엔씨끌로뻬디아	버찌	la cereza 라 쎄레싸

배고파 죽겠습니다   Me muero de hambre.
메 무에로 데 암브레

너 배고프니?   ¿Tienes hambre?
띠에네스 암브레

예, 배고픕니다   Sí, tengo hambre.
씨 뗑고 암브레

아닙니다, 배고프지 않습니다   No, no tengo hambre.
노 노 뗑고 암브레

백화점   los grandes almacenes
로스 그란데스 알마쎄네스

한국어	스페인어	한국어	스페인어
버터	la mantequilla 라 만떼끼야	베개	la almohada 라 알모아다
벌((곤충))	la abeja 라 아베하	베네수엘라	Venezuela 베네수엘라
벌(罰)	el castigo 엘 까스띠고	베네수엘라의	venezolano 베네솔라노
범((동물))	el tigre 엘 띠그레	베이컨	el tocino 엘 또씨노
범퍼	el parachoque 엘 빠라초께	벤치	el banco 엘 방꼬
벗다	quitarse 끼따르세	벨트	el cinturón 엘 씬뚜론
벚나무	el cerezo 엘 쎄레쏘	벽	la pared 라 빠렏

버스 정류소	la parada de autobuses 라 빠라다 데 아우또부세스
버스 터미널	la terminal de autobuses 라 떼르미날 데 아우또부세스
베네수엘라 사람	el venezolano (남자) 엘 베네솔라노
	la venezolana (여자) 라 베네솔라나
벽난로	la chimenea francesa 라 치메네아 프란쎄사

한국어	스페인어	한국어	스페인어
벽시계	el reloj de pared / 엘 룔로흐 데 빠렏	보관하다	guardar / 구아르다르
변(便)	el excremento / 엘 에스끄레멘또	보급하다	abastecer / 아바스떼쎄르
변소	el servicio / 엘 세르비씨오	보기	el ejemplo / 엘 에헴쁠로
변호사	el abogado (남자) / 엘 아보가도	보내다	enviar / 엠비아르
	la abogada (여자) / 라 아보가다	보다	ver / 베르
별	la estrella / 라 에스뜨레야	보답	la retribución / 라 뢰뜨리부씨온
별미	el sabor exquisito / 엘 사보르 에스끼씨또	보답하다	retribuir / 뢰뜨리부이르
병(瓶)	la botella / 라 보떼야	보도(步道)	la acera / 라 아쎄라
한 병	una botella / 우나 보떼야	보도(報道)	la información / 라 임포르마씨온
두 병	dos botellas / 도스 보떼야스	보도하다	informar / 임포르마르
병(病)	la enfermedad / 라 엠페르메닫	보따리	el bulto / 엘 불또
병원	el hospital / 엘 오스삐딸	보리	la cebada / 라 쎄바다

보석(寶石)	la joya 라 호야	볼펜	el bolígrafo 엘 볼리그라포
보석상	la joyería (가게) 라 호예리아	봄	la primavera 라 쁘리마베라
	el joyero (남자) 엘 호예로	봉사	el servicio 엘 세르비씨오
	la joyera (여자) 라 호예라	봉사료	el servicio 엘 세르비씨오
보여주다	mostrar 모스뜨라르	봉사하다	servir 세르비르
보통	generalmente 헤네랄멘떼	부(部)	el Ministerio 엘 미니스떼리오
복숭아	el melocotón 엘 멜로꼬똔	부가	la adición 라 아디씨온
본사	la central 라 센뜨랄	부가하다	adicionar 아디씨오나르
본점	la central 라 센뜨랄	부근	la vecindad 라 베씬닫
볼(얼굴의)	la mejilla 라 메히야	부두	el muelle 엘 무에예

보통 열차	el tren ordinario 엘 뜨렌 오르디나리오
본적	el domicilio registrado 엘 도미씰리오 뢔히스뜨라도

한국어	스페인어	한국어	스페인어
부르다	llamar 야마르	부품	la pieza 라 삐에사
부모	los padres 로스 빠드레스	북((악기))	el tambor 엘 땀보르
부부	marido y mujer 마리도 이 무헤르	북(北)	el norte 엘 노르떼
부분	la parte 라 빠르떼	북쪽	el norte 엘 노르떼
부엌	la cocina 라 꼬시나	북한	Corea del Norte 꼬레아 델 노르떼
부족	la falta 라 팔따	분	la persona 라 뻬르소나
부족하다	faltar 팔따르	분(分)	el minuto 엘 미누또
부조종사	el copiloto 엘 꼬삘로또	분(粉)	los polvos 로스 뽈보스
부추	el puerro 엘 뿌에르로	불	el fuego 엘 푸에고
부츠	las botas 라스 보따스	붉다	ser rojo 세르 르로호
부터	desde, de 데스데 데	붉은 색	el color rojo 엘 꼴로르 르로호
불시착			el aterrizaje forzoso 엘 아떼리사헤 포르소소

브랜디	el brandy 엘 브랜디
브레이크	el freno 엘 프레노
브로치	el broche 엘 브로체
브로콜리	los brécoles 로스 브로꼴레스
블라우스	la blusa 라 블루사
블랙커피	el café solo 엘 까페 솔로
비	la escoba 라 에스꼬바
비(雨)	la lluvia 라 유비아
비가 내린다	Llueve 유에베
비계	la grasa 라 그라사
비상구	la salida de emergencia 라 살리다 데 에메르헨씨아
비행기로[를 타고]	en avión 엥 아비온
비누	el jabón 엘 하본
비스킷	la galleta 라 가예따
비옷	el impermeable 엘 임뻬르메아블레
비용	el coste 엘 꼬스떼
비자	el visado (스페인) 엘 비사도
	la visa (중남미) 라 비사
비타민	la vitamina 라 비따미나
비프스테이크	el bistec 엘 비스떽
비행기	el avión 엘 아비온
비행기 안에서	en el avión 엥 엘 아비온

빗	el peine 엘 뻬이네	빵	el pan 엘 빵
빗다	peinarse 뻬이나르세	빵집	la panadería 라 빠나데리아
빚	la deuda 라 데우다	빼다	extraer 에스뜨라에르
빛	la luz 라 루스	삐다	torcerse 또르세르세
빨리	rápido 라뻬도	삠	la torcedura 라 또르세두라

비행기를 놓치다   perder el avión
                                                      뻬르데르 엘 아비온

비행기를 타다   tomar el avión
                                                      또마르 엘 아비온

비행기를 태우다   elogiar
                                                      엘로히아르

빠른 우편   el correo rápido
                                                      엘 꼬레오 라뻬도

빵장수   el panadero (남자)
                                                      엘 빠나데로

                    la panadera (여자)
                                                      라 빠나데라

사(四)	cuatro 꾸아뜨로
사과 ((과실))	la manzana 라 만사나
사과나무	el manzano 엘 만사노
사과주	la sidra 라 씨드라
사다	comprar 꼼쁘라르
사람	el hombre 엘 옴브레
사랑	el amor 엘 아모르
사랑하다	amar 아마르
사망	la muerte 라 무에르떼
사망하다	morir 모리르
사무소	la oficina 라 오피씨나
사무실	la oficina 라 오피씨나
사백	cuatrocientos 꾸아뜨로씨엔또스
사십	cuarenta 꾸아렌따
사용	el uso 엘 우소
사용하다	usar 우사르
사월	abril 아브릴
사육	la cría 라 끄리아
사육자	el criador 엘 끄리아도르
사육하다	criar 끄리아르

나는 당신을 사랑합니다   Yo te amo.
요 떼 아모

사립 박물관   el museo particular
엘 무세오 빠르띠꿀라르

사이즈	el tamaño 엘 따마요	산책하다	pasear 빠세아르
사자((동물))	el león 엘 레온	살	la carne 라 까르네
사전(辭典)	el diccionario 엘 딕씨오나리오	살구	el albaricoque 엘 알바리꼬께
사진	la foto 라 포또	살다	vivir 비비르
사촌	el primo (남자) 엘 쁘리모	살찌다	engordar 엔고르다르
	la prima (여자) 라 쁘리마	삶	la vida 라 비다
사파이어	el zafiro 엘 사피로	삶다	cocer 꼬쎄르
산소(酸素)	el oxígeno 엘 옥씨헤노	삼(三)	tres 뜨레스
산책	el paseo 엘 빠세오	삼(蔘)((식물))	el cáñamo 엘 까냐모

산소 마스크   la máscara de oxígeno
라 마스까라 데 옥씨헤노

어디 사십니까?   ¿Dónde vive usted?
돈데 비베 우스뗃

서울에서 삽니다   Vivo en Seúl.
비보 엔 세울

한국어	스페인어	한국어	스페인어
삼백	trescientos 뜨레스씨엔또스		el pájaro 엘 빠하로
삼십	treinta 뜨레인따	새끼(동물의)	la cría 라 끄리아
삼월	marzo 마르쏘	새롭다	ser nuevo 세르 누에보
상관없다	No importa. 노 임뽀르따	새우	el camarón 엘 까마론
상상하다	suponer 수뽀네르	색(色)	el color 엘 꼴로르
상자	la caja 라 까하	샌드위치	el bocadillo 엘 보까디요
상점	la tienda 라 띠엔다	샐러드	la ensalada 라 엔살라다
상처	la herida 라 에리다	생각	el pensamiento 엘 뻰사미엔또
상추	la lechuga 라 레추가	생각하다	pensar 뻰사르
상표	la marca 라 마르까	생강	el jengibre 엘 헹히브레
새((조류))	el ave (큰) 엘 아베	생과자점	la pastelería 라 빠스뗄레리아
나는 상관없다			No me importa. 노 메 임뽀르따

생기다 (일이)	pasar 빠사르
생명	la vida 라 비다
생선	el pescado 엘 뻬스까도
생선 가게	la pescadería 라 뻬스까데리아
생일	el cumpleaños 엘 꿈쁠레아뇨스
생태 관광	eco turismo 에꼬 뚜리스모
생활	la vida 라 비다
샤워	la ducha 라 두차
샤워하다	ducharse 두차르세
샴페인	el champán 엘 참빤
샴푸	el champú 엘 참뿌
샹들리에	la araña 라 아라냐
서두르다	darse prisa 다르세 쁘리사
서둘러라	Date prisa 다떼 쁘리사
생년월일	la fecha de nacimiento 라 페차 데 나씨미엔또
생맥주	la cerveza de barril 라 쎄르베싸 데 바르릴
생선 장수	el pescadero (남자) 엘 뻬스까데로
	la pescadera (여자) 라 뻬스까데라
생일을 축하합니다	¡Feliz cumpleaños! 펠리스 꿈쁠레아뇨스

서랍	el cajón 엘 까혼
서류	el documento 엘 도꾸멘또
서명	la firma 라 피르마
서명하다	firmar 피르마르
서비스	el servicio 엘 세르비씨오
서비스료	el servicio 엘 세르비씨오
서비스하다	servir 세르비르
서점	la librería 라 리브레리아
섞다	mezclar 메스끌라르
선(線)	la línea 라 리네아
선글라스	las gafas de sol 라스 가파스 데 솔
선물	el regalo 엘 뢰갈로
선물하다	regalar 뢰갈라르
선반	el estante 엘 에스딴떼
선수	el jugador (남자) 엘 후가도르 / la jugadora (여자) 라 후가도라
선실	el camarote 엘 까마로떼
선장	el capitán 엘 까삐딴
설비	las facilidades 라스 파실리다데스
설탕	el azúcar 엘 아수까르
설탕 그릇	el azucarero 엘 아쑤까레로
섭섭하다	sentir 센띠르

여기 서명해 주십시오
Firme ustde aquí.
피르메 우스뗃 아끼

성당	la catedral 라 까떼드랄	셋	tres 뜨레스
성생활	la vida sexual 라 비다 섹수알	셔츠	la camisa 라 까미사
성인(成人)	el adulto 엘 아둘또	셔터	el disparador 엘 디스빠라도르
성인(聖人)	el santo (남자) 엘 산또	소	la vaca (암) 라 바까
	la santa (여자) 라 산따		el buey (수) 엘 부에이
세관	la aduana 라 아두아나	소가죽	el cuero de vaca 엘 꾸에로 데 바까
세금	el impuesto 엘 임뿌에스또	소개	la presentación 라 쁘레센따씨온
세면대	el lavabo 엘 라바보	소개하다	presentar 쁘레센따르
세탁소	la lavandería 라 라반데리아	소고기	la carne de vaca 라 까르네 데 바까
세관원		el aduanero (남자) 엘 아두아네로	
		la aduanera (여자) 라 아두아네라	
셀프서비스		el autoservicio 엘 아우또세르비씨오	

소금	la sal 라 살	소스	la salsa 라 살사
소금 그릇	el salero 엘 살레로	소시지	la salchicha 라 살치차
소다	la soda 라 소다	소파	el sofá 엘 소파
소매상	el detallista 엘 데따이스따	소포	el paquete 엘 빠께떼
소비	el consumo 엘 꼰수모	소화 불량	la indigestión 라 인디헤스띠온
소비자	consumidor 꼰수리도르	속	el interior 엘 인떼리오르
소비하다	consumir 꼰수미르	속담	el proverbo 엘 쁘로베르보
소설	la novela 라 노벨라	속도	la velocidad 라 벨로씨닫
소설가	el novelista 엘 노벨리스따	속옷	la ropa interior 라 르로빠 인떼리오르

소매　　　　　　　la venta al por menor
　　　　　　　　　라 벤따 알 뽀르 메노르

소매하다　　　　　vender al por menor
　　　　　　　　　벤데르 알 뽀르 메노르

속도 제한　　　　　el límite de velocidad
　　　　　　　　　엘 리미떼 데 벨로씨닫

속이다	engañar 엔가냐르	손톱깎이	el cortaúñas 엘 꼬르따우냐스
속임수	el engaño 엘 엥가뇨	송금	la remesa 라 뢰메사
손	la mano 라 마노	송금하다	enviar el dinero 엠비아르 엘 디네로
손가락	el dedo 엘 데도	송아지	el ternero 엘 떼르네로
손님	el cliente 엘 끌리엔떼	송아지 고기	la ternera 라 떼르네라
손수건	el pañuelo 엘 빠뉴엘로	쇠고기	la carne de vaca 라 까르네 데 바까
손수레	la carretilla 라 까뢰띠야	쇼핑	la compra 라 꼼쁘라
손질하다	arreglar 아뢰글라르	쇼핑 가다	ir de compras 이르 데 꼼쁘라스
손톱	la uña 라 우냐	쇼핑 백	la bolsa 라 볼사

손을 씻어라   Lávate las manos.
라바떼 라스 마노스

손톱을 깎아라   Córtate las uñas.
꼬르따떼 라스 우냐스

쇼핑하다   hacer las compras
아쎄르 라스 꼼쁘라스

한국어	스페인어	한국어	스페인어
쇼핑 카트	carrito 까르리또	수송하다	transportar 뜨란스뽀르따르
수(數)	el número 엘 누메로	수수료	la comisión 라 꼬미씨온
수건	la toalla 라 또아야	수업	la clase 라 끌라세
수리	el arreglo 엘 아뢰글로	수요일	el miércoles 엘 미에르꼴레스
수리하다	el arreglar 엘 아뢰글라르	수입	la importación 라 임뽀르따씨온
수박((과실))	la sandía 라 산디아	수입업자	el importador 엘 임뽀르따도르
수송	la transporte 라 뜨란스뽀르떼	수입하다	importar 임뽀르따르

나는 쇼핑을 해야 한다.
Tengo que hacer algunas compras.
뗑고 께 아쎄르 알구나스 꼼쁘라스

쇼핑 거리   la calle comercial
라 까예 꼬메르씨알

쇼핑 센터   el centro comercial
엘 센뜨로 꼬메르씨알

수송기   el avión de transporte
엘 아비온 데 뜨란스뽀르떼

수정(水晶)	el cristal 엘 끄리스딸	수하물	el equipaje 엘 에끼빠헤
수출	la exportación 라 에스뽀르따씨온	숙박부	el registro 엘 뢰히스뜨로
수출업자	el exportador 엘 에스뽀르따도르	숟가락	la cuchara 라 꾸차라
수출하다	exportar 에스뽀르따르	숫자	el número 엘 누메로
수표	el cheque 엘 체께	쉬다	descansar 데스깐사르
수프	la sopa 라 소빠	스냅	la instantánea 라 인스딴따네아
수프 그릇	la sopera 라 소뻬라	스물	veinte 베인떼

수표책	el talonario de cheque 엘 딸로나리오 데 체께
수하물 교환권	el talón de equipaje 엘 딸론 데 에끼빠헤
수하물 예치소	la consigna 라 꼰씨그나
수하물 취급소	el despacho de equipajes 엘 데스빠초 데 에끼빠헤스
슈퍼마켓	el supermercado 앨 수뻬르메르까도

한국어	스페인어	한국어	스페인어
스웨터	el jersey 엘 헤르세이	슬라이드	la diapositiva 라 디아뽀씨띠바
스카프	el pañuelo 엘 빠뉴엘로	슬프다	estar triste 에스따르 뜨리스떼
스커트	la falda 라 팔다	슬픔	la tristeza 라 뜨리스떼사
스타킹	las medias 라스 메디아스	승강기	el ascensor 엘 아센소르
스튜어디스	la azafata 라 아싸파따	승객	el pasajero 엘 빠사헤로
스파게티	el spagheti 엘 스빠게띠	승무원	el tripulante 엘 뜨리뿔란떼
스페인	España 에스빠냐	시(時)	la hora 라 오라
스페인어	el español 엘 에스빠뇰	시(市)	la ciudad 라 씨우닫

스페어 타이어	el neumático de repuesto 엘 네우마띠꼬 데 레뿌에스또
스페인 사람	el español (남자) 엘 에스빠뇰
	la española (여) 라 에스빠뇰라
스페인 요리	el plato español 엘 쁠라또 에스빠뇰

시(詩)	el poema 엘 뽀에마	시설	las facilidades 라스 파씰리다데스
시가	el cigarro 에 씨가로	시세	la cotización 라 꼬띠사씨온
시각(視覺)	la vista 라 비스따	시야	la vista 라 비스따
시간표	el horario 엘 오라리오	시월(十月)	octubre 옥뚜브레
시계	el reloj 엘 뢸로흐	시인	el poeta 엘 뽀에따
시계 수리공	el relojero 엘 뢸로헤로	시작	el comienzo 엘 꼬미엔쏘
시계포	la relojería 라 뢸로헤리아	시작하다	comenzar 꼬멘사르
시금치	la espinaca 라 에스삐나까	시장(市長)	el alcalde (남자) 엘 알깔데
시다 (맛이)	Es agrio. 에스 아그리오		la alcaldesa (여자) 라 알깔데사
시럽	el jarabe 엘 하라베	시장(市場)	el mercado 엘 메르까도
시간			la hora, el tiempo 라 오라, 엘 띠엠뽀
시간은 돈이다			El tiempo es oro 엘 띠엠뽀 에스 오로

시차	la diferencia horaria 라 디페렌씨아 오라리아	식욕	el apetito 엘 아뻬띠또
시트	la sábana 라 사바나	식전	antes de comer 안떼스 데 꼬메르
식당	el restaurante 엘 레스따우란떼	식초	el vinagre 엘 비나그레
식료품	el comestible 엘 꼬메스띠블레	식품	los alimentos 로스 알리멘또스
식물	la planta 라 쁠란따	식후	después de comer 데스뿌에스 데 꼬메르
식사	la comida 라 꼬미다	신(神)	Dios 디오스

시집   la antología de poesías
라 안똘로히아 데 뽀에씨아스

이 식당 음식 솜씨가 좋군요.
Se come bien en este restaurante.
세 꼬메 비엔 엔 에스떼 레스따우란떼

식당차   el coche restaurante
엘 꼬체 레스따우란떼

식료품점   la tienda de comestibles
라 띠엔다 데 꼬메스띠블레스

식사 시간이다   Es hora de comer.
에스 오라 데 꼬메르

한국어	스페인어	한국어	스페인어
신경	el nervio / 엘 네르비오	신용장	la carta de crédito / 라 까르따 데 끄레디또
신고	la declaración / 라 데끌라라씨온	신청	la solicitud / 라 솔리씨뚣
신고하다	declarar / 데끌라라르	신청하다	solicitar / 솔리씨따르
신기록	el nuevo récord / 엘 누에보 뢰꼬르	신학	la teología / 라 떼올로히아
신다	ponerse / 뽀네르세	신형	el nuevo modelo / 엘 누에보 모델로
신문	el periódico / 엘 뻬리오디꼬	신호	la señal / 라 세냘
	el diario (일간지) / 엘 디아리오	신혼	la luna de miel / 라 루나 데 미엘
신문 기자	el periodista / 엘 뻬리오디스따	싣다	cargar / 까르가르
신분증	el carné / 엘 까르네	실	el hilo / 엘 일로
신사	el caballero / 엘 까바예로	실과	la fruta / 라 푸르따

신사 숙녀 여러분   Damas y caballeros / 다마스 이 까바예로스

신용 카드   la tarjeta de crédito / 라 따르헤따 데 끄레디또

실수	la falta / 라 팔따
십	diez / 디에스
십만	cien mil / 씨엔 밀
십사	catorce / 까또르쌔
십삼	trece / 뜨레쎄
십오	quince / 낀쎄
십이	doce / 도쎄
십이월	diciembre / 디씨엠브레
십일	once / 온쎄
십일월	noviembre / 노비엠브레
싱겁다 (맛이)	Es desabrido. / 에스 데사브리도
싱글 베드	la cama sencilla / 라 까마 쎈씨야
싸다(값이)	Es barato. / 에스 바라또
쌀	el arroz / 엘 아르로스
쌀밥	el arroz blanco / 엘 아르로스 블랑꼬
쌍	el par / 엘 빠르
쌍안경	los gemelos / 로스 헤멜로스
쓰다(맛이)	Es amargo. / 에스 아마르고
쓰다(글을)	escribir / 에스끄리비르
쓸개	el hígado / 엘 이가도
씻다	lavarse / 라바르세

한국어	스페인어
아	¡Ah! 아
아내	la mujer 라 무헤르
	la esposa (중남미) 라 에스뽀사
아니다	no 노
아들	el hijo 엘 이호
아르헨티나	la Argentina 라 아르헨띠나
아름다움	la hermosura 라 에르모수라
아름답다	(ser) hermoso (세르) 에르모소
아메리카	la América 라 아메리카
아무것도(아니다)	nada 나다

아르헨티나 남자	el argentino 엘 아르헨띠노
아르헨티나 여자	la argentina 라 아르헨띠나
남아메리카	la América del Sur 라 아메리까 델 수르
라틴 아메리카	la América Latina 라 아메리까 라띠나
북아메리카	la América del Norte 라 에메리까 델 노르떼
아몬드 ((과실))	la almendra 라 알멘드라
나는 아무것도 없다	No tengo nada 노 뗑고 나다

아무도(아니다)	nadie 나디에	아침밥	el desayuno 엘 데사유노
아버지	el padre 엘 빠드레	아침밥을 먹다	desayunar 데사유나르
아빠	el papá 엘 빠빠	아카데미	la academia 라 아까데미아
아이스크림	el helado 엘 엘라도	아프다	tener dolor 떼네르 돌로르
아직	todavía 또다비아		estar enfermo 에스따르 엠페르모
아침	la mañana 라 마냐나	아홉	nueve 누에베

아무도 없다	No hay nadie. 노 아이 나디에
아스파라가스	el espárrago 엘 에스빠라고
아이스크림 가게	la heladería 라 엘라데리아
아직 시간이 이르다	Todavía es temprano 또다비아 에스 뗌쁘라노
나는 머리가 아프다	Tengo dolor de cabeza 뗑고 돌로르 데 까베사
나는 배가 아프다	Tengo dolor de estómago. 뗑고 돌로르 데 에스또마고

안경	las gafas 라스 가파스	앉으십시오	Siéntese. 씨엔떼세
안내	la información 라 임포르마씨온	앉읍시다	Sentémonos. 센떼모노스
안내소	la información 라 임포르마씨온	알다	saber, conocer 사베르 꼬노세르
안내원	el guía (남자) 엘 기아	알리다	avisar 아비사르
	la guía (여자) 라 기아	알약	la pastilla 라 빠스띠야
안녕	¡Adiós! 아디오스	앞에	delante 델란떼
안락의자	el sillón 엘 씨욘	앞치마	el delantal 엘 델란딸
앉다	sentarse 센따르세	야간	la noche 라 노체
앉아라	Siéntate. 씨엔따떼	야영	campamento 깜빠멘또

나는 이가 아프다   Tengo dolor de muela
떼고 돌로르 데 무엘라

여기 앉읍시다   Sentémonos aquí.
센떼모노스 아끼

액셀러레이터   el acelerador
엘 아셀레라도르

한국어	스페인어	한국어	스페인어
야영하다	acampar 아깜빠르	양념	el condimento 엘 꼰디멘또
야채	las verduras 라스 베르두라스	양념하다	condimentar 꼰디멘따르
야채 가게	la verdulería 라 베르둘레리아	양탄자	la alfombra 라 알폼브라
약	la medicina 라 메디씨나	얼굴	la cara 라 까라
약간	un poco 움 뽀꼬	여름	el verano 엘 베라노
약국	la farmacia 라 파르마씨아	여행	el viaje 엘 비아헤
양(羊)	la oveja 라 오베하	여행객	el viajero (남자) 엘 비아헤로
양고기	el cordero 엘 꼬르데로		la viajera (여자) 라 비아헤라

야간 열차　　el tren nocturno
　　　　　　　엘 뜨렌 녹뚜르노

약제사　　　 el farmacéutico (남자)
　　　　　　　엘 파르마세우띠꼬

　　　　　　　la farmacéutica (여자)
　　　　　　　라 파르마세우띠까

여름 방학　　las vacaciones de verano
　　　　　　　라스 바까씨오네스 데 베라노

한국어	스페인어	한국어	스페인어
여행자	el viajero (남자) 엘 비아헤로	역시	también 땀비엔
	la viajera (여자) 라 비아헤라	역장	el jefe de estación 엘 헤페 데 에스따씨온
여행하다	viajar 비아하르	연어	el salmón 엘 살몬
역	la estación 라 에스따씨온	연필	el lápiz 엘 라삐스
역사(歷史)	la historia 라 이스또리아	연필깎이	el sacapuntas 엘 사까뿐따스
역사가	el historiador (남) 엘 이스또리아도르	열(十)	diez 디에스
	la historiadora (여) 라 이스또리아도라	열(列)	la cola 라 꼴라

여행자 수표 el cheque de viajero
엘 체께 데 비아헤로

나는 스페인을 여행한다 Yo viajo por España.
요 비아호 뽀르 에스빠냐

나는 여행하고 싶다 Yo quiero viajar.
요 끼에로 비아하르

나는 라틴 아메리카를 여행하고 싶다
Yo quiero viajar por la América Latina.
요 끼에로 비아하르 뽀를라 아메리까 라띠나

열(熱)	el calor 엘 까로르	염색소	la tintorería 라 띤또레리아
열넷	catorce 까또르세	염색하다	tintar 띤따르
열다	abrir 아브리르	염증	la inflamación 라 임플라마씨온
열다섯	quince 낀세	엽궐련	el cigarro 엘 씨가르로
열둘	doce 도세	엽서	la postal 라 뽀스딸
열량	la caloría 라 깔로리아	영국	Inglaterra 잉글라떼라
열리다	abrirse 아브리르세	영국 사람	el inglés (남) 엘 잉글레스
열병	la fiebre 라 피에브레		la inglesa (여) 라 잉글레사
열셋	trece 뜨레쎄	영사기	el proyector 엘 쁘로옉또르
열쇠	la llave 라 야베	영수증	el recibo 엘 뢰씨보
열하나	once 온쎄	영어	el inglés 엘 잉글레스
염색	el tinte 엘 띤떼	예, 합니다	Sí, hablo. 씨 아블로

한국어	스페인어
영화	la película 라 뻴리꿀라
옆	el lado 엘 라도
예	sí 씨
예금	el depósito 엘 데뽀씨또
예금하다	depositar 데뽀씨따르
예방 접종	la vacunación 라 바꾸나씨온
예쁘다	ser bonito 세르 보니또
예약	la reservación 라 뢰세르바씨온
예약하다	reservar 뢰세르바르
오(五)	cinco 씽꼬
오늘	hoy 오이
오늘 밤	esta noche 에스따 노체

한국어	스페인어
영어 하십니까	¿Habla usted inglés? 아블라 우스뗄 잉글레스
아닙니다, 못합니다	No, no hablo. 노 노 아블로
예방 접종 증명서	certificado sanitario 세르띠피까도 사니따리오
예비 바퀴	la rueda de repuesto 라 루에다 데 뢰뿌에스또
오늘은 며칠입니까	¿Qué día del mes hoy? 께 디아 델 메스 오이
오늘은 무슨 요일입니까	¿Qué día es hoy? 께 디아 에스 오이

오늘 아침	esta mañana 에스따 마냐나	오렌지색	la naranja 라 나랑하
오늘 저녁	esta noche 에스따 노체	오렌지 주스	la naranjada 라 나랑하다
오다	venir	오르다	subir 수비르
오너라	Ven 벤	오른쪽	la derecha 라 데레차
오십시오	Venga 벵가	오리	el pato 엘 빠또
이리 오너라	Ven acá 벤 아까	오믈렛	la tortilla 라 또르띠야
이리 오십시오	Venga acá 벵가 아까	오백	quinientos 끼니엔또스
오래	mucho tiempo 무초 띠엠뽀	오버슈즈	los chanclos 로스 찬끌로스
오랫동안	mucho tiempo 무초 띠엠뽀	오십	cincuenta 씽꾸엔따
오렌지	la naranja 라 나랑하	오월	mayo 마요
오렌지나무	el naranjo 엘 나랑호	오이	el pepino 엘 뻬삐노

오른쪽으로 도십시오   Tuerza a la derecha.
뚜에르사 알 라 데레차

오전	la mañana 라 마냐나	올리다	subir 수비르
오토바이	la moto 라 모또	올리브	la aceituna (열매) 라 아쎄이뚜나
오트밀	la gacha de avena 라 가차 데 아베나		el olivo (나무) 엘 올리보
오팔((광물))	el ópalo 엘 오빨로	올리브유	el aceite 엘 아쎄이떼
오후	la tarde 라 따르데	옳다	tener razón 떼네르 롸손
옥(玉)((광물))	el jade 엘 하데	옵서버	el observador 엘 옵세르바도르
옥수수	el maíz 엘 마이스	옵션	la opción 라 옵씨온
옥수수 부침개	la tortilla 라 또르띠야	옷	la ropa 라 르로빠
온몸	todo el cuerpo 또도 엘 꾸에르뽀	옷을 벗다	quitarse la ropa 끼따르세 라 르로빠

온두라스((나라))	Honduras 온두라스
온두라스 사람	el hondureño (남) 엘 온두레뇨
	la hondureña (여) 라 온두레냐

옷걸이	la percha 라 뻬르차	완불	el pago completo 엘 빠고 꼼쁠레또
옷소매	la manga 라 망가	완전	la perfección 라 뻬르펙씨온
옷장	el armario 엘 아르마리오	완전하다	ser perfecto 세르 뻬르펙또
와	y 이	완전히	perfectamente 뻬르펙따멘떼
와이셔츠	la camisa 라 까미사	완행열차	el tren local 엘 뜨렌 로깔
와인	el vino 엘 비노	왕(王)	el rey 엘 레이
완두	el guisante 엘 기산떼	왕복	ida y vuelta 이다 이 부엘따

옷을 입다　　　　　　　　　　ponerse la ropa
　　　　　　　　　　　　　　　뽀네르세 라 르로빠

와이퍼　　　　　　　　　　　　el limpiaparabrisas
　　　　　　　　　　　　　　　엘 림삐아빠라브리사스

완전한 사람은 없다　　　　　　Nadie es perfecto.
　　　　　　　　　　　　　　　나디에 에스 뻬르펙또

왕복표　　　　el billete de ida y vuelta (스페인)
　　　　　　　엘 비예떼 데 이다 이 부엘따

　　　　　　　el boleto de ida y vuelta (중남미)
　　　　　　　엘 볼레또 데 이다 이 부엘따

왕비	la reina 라 레이나	요금	el pasaje 엘 빠사헤
왕새우	la langosta 라 랑고스따	요금표	la lista de precios 라 리스따 데 쁘레씨오스
왕자	el príncipe 엘 쁘린씨뻬	요리	el plato 엘 쁠라도
외관	la apariencia 라 아빠리엔씨아	요리사	el cocinero (남자) 엘 꼬씨네로
외국	el país extranjero 엘 빠이스 에스뜨랑헤로		la cocinera (여자) 라 꼬씨네라
왼쪽	la izquierda 라 이스끼에르다	요리하다	cocinar 꼬씨나르
왼쪽의	izquierdo 이스끼에르도	요릿집	el restaurante 엘 레스따우란떼
왼쪽으로	a la izquierda 알 라 이스끼에르다	월요일입니다	Es lunes. 에스 루네스

외국어	la lengua extranjera 라 렝구아 에스뜨랑헤라
외국인	el extranjero (남자) 엘 에스뜨랑헤로
	la extranjera (여자) 라 에스뜨랑헤라
요일	los días de la semana 로스 디아스 델 라 세마나

화요일입니다	Es martes. 에스 마르떼스	우유	la leche 라 레체
욕실	el baño 엘 바뇨	우체국	los correos 로스 꼬뤠오tm
욕조	la bañera 라 바녜라	우편	el correo 엘 꼬뤠오
용서	el perdón 엘 뻬르돈	우편배달부	el cartero 엘 까르떼로
용서하다	perdonar 뻬르도나르	우편 요금	el franqueo 엘 프랑께오

오늘은 무슨 요일입니까? ¿Qué dia es hoy?
께 디아 에스 오이

수요일입니다 Es miércoles.
에스 미에르꼴레스

목요일입니다 Es jueves.
에스 후에베스

금요일입니다 Es viernes.
에스 비에르네스

토요일입니다 Es sábado.
에스 사바도

우체국은 어디로 갑니까

¿Por dónde se va a los correos?
뽀르 돈데 세 바 알 로스 꼬르레오스

한국어	스페인어
우표	el sello 엘 세요
	el timbre (멕시코) 엘 띰브레
운(運)	la suerte 라 수에르떼
운동	el ejercicio 엘 에헤르씨씨오
운임	el pasaje 엘 빠사헤
운전	la conducción 라 꼰둑씨온
운전사	el chófer 엘 초페르
운전하다	conduir 꼰두씨르
울다	llorar 요라르
울지 마라	No llores. 노 요레스
울음	el lloro 엘 요로
웃다	sonreír (미소짓다) 손레이르
	reír (소리내어 웃다) 레이르
웃음	la sonrisa (미소) 라 손뤼사
	la risa (소리내어) 라 뤼사
원금	el principal 엘 쁘린씨빨
원하다	desear 데세아르
월급	el sueldo mensual 엘 수엘도 멘수알
월요일	el lunes 엘 루네스
위스키	el güisqui 엘 구이스끼
운전 면허증	el carné de conducir 엘 까르네 데 꼰두씨르
월간 잡지	la revista mensual 라 뤠비스따 멘수알

한국어	스페인어	한국어	스페인어
유로(화폐 단위)	el euro / 엘 에우로	육백	seiscientos / 세이스씨엔또스
유실물	el objeto perdido / 엘 옵헤또 뻬르디도	육십	sesenta / 세센따
유월	junio / 후니오	육천	seis mil / 세이스 밀
유행성 감기	la influenza / 라 임플루엔사	윤리	la ética / 라 에띠까
유혹하다	encantar / 엥깐따르	은(銀)	la plata / 라 쁠라따
육	seis / 세이스	은반지	el anillo de plata / 엘 아니요 데 쁠라따

유료 도로　la autopista de peaje
라 아우또삐스따 데 뻬아헤

유실물 센터　la oficina de objetos perdidos
라 오피씨나 데 옵헤또스 뻬르디도스

윤리적 관광　el turismo ético
엘 뚜리스모 에띠꼬

은메달　la medalla de plata
라 메다야 에 쁠라따

은행에 가려면 어디로 갑니까
¿Por dónde se va al banco?
뽀르 돈데 세 바 알 방꼬

은행	el banco 엘 방꼬	의류	la ropa 라 르로빠
음료	la bebida 라 베비다	의사	el médico (남자) 엘 메디꼬
음식	la comida 라 꼬미다		la médica (여자) 라 메디까
음악	la música 라 무씨까	의약	el medicamento 엘 메디까멘또
음악가	el músico (남자) 엘 무씨꼬	의약품	el medicamento 엘 메디까멘또
	la música (여자) 라 무씨까	의원(議院)	la clínica 라 끌리니까

은행원 el empleado (남자)
엘 엠쁘레아도

la empleada (여자)
라 엠쁠레아다

음주 운전 la conducción en estado de embriaguez
라 꼰둑씨온 엔 에스따도 데 엠브리아게스

응접실 el salón de recepciones
엘 살롱 데 뢰쎕씨오네스

의과 대학 la Facultad de Medicina
라 파꿀딷 데 메디씨나

의원(議員) el parlamentario
엘 빠를라멘따리오

의학	la medicina 라 메디씨나	이것	esto 에스또
이((곤충))	el piojo 엘 삐오호	이기다	ganar 가나르
이(齒)	el diente 엘 디엔떼	이기주의	el egoísmo 엘 에고이스모
이(二)	dos 도스	이동 병원	la ambulancia 라 암불란씨아

의원(醫員)	el cirujano (남자) 엘 씨루하노
	la cirujana (여자) 라 씨루하나
이(지시 형용사)	este, esta 에스떼 에스따
이가 아프다	Me duele el diente. 메 두엘레 엘 디엔떼
	Me duele la muela. 메 두엘레 라 무엘라
	Tengo dolor de muela. 뗑고 돌로르 데 무엘라
이것은 무엇입니까	¿Qué es esto? 께 에스 에스또
이것은 얼마입니까	¿Cuánto es esto? 꽌또 에스 에스또

이륙	el despegue 엘 데스뻬게	이민	la emigración 라 에미그라씨온
이륙하다	despegar 데스뻬가르	이민하다	emigrar 에미그라르
이름	el nombre 엘 놈브레	이발	el corte de pelo 엘 꼬르떼 데 뻴로
이마	la frente 라 프렌떼	이발사	el peluquero 엘 뻬루께로

지는 것이 때로는 이기는 것이다.
Perder a veces es ganar.
뻬르데르 아 베쎄스 에스 가나르

이기주의자
el egoísta (남자)
엘 에고이스따

la egoísta (여자)
라 에고이스따

이동 전화
el teléfono móvil
엘 뗄레포노 모빌

이력서
la historia personal
라 이스또리아 뻬르소날

이르다(시간이)
Es temprano.
에스 뗌쁘라노

제 이름은 마리아입니다
Me llamo María.
메 야모 마리아

한국어	스페인어	한국어	스페인어
이발소	la peluquería 라 뻴루께리아	인터넷	el internet 엘 인떼르넷
이백	doscientos 도스씨엔또스	일	el trabajo 엘 뜨라바호
이십	veinte 베인떼	일(一)	uno 우노
이용	el provecho 엘 쁘로베초	일(日)	el día 엘 디아
이용하다	aprovechar 아쁘로베차르	1일	el 1 (primero) 엘 쁘리메로
이월	febrero 페브레로	1일간	un día 운 디아
이유	la razón 라 라손	2일	el 2 (dos) 엘 도스
이자	el interés 엘 인떼레스	2일간	dos días 도스 디아스
인사	el saludo 엘 살루도	일곱	siete 씨에떼
인사하다	saludar 살루다르	일본	el Japón 엘 하뽄

이코노믹 클래스   la clase económica
    라 끌라세 에꼬노미까

나는 일이 없다   No tengo trabajo.
    노 뗑고 뜨라바호

1회 2회 3회

| 일본어 | el japonés 엘 하뽀네스 | 일일(一日) | el primero 엘 쁘리메로 |

| 일어나거라 | Levántate. 레반따떼 | 일찍 | temprano 뗌쁘라노 |

| 일월 | enero 에네로 | 일터 | el trabajo 엘 뜨라바호 |

일본 사람 el japonés (남자)
엘 하뽀네스

la japonesa (여자)
라 하뽀네사

일어나다 (사건이) ocurrir
오꾸리르

일어나다 (사람이) levantarse
레반따르세

일어나다¹(불이) arder
아르데르

일어나다²(바람이) soplar
소쁠라르

일어나다³(깨어 있다) despertarse
데스뻬르따르세

일어나다⁴(전기가) generarse
헤네라르세

일월 1일 el primero de enero
엘 쁘리메로 데 에네로

일하다	trabajar 뜨라바하르	입다	ponerse 뽀네르세
읽다	leer 레에르	입술	el labio 엘 라비오
잃다	perder 뻬르데르	입술연지	el pintalabios 엘 삔따라비오스
입	la boca 라 보까	입학	el ingreso 엘 잉그레소
입 닥쳐라	Cállate. 까야떼	잊다	olvidar 올비다르
입국	la entrada 라 엔뜨라다	잊어버리다	olvidarse 올비다르세

길을 잃었습니다
Me he perdido
메 에 뻬르디도

입국 비자
el visado de entrada
엘 비사도 데 엔뜨라다

바지를 입다
ponerse los pantalones
뽀네르세 로스 빤딸로네스

입학 시험
el examen de ingreso
엘 엑사멘 데 잉그레소

나를 영원히 잊지 마라
No me olvides para siempre.
노 메 올비데스 빠라 씨엠쁘레

한국어	스페인어	한국어	스페인어
자(길이를 재는)	la regla 라 뢔글라	자명종	el despertador 엘 데스뻬르따도르
자다	dormir 도르미르	자수정	el amatista 엘 아마띠스따
자동차	el coche 엘 꼬체	자연	la naturaleza 라 나뚜랄레사
자동차로	en coche 엥 꼬체	자연히	naturalmente 나뚜랄멘떼
자두	la ciruela 라 씨루엘라	자전거	la bicicleta 라 비씨끌레따
자르다	cortar 꼬르따르	작다	ser pequeño 세르 뻬께뇨
잘리다	cortarse 꼬르따르세	잔	el vaso, la taza, la copa 엘 바소 라 따사 라 꼬빠
자매	la hermana 라 에르마나	물 한 잔	un vaso de agua 움 바소 데 아과
잘 시간이다			Es hora de dormir. 에스 오라 데 도르미르
자동차 안에서			en el coche 엥 엘 꼬체
자동 판매기			la tragaperras 라 뜨라가뻬라스
커피 한 잔			una taza de café 우나 따사 데 까페

한국어	스페인어	한국어	스페인어
잔교	el muelle 엘 무에예	장갑	los guantes 로스 구안떼스
잔돈	el suelto 엘 수엘또	장거리	la larga distancia 라 라르가 디스딴씨아
잘	bien 비엔	장관(長官)	el ministro 엘 미니스뜨로
잘못	la falta 라 팔따	장미(薔薇)	el rosal 엘 르로살
잠깐	el momento 엘 모멘또	장미꽃	la rosa 라 르로사
잡지	la revista 라 래비스따	장식	la decoración 라 데꼬라씨온
장	la feria 라 페리아	장식물	el ornamento 엘 오르나멘또

포도주 한 잔
una copa de vino
우나 꼬빠 데 비노

맥주 한 잔
una caña de cerveza
우나 까냐 데 세르베사

잘 먹었습니다
Estoy satisfecho.
에스또이 사띠스페초

잠깐만 기다려 주십시오
Espere un momento, por favor.
에스뻬레 움 모멘또 뽀르 파보르

장식하다	decorar 데꼬라르	저리	allá 아야
재고품	el surtido 엘 수르띠도	저민 고기	la carne picada 라 까르네 삐까다
잼	la mermelada 라 메르멜라다	저주	la maldición 라 말디씨온
저것	aquello 아께요	저주하다	maldecir 말데씨르
저금	el ahorro 엘 아오르로	적게	poco 뽀꼬
저금하다	ahorrar 아오르라르	적다(글을)	apuntar 아뿐따르
저기	allí 아이	적다(양이)	ser poco 세르 뽀꼬
저녁	la noche 라 노체	적은	poco 뽀꼬
저녁밥	la cena 라 쎄나	적포도주	el vino tinto 엘 비노 띤또
저녁밥을 먹다	cenar 쎄나르	전기	la electricidad 라 엘렉뜨리씨닫

저것은 얼마입니까	¿Cuánto vale aquello? 꾸안또 발레 아께요
저것은 무엇입니까	¿Qué es aquello? 께 에스 아께요

전문	la especialidad 라 에스뻬씨알리닫
전신	todo el cuerpo 또도 엘 꾸에르뽀
전언	el recado 엘 뢔까도
전화	el teléfono 엘 뗄레포노
전화 교환원	la telefonista 라 뗄레포니스따
전화하다	llamar 야마르
점심	el almuerzo 엘 알무에르소
점심을 먹다	almorzar 알모르사르
접근하다	acercarse 아쎄르까르세
접시	el plato 엘 쁠라또
접의자	la silla plegable 라 씨야 쁠레가블레
접종	la vacuna 라 바꾸나
접종하다	vacunar 바꾸나르
접질리다	torcerse 또르쎄르세

너한테 전화다   Hay una llamada para ti.
아이 우나 야마다 빠라 띠

전화카드   la tarjeta de teléfono
라 따르헤따 데 뗄레포노

점심 시간   la hora de almorzar
라 오라 데 알모르사르

점원   el dependiente (남자)
엘 데뻰디엔떼

la dependiente (여자)
라 데뻰디엔떼

접촉	el contacto 엘 꼰딱또	정찬	la comida 라 꼬미다
젓가락	los palillos 로스 빨리요스	제과점	la pastelería 라 빠스뗄레리아
정각	en punto 엠 뿐또	젤리	la jalea 라 할레아
정거장	la estación 라 에스따씨온	조끼	el chaleco 엘 찰레꼬
정류소	la parada 라 빠라다	조용하다	ser tranquilo 세르 뜨랑낄로
정식(定食)	el cubierto 엘 꾸비에르또	조이다	apretar 아쁘레따르
정육점	la carnicería 라 까르니쎄리아	조종사	el piloto 엘 삘로또
정제(錠劑)	la tableta 라 따블레따	종사하다	ocuparse 오꾸빠르세

접촉하다 ponerse en contacto
뽀네르세 엔 꼰딱또

정각 12시다 Son las doce en punto.
손 라스 도쎄 엠 뿐또

버스 정류소 la parada de autobuses
라 빠라다 데 아우또부세스

택시 정류소 la parada de taxis
라 빠라다 데 딱시스

종이	el papel 엘 빠뻴	좌석	el asiento 엘 아씨엔또
종점	la parada terminal 라 빠라다 떼르미날	죄송합니다	Perdone. 뻬르도네
좋다	ser bueno 세르 부에노	주(週)	la semana 라 세마나
좋아하다	gustar 구스따르	주다	dar 다르

종업원	el camarero (남자) 엘 까마레로
	la camarera (여자) 라 까마레라
나는 커피를 좋아한다	Me gusta el café. 메 구스따 엘 까페
나는 커피를 좋아하지 않는다	No me gusta el café. 노 메 구스따 엘 까페
너 영화 좋아하니?	¿Te gusta la película? 떼 구스따 라 뻴리꿀라
그래, 무척 좋아한다	Sí, me gusta mucho. 씨, 메 구스따 무초
아니, 나는 좋아하지 않아	No, no me gusta. 노 노 메 구스따
좌석 번호	el número de asiento 엘 누메로 데 아씨엔또

1회 2회 3회

나에게 주라	Dame. 다메	주점	la taberna 라 따베르나
주먹	el puño 엘 뿌뇨	죽	las gachas 라스 가차스
주문	el pedido 엘 뻬디도	죽다	morir 모리르
주문하다	pedir 뻬디르	죽음	la muerte 라 무에르떼
주방	la cocina 라 꼬씨나	줍다	recoger 뢰꼬헤르
주사	la inyección 라 인옉씨온	중국	la China 라 치나
주스	el jugo 엘 후고	중국어	el chino 엘 치노
주유소	la gasolinera 라 가솔리네라	중국인	el chino (남자) 엘 치노

주간 잡지   la revista semanal 라 뢔비스따 세마날

나에게 돈을 주라   Dame dinero 다메 디네로

주사를 놓다   poner una inyección 뽀네르 우나 인옉씨온

중간 크기   el tamaño mediano 엘 따마뇨 메디아노

ㅈ

한국어	스페인어	한국어	스페인어
중국인	la china (여자) 라 치나	지나가다	pasar 빠사르
중량	el peso 엘 뻬소	지난	pasado 빠사도
중앙	el centro 엘 쎈뜨로	지난 달	el mes pasado 엘 메스 빠사도
중앙 우체국	la central 라 쎈뜨랄	지난 주	la semana pasada 라 세마나 빠사다
중화 요리	el plato chino 엘 쁠라또 치노	지난 해	el año pasado 엘 아뇨 빠사도
즉시	en seguida 엔 세기다	지방(地方)	la comarca 라 꼬마르까
증명서	el carné 엘 까르네	지방(脂肪)	la grasa 라 그라사
지갑	la cartera 라 까르떼라	지불	el pago 엘 빠고
지금	ahora 아오라	지불하다	pagar 빠가르

중학교　　　　　　　　la escuela secundaria
　　　　　　　　　　　라 에스꾸엘라 세꾼다리아

지금 몇 시입니까　　　¿Qué hora es ahora?
　　　　　　　　　　　께 오라 에스 아오라

지급 우편　　　　　　　el correo urgente
　　　　　　　　　　　엘 꼬르뤠오 우르헨떼

지지다	revolver 뤠볼베르	el subte (아르헨티나) 엘 숩떼
지폐	el billete 엘 비예떼	직업 — la profesión 라 쁘로페씨온
지하	el subterráneo 엘 숩떼랴네오	직원 — el empleado (남자) 엘 엠쁘레아도
지하실	el sótano 엘 소따노	la empleada (여자) 라 엠쁠레아다
지하철	el metro 엘 메뜨로	직장 — el trabajo 엘 뜨라바호
	el subte(아르헨티나) 엘 숩떼	직접 — directamente 디렉따멘떼
지하철도	el metro 엘 메뜨로	진실 — la verdad 라 베르닫

내가 지불하겠소 Voy a pagar. 보이 아 빠가르

지속 가능한 관광 el turismo sostenible 엘 뚜리스모 소스떼니블레

지진 달걀 el huevo revuelto 엘 우에보 뤠부엘또

지하철역 la estación de metro 라 에스따씨온 데 메뜨로

나에게 진실을 말해라 Dime la verdad. 디메 라 베르닫

진심으로	cordialmente 꼬르디알멘떼
진열창	el escaparate 엘 에스까빠라떼
진정시키다	calmar 깔마르
진정하다	calmarse 깔마르세
진주	la perla 라 뻬를라
진통제	el calmante 엘 깔만떼
짐	el equipaje 엘 에끼빠헤
짐꾼	el mozo 엘 모소
짐수레	el carro 엘 까르로
집	la casa 라 까사
짜다(맛이)	Es salado. 에스 살라도
짜다(옷을)	tejer 떼헤르

진주 반지 la sortija de perla
라 소르띠하 데 뻬를라

짐을 올려 주시겠어요? ¿Quiere subir el equipaje?
끼에레 수비르 엘 에끼빠헤

짐을 내려 주시겠어요? ¿Quiere bajar el equipaje?
끼에레 바하르 엘 에끼빠헤

집에 갑시다 Vamos a casa.
바모스 아 까사

나는 집에 간다 Voy a casa.
보이 아 까사

짝	la pareja 라 빠레하
찌르다	picar 삐까르
쪼들리다	pasar por apuros 빠사르 뽀르 아뿌로스
쪽¹(페이지)	la página 라 빠히나
쪽²(녘)	la dirección 라 디렉씨온
쪽³((식물))	el añil 엘 아닐
쪽문	el portillo 엘 뽀르띠요
쪽배	la canoa 라 까노아
쫓다	espantar 에스빤따르

너무 짜다
Es demasiado salado.
에스 데마씨아도 살라도

그들은 멋진 짝이다
Ellos son una buena pareja.
에요스 손 우나 부에나 빠레하

차(茶)	el té 엘 떼
차를 마시다	tomar el té 또마르 엘 떼
차 세트	el juego de té 엘 후에고 데
차(車)	el coche 엘 꼬체
차를 타고	en coche 엥 꼬체
차안에서	en el coche 엥 엘 꼬체
차(差)	la diferencia 라 디페렌씨아
차관(次官)	el viceministro 엘 비쎄미니스뜨로
차다	estar frío 에스따르 프리오
커피가 차다	El café está frío. 엘 까페 에스따 프리오
물이 차다.	El agua está fría. 엘 아구아 에스따 프리아
차액을 지불하다	pagar la diferencia 빠가르 라 디레렌씨아
차량(車輛)	el vagón 엘 바곤
차액(差額)	la diferencia 라 디페렌씨아
차장(車掌)	el cobrador 엘 꼬브라도르
차창	la ventanilla 라 벤따니야
착륙	el aterrizaje 엘 아떼리사헤
착륙하다	aterrizar 아떼리사르
찬장	el aparador 엘 아빠라도르
참외	el melón 엘 멜론
찻간	el compartimiento 엘 꼼빠르띠미엔또

찻잔	la taza 라 따사	채소 가게	la verdulería 라 베르둘레리아
창(窓)	la ventana 라 벤따나	책	el libro 엘 리브로
창(槍)	la lanza 라 란사	책방	la librería 라 리브레리아
창구	la ventanilla 라 벤따니야	책상	el escritorio 엘 에스끄리또리오
창문	la ventana 라 벤따나	책장	la estantería 라 에스딴떼리아
찾다	buscar 부스까르	처럼	como 꼬모
채소	las verduras 라스 베르두라스	처방전	la receta 라 **래**쎄따

창문 좀 닫아 주시겠어요?
¿Quiere cerrar la ventana?
끼에레 세라르 라 벤따나

창문 좀 열어 주시겠습니까?
¿Quiere abrir la ventana?
끼에레 아브리르 라 벤따나

누구를 찾고 계십니까?
¿A quién busca usted?
아 끼엔 부스까 우스뗃

내 친구를 찾고 있습니다.
Busco a mi amigo.
부스꼬 아 미 아미고

처음	el principio 엘 쁘린씨삐오	6천	seis mil 세이스 밀
천(옷의)	la tela 라 뗄라	7천	siete mil 씨에떼 밀
천(千)	mil 밀	8천	ocho mil 오초 밀
2천	dos mil 도스 밀	9천	nueve mil 누에베 밀
3천	tres mil 뜨레스 밀	천만에요	De nada. 데 나다. No hay de qué. 노 아이 데 께
4천	cuatro mil 꾸아뜨로 밀		
5천	cinco mil 씽꼬 밀	천연두	la viruela 라 비루엘라

처음 뵙겠습니다	Mucho gusto. (남녀 공통) 무초 구스또
	Encantado. (남자) 엥깐따도
	Encantada. (여자) 엥깐따다
저야말로 (대답)	El gusto es mío. 엘 구스또 에스 미오
천연자원	los recursos naturales 로스 래꾸르소스 나뚜랄레스

한국어	스페인어	한국어	스페인어
천연(天然)의	natural 나뚜랄	초대하다	invitar 임비따르
첫째	primero 쁘리메로	초점	el foco 엘 포꼬
청각	el oído 엘 오이도	초콜릿	el chocolate 엘 초꼴라떼
초과	el exceso 엘 엑쎄소	추위	el frío 엘 프리오
초과 요금	el recargo 엘 rre까르고	축구	el fútbol 엘 풋볼
초과하다	exceder 엑쎄데르	축구 선수	el futbolista 엘 풋볼리스따
초대	la invitación 라 임비따씨온	축하	la felicitación 라 펠리씨따씨온
초대장	la invitación 라 임비따씨온	축하하다	felicitar 펠리씨따르
초대 손님	el invitado (남자) 엘 임비따도 la invitada (여자) 라 임비따다		
초음속기	el avión supersónico 엘 아비온 수뻬르소니꼬		
축하합니다	¡Felicitaciones! 펠리씨따씨오네스		

출구	la salida 라 살리다	출판하다	publicar 뿌블리까르
출납계	la caja 라 까하	춥다(날씨가)	Hace frío 아쎄 프리오
출납계원	el cajero (남자) 엘 까헤로	충분하다	bastar 바스따르
	la cajera (여자) 라 까헤라	충분히	bastante 바스딴때
출발	la salida 라 살리다	층(層)	el piso 엘 삐소
출발하다	salir 살리르	1층	el piso bajo 엘 삐소 바호
출판	la publicación 라 뿌블리까씨온	2층	el primer piso 엘 쁘리메르 삐소
출판물	las publicaciones 라스 뿌블리까씨오네스	3층	el segundo piso 엘 세군도 삐소
출판사	la editorial 라 에디또리알	4층	el tercer piso 엘 떼르쎄르 삐소

결혼을 축하합니다　Le felicito por su casamiento.
　　　　　　　　　레 펠리씨또 뽀르 수 까사미엔또

출입국 관리소　　　　　　　　la inmigración
　　　　　　　　　　　　　라 임미그라씨온

춥다 (사람 몸이)　　　　　　　tener frío
　　　　　　　　　　　　떼네르 프리오

5층	el cuarto piso 엘 꾸아르또 삐소	친구	la amiga (여자) 라 아미가
치과	la clínica dental 라 끌리니까 덴딸	친하다	ser íntimo 세르 인띠모
치료	la cura 라 꾸라	친절	la amabilidad 라 아마빌리닫
치료하다	curar 꾸라르	친절하다	ser amable 세르 아마블레
치약(齒藥)	el dentífrico 엘 덴띠프리꼬	칠(七)	siete 씨에떼
치즈	el queso 에 께소	칠레	Chile 칠레
치킨	el pollo 엘 뽀요	칠레의	chileno 칠레노
친구	el amigo (남자) 엘 아미고	칠만	setenta mil 세뗀따 밀

치과 의사　el dentista (남자) 엘 덴띠스따
　　　　　　la dentista (여자) 라 덴띠스따

치안(治安)　la seguridad pública 라 세구리닫 뿌블리까

친절에 감사드립니다　Gracias por su amabilidad. 그라씨아스 뽀르 수 아마빌리닫

칠백	setecientos 세떼씨엔또스	침(鍼)	la acupuntura 라 아꾸뿐뚜라
칠십	setenta 세뗀따	침대	la cama 라 까마
칠일(七日)	el 7 (siete) 엘 씨에떼	침대차	el coche-cama 엘 꼬체 까마
칠월	julio 훌리오	침대 커버	la cubrecama 라 꾸브레까마
칠천	siete mil 씨에떼 밀	칩(컴퓨터)	el chip 엘 칩
침	la saliva 라 살리바	칫솔	el cepillo dental 엘 쎄삐요 덴딸
침(針)	la aguja 라 아구하	칭찬하다	alabar 알라바르

칠레 사람　　　　　　　　el chileno (남자)
　　　　　　　　　　　　　엘 칠레노

　　　　　　　　　　　　　la chilena (여자)
　　　　　　　　　　　　　라 칠레나

칠레산 포도주　　　　　　el vino chileno
　　　　　　　　　　　　　엘 비노 칠레노

침술사　　　　　　　　　el acupunturista (남)
　　　　　　　　　　　　　엘 아꾸뿐뚜리스따

　　　　　　　　　　　　　la acupunturista (여)
　　　　　　　　　　　　　라 아꾸뿐뚜리스따

한국어	스페인어
카드	la tarjeta 라 따르헤따
카메라	la cámara 라 까메라
카운터	el mostrador 엘 모스뜨라도르
카페	el café 엘 까페
카페테리아	la cafetería 라 까페떼리아
카펫	la alfombra 라 알폼브라
칼	el cuchillo 엘 꾸치요
칼로리	la caloría 라 깔로리아
캐나다	el Canadá 엘 까나다
캐나다의	canadiense 까나디엔세
캐다(묻힌 것을)	cavar 까바르
캐러멜	el caramelo 엘 까라멜로
캐럿	el quilate 엘 낄라떼
캐비닛	la vitrina 라 비뜨리나

카메라점   la tienda de cámaras 라 띠엔다 데 까마라스

칸(기차의)   el departamento 엘 데빠르따멘또

캐나다 사람   el canadiense (남자) 엘 까나디엔세

la canadiense (여자) 라 까나디엔세

다이아몬드 1 캐럿   un quilate del diamante 운 낄라떼 델 디아만떼

한국어	스페인어	한국어	스페인어
캐비아	el caviar 엘 까비아르	컬러	el color 엘 꼴로르
캐비지	la col 라 꼴	케이크	el pastel 엘 빠스뗄
캔디	los bombones 로스 봄보네스	코((신체))	la nariz 라 나리스
커스터드	la natilla 라 나띠야	코감기	el catarro nasal 엘 까따로 나살
커튼	la cortina 라 꼬르띠나	콜레라	la cólera 라 꼴레라
커틀릿	la chuleta 라 출레따	콜롬비아	Colombia 꼴롬비아
커피	el café 엘 까페	콜롬비아의	colombiano 꼴롬비아노
커피포트	la cafetera 라 까페떼라	콧물	el moco 엘 모꼬

커피 한 잔 부탁합니다   Un café, por favor.
운 까페 뽀르 파보르

컬러 필름   la película en color
라 뻴리꿀라 엔 꼴로르

컴퓨터   el ordenador (스페인)
엘 오르데나도르

la computadora (중남미)
라 꼼뿌따도라

한국어	스페인어	한국어	스페인어
콩	la soja (스페인) 라 소하	크림²(화장용)	la crema 라 끄레마
	la soya (중남미) 라 소야	키	la estatura 라 에스따뚜라
쿠바	Cuba 꾸바	키가 크다	Es alto. 에스 알또
크기	el tamaño 엘 따마뇨	키가 작다	Es bajo. 에스 바호
크다	ser grande 세르 그란데	키(열쇠)	la llave 라 야베
크림¹(식용)	la nata 라 나따		

콜롬비아 사람   el colombiano (남자)
엘 꼴롬비아노

la colombiana (여자)
라 꼴롬비아나

콧구멍   la ventana de nariz
라 벤따나 데 나리스

콩나물   los retoños de soja
로스 레또뇨스 데 소하

꾸바 사람   el cubano (남자)
엘 꾸바노

la cubana (여자)
라 꾸바나

킬로그램	el kilogramo, el kilo 엘 낄로그라모 엘 낄로
킬로그램에 얼마입니까	¿Cuánto vale el kilo? 꾸안또 발레 엘 낄로

한국어	스페인어	한국어	스페인어
타(打)	la docena 라 도쎄나	탁상시계	el reloj de mesa 엘 뤨로흐 데 메사
반 타	media docena 메디아 도쎄나	탁자	la mesa 라 메사
타다(탈것을)	tomar 또마르	탄생	el nacimiento 엘 나씨미엔또
택시를 타다	tomar el taxi 또마르 엘 딱시	탄생하다	nacer 나쎄르
타월	la toalla 라 또아야	탑승	el embarque 엘 엠바르께
타월걸이	el toallero 엘 또아예로	태어나다	nacer 나쎄르

기차를 타다　　　　　　　tomar el tren.
　　　　　　　　　　　　또마르 엘 뜨렌

버스를 타다　　　　　　　tomar el autobús
　　　　　　　　　　　　또마르 엘 아우또부스

비행기를 타다　　　　　　tomar el avión
　　　　　　　　　　　　또마르 엘 아비온

지하철을 타다　　　　　　tomar el metro
　　　　　　　　　　　　또마르 엘 메뜨로

탄생일　　　　　　　　　día de nacimiento
　　　　　　　　　　　　디아 데 나씨미엔또

탄생지　　　　　　　　　el lugar de nacimiento
　　　　　　　　　　　　엘 루가르 데 나씨미엔또

택시	el taxi 엘 딱씨
택하다	preferir 쁘레페리르
탱크¹	el depósito 엘 데뽀씨또
탱크²((군사))	el tanque 엘 땅께
터미널	la terminal 라 떼르미날
털털거리다	rechinar 뢔치나르
테이블	la mesa 라 메사
텔레비전	la televisión 라 뗄레비시온

탑승권
la tarjeta de embarque
라 따르헤따 데 엠바르께

택시를 부릅시다
Vamos a llamar a un taxi.
바모스 아 야마르 아 운 딱시

택시를 탑시다
Vamos a tomar un taxi.
바모스 아 또마르 운 딱시

물탱크
el depósito de agua
엘 데뽀씨또 데 아구아

버스터미널
la terminal de autobuses
라 떼르미날 데 아우또부세스

버스터미널은 어디로 갑니까?
¿Por dónde se va a la terminal de autobuses?
뽀르 돈데 세 바 알 라 떼르미날 데 아우또부세스

곧장 가십시오
Siga derecho.
씨가 데레초

토마토	el tomate 엘 또마떼
토산품	el recuerdo 엘 레꾸에르도
토요일	el sábado 엘 사바도
매주 토요일	los sábados 로스 사바도스
토하다	vomitar 보미따르
통 el	tarro 엘 따로
통과	el tránsito 엘 뜨란씨또
통과하다	pasar 빠사르
통로	el pasillo 엘 빠씨요
통행료	el peaje 엘 뻬아헤
트럭	el camión 엘 까미온
소형 트럭	la camioneta 라 까미오네따
텔레비전 세트	el televisor 엘 뗄레비소르
잼 두 통	dos tarros de mermelada 도스 따로스 데 메르멜라다
통과객	el pasajero de tránsito 엘 빠사헤로 데 뜨란씨또
통과 비자	el visado de tránsito 엘 비사도 데 뜨란씨또
퇴원하다	salir del hospital 살리르 델 오스삐딸
트윈	la habitación con dos camas 라 아비따씨온 꼰 도스 까마스

한국어	스페인어	한국어	스페인어
특별하다	ser especial 세르 에스뻬씨알	**티눈**	el callo 엘 까요
특별히	especialmente 에스뻬씨알멘떼	**팁**	la propina 라 쁘로삐나
특제품	la especialidad 라 에스뻬씨알리닫	**팁으로**	de propina 데 쁘로삐나
특히	especialmente 에스뻬씨알멘떼		

파	el puerro 엘 뿌에르로	팔(八)	ocho 오초
파마	la permanente 라 뻬르마넨떼	팔다	vender 벤데르
파운드	la libra 라 리브라	팔리다	venderse 벤데르세
파이 ((과자))	el pastel 엘 빠스뗄	팔만	ochenta mil 오첸따 밀
((요리))	la empanada 라 엠빠나다	팔백	ochocientos 오초씨엔또스
파이프	la pipa 라 삐빠	팔십	ochenta 오첸따
파인애플	la piña 라 삐냐	팔월	agosto 아고스또
판(版)	la edición 라 에디씨온	팔찌	la brazalete 라 브라살레떼
판매	la venta 라 벤따	팔천	ocho mil 오초 밀
팔	el brazo 엘 브라소	팥	la judía pinta 라 후디아 삔따

파마하다	hacerse una permanente 아세르세 우나 뻬르마넨떼
팔이 아프다	Me duelen los brazos. 메 두엘렌 로스 브라소스

팬츠	los calzoncillos 로스 깔손씨요스	편도(片道)	la ida 라 이다
펑크	el pinchazo 엘 삔차소	편지	la carta 라 까르따
페루	el Perú 엘 뻬루	포(砲)	el cañón 엘 까뇬
페소	el peso 엘 뻬소	포도	la uva 라 우바

펑크가 나다	tener un pinchazo 떼네르 운 삔차소
페루 사람	el peruano (남자) 엘 뻬루아노
	la peruana (여자) 라 뻬루아나
편도표(片道票)	el billete de ida (스페인) 엘 비예떼 데 이다
	el boleto de ida (중남미) 엘 볼레또 데 이다
편지를 보내다	enviar una carta 엠비아르 우나 까르따
편지를 받다	recibir una carta 르레씨비르 우나 까르따
편지를 쓰다	escribir una carta 에스끄리비르 우나 까르따

포도나무	la vid 라 빋	포터	el mozo 엘 모쏘
포도주	el vino 엘 비노	표	el billete 엘 비예떼
백포도주	el vino blanco 엘 비노 블랑꼬		el boleto (중남미) 엘 볼레또
적포도주	el vino tinto 엘 비노 띤또	표를 사다	sacar el billete 사까르 엘 비예떼
포옹	abrazo 아브라소	표 파는 곳	la taquilla 라 따끼야
포옹하다	abrazar 아브라사르	푸르다	ser azul 세르 아쑬
포장	el empaquete 엘 엠빠께떼	푸른색	el color azul 엘 꼴로르 아쑬
포장하다	empaquetar 엠빠께따르	푸른 하늘	el cielo azul 엘 씨엘로 아쑬
포크	el tenedor 엘 떼네도르	풋	verde 베르데

포도주 한 잔	una copa de vino 우나 꼬빠 데 비노
표 파는 사람	el taquillero (남자) 엘 따끼예로
	la taquillera (여자) 라 따끼예라

풋 강낭콩	la judía verde 라 후디아 베르데	풍부하다	ser abundante 세르 아분단떼
풋과일	la fruta verde 라 프루따 베르데	프랑스	Francia 프란씨아
풋콩	la soja verde 라 소하 베르데	프랑스 어	el francés 엘 프란쎄스
	la soya verde (중남미) 라 소야 베르데	프런트	la recepción 라 르레쎕씨온
풍부	abundancia 아분단씨아	프로그램	el programa 엘 쁘로그라마

풀코스(식사)   la comida completa
라 꼬미다 꼼쁠레따

프랑스 사람   el francés (남자)
엘 프란쎄스

la francesa (여자)
라 프란쎄사

프런트 직원   el recepcionista (남자)
엘 르레쎕씨오니스따

la recepcionista (여자)
라 르레쎕씨오니스따

프로그래머   el programador (남자)
엘 쁘로그라마도르

la programadora (여자)
라 쁘로그라마도라

프린터	la impresora 라 임쁘레소라	필요	la necesidad 라 네쎄씨닫
피아노	el piano 엘 삐아노	필요하다	ser necesario 세르 네쎄사리오
필름	la película 라 뻴리꿀라		

프로그래밍   la programación
라 쁘로그라마씨온

플로피 디스크   el disco flexible
엘 디스꼬 플렉씨블레

피아니스트   el pianista (남자)
엘 삐아니스따

la pianista (여자)
라 삐아니스따

호

하나	uno 우노	그 일을 해라	Hazlo. 아슬로
하녀	la criada 라 끄리아다	하루	un día 운 디아
하늘	el cielo 엘 씨엘로	하루에	al día 알 디아
하다	hacer 아쎄르	하인	el criado 엘 끄리아도

하늘이 푸르다   El cielo es azul.
엘 씨엘로 에스 아쑬

그 일을 하지 마라   No lo hagas.
놀 로 아가스

하루에 세 번 한 알이나 두 알을 드십시오
    Tome una o dos tabletas tres veces al día.
    또메 우나 오 도스 따블레따스 뜨레스 베쎄스 알 디아

나는 학교에 간다   Yo voy a la escuela.
요 보이 알 라 에스꾸엘라

학생   el alumno (초등 학생)
엘 알룸노

    el estudiante
엘 에스뚜디안떼

나는 한가하다   Yo estoy libre.
요 에스또이 리브레

학교	la escuela 라 에스꾸엘라	한국어	el coreano 엘 꼬레아노
한가하다	estar libre 에스따르 리브레	할 수 있다	poder 뽀데르
한국	Corea 꼬레아	할인	el descuento 엘 데스꾸엔또

한국은 아름다운 나라이다

    Corea es un país hermoso.
    꼬레아 에스 운 빠이스 에르모소

한국 사람   el coreano (남자)
    엘 꼬레아노

    la coreana (여자)
    라 꼬레아나

한국 식당   el restaurante coreano
    엘 뢰스따우란떼 꼬레아노

한국어 하십니까   ¿Habla usted coreano?
    아블라 우스떼 꼬레아노

예, 조금 합니다

    Sí, hablo un poco.
    씨 아블로 움 뽀꼬

아닙니다, 못합니다   No, no hablo.
    노 노 아블로

나는 할 수 있다   Yo puedo.
    요 뿌에도

할인하다	descontar 데스꼰따르
항(港)	el puerto 엘 뿌에르또
항공	la aviación 라 아비아씨온
항공권	el billete de vuelo 엘 비예떼 데 부엘로
항공기	el avión 엘 아비온
항공로	la línea aérea 라 리네아 아에레아
항공 우편	el correo aéreo 엘 꼬레오 아에레오
항구	el puerto 엘 뿌에르또
항상	siempre 씨엠쁘레
항해	la navegación 라 나비가씨온
항해사	el oficial 엘 오피씨알
항해하다	navegar 나비가르
해¹(태양)	el sol 엘 솔
해²(일년)	el año 엘 아뇨
해야 한다	tener que 떼네르 께
핸드백	el bolso 엘 볼소
핸들	el volante 엘 볼란떼
햄	el jamón 엘 하몽

나는 할 수 없다   Yo no puedo.
요 노 뿌에도

항공 회사   las líneas aéreas
라스 리네아스 아에레아스

해군(海軍)   la armada, la marina
라 아르마다 라 마리나

행복	la felicidad 라 펠리씨닫	허가장	el permiso 엘 뻬르미소
행복하다	ser feliz 세르 펠리스	허가하다	permitir 뻬르미띠르
행선지	el destino 엘 데스띠노	허기	el hambre 엘 암브레
행운	la suerte 라 수에르떼	헹구다	enjuagarse 엥후아가르세
행인	el transeúnte 엘 뜨란세운떼	혀	la lengua 라 렝구아
향료	la especia 라 에스뻬씨아	현금	el dinero efectivo 엘 디네로 에펙띠보
향하다	dirigirse 디리히르세	현기증	el vértigo 엘 베르띠고
허가	el permiso 엘 뻬르미소	현상하다	revelar 르레벨라르

행운이 있으시길!	¡Buena suerte! 부에나 수에르떼
입을 헹구세요	Enjuáguese la boca. 엥후아게세 라 보까
심한 허기	el hambre canina 엘 암브레 까니나
현상(사진의)	la revelación 라 르레벨라씨온

170

형(兄)	el hermano 엘 에르마노	호텔	el hotel 엘 오뗄
형제	el hermano 엘 에르마노	혹은	o 오
형제자매	los hermanos 로스 에르마노스	화려하다	ser magnífico 세르 막니피꼬
형편	la situación 라 씨뚜아씨온	화물	el equipaje 엘 에끼빠헤
호두	el nuez 엘 누에스	화물자동차	el camión 엘 까미온
호랑이	el tigre 엘 띠그레	화산	el volcán 엘 볼깐
호박((식물))	la calabaza 라 깔라바사	화살	la flecha 라 플레차
호의	el favor 엘 파보르	화요일	el martes 엘 마르떼스
호출	la llamada 라 야마다	화요일마다	los martes 로스 마르떼스

호박(琥珀)((광물))	el ámbar 엘 암바르
호의를 베풀다	hacer el favor 아쎄르 엘 파보르
소형 화물자동차	la camioneta 라 까미오네따

화장	el maquillaje 엘 마끼야헤
화장대	el tocador 엘 또까도르
화장하다	maquillar 마끼야르
화학	la química 라 끼미까
확대	la ampliación 라 암쁠리아씨온
확대경	la lupa 라 루빠
확대하다	ampliar 암쁠리아르
확인	la comprobación 라 꼼쁘로바씨온
화차	el vagón de mercancías 엘 바곤 데 메르깐씨아스
화학자	el químico (남자) 엘 끼미꼬
	la química (여자) 라 끼미까
확인하다	comprobar 꼼쁘로바르
환경	el ambiente 엘 암비엔떼
환승	el transbordo 엘 뜨란스보르도
환승하다	transbordar 뜨란스보르다르
환어음	la letra de cambio 라 레뜨라 데 깜비오
환율	la tasa de cambio 라 따사 데 깜비오
환전	el cambio 엘 깜비오
환전상	el cambista (남자) 엘 깜비스따
환승역	la estación de transbordo 라 에스따씨온 데 뜨란스보르도

(환전상, 여자)	la cambista 라 깜비스따
환전소	la casa de cambio 라 까사 데 깜비오
환전하다	cambiar 깜비아르
활	el arco 엘 아르꼬
활동	la acción 라 악씨온
활주로	la pista 라 삐스따
회계	el cajero (남자) 엘 까헤로
	la cajera (여자) 라 까헤라
횡단보도	el paso de peatones 엘 빠소 데 뻬아또네스
훈제 연어	el salmón ahumado 엘 살몬 아우마도
휴대 전화	el (teléfono) móvil 엘 (뗄레포노) 모빌
	el (teléfono) celular (중남미) 엘 (뗄레포노) 쎌룰라르
회사	la compañía 라 꼼빠니아
회사원	el empleado (남) 엘 엠쁠레아도
	la empleada (여) 라 엠쁠레아다
후추	el pimiento 엘 삐미엔또
후추 그릇	el pimentero 엘 삐멘떼로
훌륭하다	ser magnífico 세르 막니피꼬
훔치다	robar 로바르
휴가	las vacaciones 라스 바까씨오네스

휴가로	de vacaciones 데 바까씨오네스	흰색	el (color) blanco 엘 (꼴로르) 블랑꼬
휴대하다	llevar 예바르	흰옷	la ropa blanca 라 로빠 블랑까
휴지통	la papelera 라 빠뻴레라	히터	el calentador 엘 깔렌따도르
흡연 금지	No fumar 노 푸마르	힘	la fuerza 라 푸에르사
희다	Es blanco. 에스 블랑꼬		

휴대품 예치소   la consigna
라 꼰씨그나

흑백 텔레비전   la televisión en blanco y negro
라 뗄레비씨온 엔 블랑꼬 이 네그로

흑백 필름   la película en blanco y negro
라 뻴리꿀라 엔 블랑꼬 이 네그로

흡연차   el coche para fumar
엘 꼬체 빠라 푸마르

부록1

- 숫자
- 날짜
- 시간
- 월명
- 요일
- 서수

숫 자

0	cero 쎄로	10	diez 디에스
1	uno 우노	11	once 온쎄
2	dos 도스	12	doce 도쎄
3	tres 뜨레스	13	trece 뜨레쎄
4	cuatro 꾸아드로	14	catorce 까또르쎄
5	cinco 씽꼬	15	quince 낀쎄
6	seis 세이스	16	diez y seis 디에스 이 세이스
7	siete 씨에떼	17	diez y siete 디에스 이 씨에떼
8	ocho 오초	18	diez y ocho 디에스 이 오초
9	nueve 누에베	19	diez y nueve 디에스 이 누에베

20	veinte 베인떼	77	sesenta y siete 세센따 이 씨에떼
22	veinte y dos 베인떼 이 도스	80	ochenta 오첸따
30	treinta 뜨레인따	88	ochenta y ocho 오첸따 이 오초
33	treinta y tres 뜨레인따 이 뜨레스	90	noventa 노벤따
40	cuarenta 꾸아렌따	99	noventa y nueve 노벤따 이 누에베
44	cuarenta y cuatro 꾸아렌따 이 꾸아뜨로	100	ciento 씨엔또
50	cincuenta 씽꾸엔따	200	doscientos 도스씨엔또스
55	cincuenta y cinco 씽꾸엔따 이 씽꼬	300	trescientos 뜨레스씨엔또스
60	sesenta 세센따	400	cuatrocientos 꾸아뜨로씨엔또스
66	sesenta y seis 세센따 이 세이스	500	quinientos 끼니엔또스
70	setenta 세뗀따	600	seiscientos 세이스씨엔또스

700	setecientos 세떼씨엔또스	9,000	nueve mil 누에베 밀
800	ochocientos 오초씨엔또스	10,000	diez mil 디에스 밀
900	novecientos 노베씨엔또스	20,000	veinte mil 베인떼 밀
1,000	mil 밀	30,000	treinta mil 뜨레인따 밀
2,000	dos mil 도스 밀	40,000	cuarenta mil 꾸아렌따 밀
3,000	tres mil 뜨레스 밀	50,000	cincuenta mil 씽꾸엔따 밀
4,000	cuatro mil 꾸아뜨로 밀	60,000	sesenta mil 세센따 밀
5,000	cinco mil 씽꼬 밀	70,000	setenta mil 세뗀따 밀
6,000	seis mil 세이스 밀	80,000	ochenta mil 오첸따 밀
7,000	siete mil 씨에떼 밀	90,000	noventa mil 노벤따 밀
8,000	ocho mil 오초 밀	100,000	cien mil 씨엔 밀

200,000 doscientos mil 도스씨엔또스 밀	300,000 trescientos mil 뜨레스씨엔또스 밀

400,000	cuatrocientos mil 꾸아뜨로씨엔또스 밀
500,000	quinientos mil 끼니엔또스 밀
600,000	seiscientos mil 세이스씨엔또스 밀
700,000	setecientos mil 세떼씨엔또스 밀
800,000	ochocientos mil 오초씨엔또스 밀
900,000	novecientos mil 노베씨엔또스 밀
1,000,000	un millón 운 미욘
2,000,000	dos millones 도스 미요네스
3,000,000	tres millones 뜨레스 미요네스
4,000,000	cuatro millones 꾸아뜨로 미요네스

5,000,000	cinco millones 씽꼬 미요네스
6,000,000	seis millones 세이스 미요네스
7,000,000	siete millones 씨에떼 미요네스
8,000,000	ocho millones 오초 미요네스
9,000,000	nueve millones 누에베 미요네스
10,000,000	diez millones 디에스 미요네스
100,000,000	cien millones 씨엔 미요네스
1,000,000,000	mil millones 밀 미요네스

날 짜

1일	el 1 (primero) 엘 쁘리메로	11일	el 11 (once) 엘 온쎄
2일	el 2 (dos) 엘 도스	12일	el 12 (doce) 엘 도쎄
3일	el 3 (tres) 엘 뜨레스	13일	el 13 (trece) 엘 뜨레쎄
4일	el 4 (cuatro) 엘 꾸아뜨로	14일	el 14 (catorce) 엘 까또르쎄
5일	el 5 (cinco) 엘 씽꼬	15일	el 15 (quince) 엘 낀쎄
6일	el 6 (seis) 엘 세이스	16일	el 16 (dieciséis) 엘 디에씨세이스
7일	el 7 (siete) 엘 씨에떼	17일	el 17 (diecisiete) 엘 디에씨씨에떼
8일	el 8 (ocho) 엘 오초	18일	el 18 (dieciocho) 엘 디에씨오초
9일	el 9 (nueve) 엘 누에베	19일	el 19 (diecinueve) 엘 디에씨누에베
10일	el 10 (diez) 엘 디에스	20일	el 20 (veinte) 엘 베인떼

21일	el 21 (veintiuno) 엘 베인띠우노	27일	el 27 (veintisiete) 엘 베인띠씨에떼
22일	el 22 (veintidós) 엘 베인띠도스	28일	el 28 (veintiocho) 엘 베인띠오초
23일	el 23 (veintitrés) 엘 베인띠뜨레스	29일	el 29 (veintinueve) 엘 베인띠누에베
24일	el 24 (veinticuatro) 엘 베인띠꾸아뜨로	30일	el 30 (treinta) 엘 뜨레인따
25일	el 25 (veinticinco) 엘 베인띠씽꼬	31일	el 31 (treinta y uno) 엘 뜨레인따 이 우노
26일	el 26 (veintiséis) 엘 베인띠세이스		

오늘은 며칠입니까? ¿Qué día del mes es hoy?
께 디아 델 메스 에스 오이

오늘은 12월 1일입니다.
Hoy es el 1 (primero) de diciembre.
오이 에스 엘 쁘리메로 데 디씨엠브레

시 간

한국어	스페인어	한국어	스페인어
한 시	la una / 라 우나	아홉 시	las nueve / 라스 누에베
두 시	las dos / 라스 도스	열 시	las diez / 라스 디에스
세 시	las tres / 라스 뜨레스	열한 시	las once / 라스 온쎄
네 시	las cuatro / 라스 꾸아뜨로	열두 시	las doce / 라스 도쎄
다섯 시	las cinco / 라스 씽꼬	1시입니다	Es la una. / 에스 라 우나
여섯 시	las seis / 라스 세이스	2시입니다	Son las dos. / 손 라스 도스
일곱 시	las siete / 라스 씨에떼	3시입니다	Son las tres. / 손 라스 뜨레스
여덟 시	las ocho / 라스 오초	5시입니다	Son las cinco. / 손 라스 씽꼬

지금 몇 시입니까? ¿Qué hora es ahora?
께 오라 에스 아오라

4시입니다 Son las cuatro.
손 라스 꾸아뜨로

6시입니다 Son las seis. 손 라스 세이스	10시입니다 Son las diez. 손 라스 디에스
7시입니다 Son las siete. 손 라스 씨에떼	11시입니다 Son las once. 손 라스 온쎄
8시입니다 Son las ocho. 손 라스 오초	12시입니다 Son las doce. 손 라스 도쎄
9시입니다 Son las nueve. 손 라스 누에베	

7시 10분입니다　　　Son las siete y diez.
　　　　　　　　　손 라스 씨에떼 이 디에스

9시 15분입니다　　　Son las nueve y cuarto.
　　　　　　　　　손 라스 누에베 이 꾸아르또

12시 반입니다　　　Son las doce y media.
　　　　　　　　손 라스 도쎄 이 메디아

8시 10분 전입니다　　Son las ocho menos diez.
　　　　　　　　　손 라스 오초 메노스 디에스

오전 10시입니다　　Son las diez de la mañana.
　　　　　　　　손 라스 디에스 델라 마냐나

오후 3시입니다　　Son las tres de la tarde.
　　　　　　　손 라스 뜨레스 델라 따르데

밤 11시입니다　　Son las once de la noche.
　　　　　　　손 라스 온쎄 델라 노체

월 명

1월	enero 에네로	7월	julio 훌리오
2월	febrero 페브레로	8월	agosto 아고스또
3월	marzo 마르쏘	9월	septiembre 셉띠엠브레
4월	abril 아브릴	10월	octubre 옥뚜브레
5월	mayo 마요	11월	noviembre 노비엠브레
6월	junio 후니오	12월	diciembre 디씨엠브레

지금은 12월입니다　　Estamos en diciembre.
　　　　　　　　　　에스따모스 엔 디씨엠브레

요 일

월요일	el lunes 엘 루네스	금요일	el viernes 엘 비에르네스
화요일	el martes 엘 마르떼스	토요일	el sábado 엘 사바도
수요일	el miércoles 엘 미에르꼴레스	일요일	el domingo 엘 도밍고
목요일	el jueves 엘 후에베스		

오늘은 무슨 요일입니까?
  ¿Qué día de la semana es hoy?
  께 디아 델라 세마나 에스 오이

오늘은 수요일입니다.
  Hoy es miércoles.
  오이 에스 미에르꼴레스

서 수

첫째	primero 쁘리메로	일곱째	séptimo 셉띠모
둘째	segundo 세군도	여덟째	octavo 옥따보
셋째	tercero 떼르세로	아홉째	noveno 노베노
넷째	cuarto 꾸아르또	열째	décimo 데씨모
다섯째	quinto 낀또	열한 번째	undécimo 운데씨모
여섯째	sexto 세스또	열두 번째	duodécimo 두오데씨모

스페인어 사용국과 화폐

스페인(España) — euro
에스빠냐 — 에우로

멕시코(México) — peso
메히꼬 — 뻬소

과테말라(Guatemala) — quetzal
구아떼말라 — 껫살

온두라스(Honduras) — lempira
온두라스 — 렘삐라

엘살바도르(El Salvador) — colón
엘 살바도르 — 꼴론

니카라과(Nicaragua) — córdoba
니까라구아 — 꼬르도바

코스타리카(Costa Rica) — colón
꼬스따 리까 — 꼴론

파나마(Panamá) — balboa
빠나마 — 발보아

쿠바(Cuba) — peso
꾸바 — 뻬소

도미니카 공화국(República Dominicana) — peso
레뿌블리까 도미니까나 — 뻬소

콜롬비아(Colombia) — peso
꼴롬비아 — 뻬소

베네수엘라(Venezuela) — bolívar
베네수엘라 — 볼리바르

에콰도르(Ecuador) — dólar
에꾸아도르 — 돌라르

페루(Perú) — sol
뻬루 — 솔

볼리비아(Bolivia) — boliviano
볼리비아 — 볼리비아노

칠레(Chile) — peso
칠레 — 뻬소

파라과이(Paraguay) — guaraní
빠라구아이 — 구아라니

아르헨티나(Argentina) — peso
아르헨띠나 — 뻬소

우루과이(Uruguay) — nuevo peso
우루구아이 — 누에보 뻬소

푸에르토리코(Puerto Rico) — dólar
뿌에르또 뤼꼬 — 돌라르

스페인 및 스페인어 사용국의 나라 사람

스페인(España)   español, española
에스빠냐   에스빠뇰   에스빠뇰라

멕시코(México)   mexicano, mexicana
메히까노   메히까나

과테말라(Guatemala)   guatemalteco, guatemalteca
구아떼말떼꼬   구아떼말떼까

온두라스(Honduras)   hondureño, hondureña
온두레뇨   온두레냐

엘살바도르(El Salvador)   salvadoreño, salvadoreña
살바도레뇨   살바도레냐

니카라과(Nicaragua)   nicaragüense
니카라구엔세

코스타리카(Costa Rica)   costarricense
꼬스따뤼쎈세

파나마(Panamá)   panameño, panameña
빠나메뇨   빠나메냐

쿠바(Cuba)   cubano, cubana
꾸바노   꾸바나

도미니카 공화국(República Dominicana)
dominicano, dominicana
도미니까노   도미니까나

부록

콜롬비아(Colombia) colombiano, colombiana
꼴롬비아노 꼴롬비아나

베네수엘라(Venezuela) venezolano, venezolana
베네솔라노 베네솔라나

에콰도르(Ecuador) ecuatoriano, ecuatoriana
에꾸아또리아노 에꾸아또리아나

페루(Perú) peruano, peruana
뻬루아노 뻬루아나

볼리비아(Bolivia) boliviano, boliviana
볼리비아노 볼리비아나

칠레(Chile) chileno, chilena
칠레노 칠레나

파라과이(Paraguay) paraguayo, paraguaya
빠라구아요 빠라구아야

아르헨티나(Argentina) argentino, argentina
아르헨띠노 아르헨띠나

우루과이(Uruguay) uruguayo, uruguaya
우루구아요 우루구아야

푸에르토리코(Puerto Rico)
puertorriqueño, puertorriqueña
뿌에르또뤼께뇨 뿌에르또뤼께냐

스페인 및 스페인어 사용국의 수도

스페인	Madrid 마드릳	콜롬비아	Bogotá 보고따
멕시코	ciudad de México 씨우닫 데 메히꼬	베네수엘라	Caracas 까라까스
과테말라	Guatemala 구아떼말라	에콰도르	Quito 끼또
온두라스	Tegucigalpa 떼구씨갈빠	페루	Lima 리마
엘살바도르	San Salvador 산 살바도르	볼리비아	La Paz 라 빠스
니카라과	Managua 마나구아	칠레	Santiago 산띠아고
코스타리카	San José 산 호세	파라과이	Asunción 아순시온
파나마	Panamá 빠나마	아르헨티나	Buenos Aires 부에노스 아이레스
쿠바	La Habana 라 아바나	우루과이	Montevideo 몬떼비데오
도미니카 공화국	Santo Domingo 산또 도밍고	푸에르토리코	San Juan 산 후안

부록

스포츠 (el deporte 엘 데뽀르떼)

골프	el golf 엘 골프
권투	el boxeo 엘 복세오
농구	el baloncesto 엘 발론쎄스또
등산	el alpinismo 엘 알삐니스모
럭비	el rugby 엘 르룩비
레슬링	la lucha 라 루차
마술(馬術)	la equitación 라 에끼따씨온
배구	el voleibol 엘 볼레이볼
배드민턴	el bádminton 엘 바드민똔
보트	el remo 에 뤠모
볼링	los bolos 로스 볼로스
사격	el tiro 엘 띠로
수영	la natación 라 나따씨온
스케이트	el patinaje 엘 빠띠나헤
스키	el esquí 엘 에스끼
야구	el béisbol 엘 베이스볼
아이스하키	el hockey sobre hielo 엘 옥께이 소브레 이엘로
역도	el levantamiento de pesos 엘 레반따미엔또 데 뻬소스

한국어	스페인어	한국어	스페인어
요트	la vela 라 벨라	탁구	el ping-pong 엘 삥뽕
유도	el judo 엘 후도	태권도	el taekwondo 엘 따에꿘도
육상 경기	el atletismo 엘 아뜰레띠스모	테니스	el tenis 엘 떼니스
자전거 경기	el ciclismo 엘 씨끌리스모	펜싱	la esgrima 라 에스그리마
체조	la gimnasia 라 힘나씨아	하키	el hockey 엘 옥께이
축구	el fútbol 엘 풋볼		

부록2

- 기본 회화

1. 안녕하십니까 Buenos días.
부에노스 디아스

안녕하십니까. (오전 인사)	Buenos días. 부에노스 디아스
안녕하십니까. (오후 인사)	Buenas tardes. 부에나스 따르데스
안녕하십니까. (밤 인사)	Buenas noches. 부에나스 노체스
안녕하십니까, 선생님.	Buenos días, señor. 부에노스 디아스 세뇨르
안녕하십니까, 부인.	Buenas tardes, señora. 부에나스 따르데스 세뇨라
안녕하십니까, 아가씨.	Buenas noches, señorita. 부에나스 노체스 세뇨리따
친구야, 잘 있거라[가거라]!	¡Adiós, amigo! 아디오스 아미고

2. 나중에 뵙겠습니다. Hasta luego.
아스따 루에고

나중에 뵙겠습니다.	Hasta luego. 아스따 루에고
또 뵙겠습니다.	Hasta la vista. 아스따 라 비스따
내일 뵙겠습니다.	Hasta mañana. 아스따 마냐나
곧 뵙겠습니다.	Hasta pronto. 아스따 쁘론또
목요일에 뵙겠습니다.	Hasta el jueves. 아스따 엘 후에베스
다음 주에 뵙겠습니다.	Hasta la próxima semana. 아스따 라 쁘록씨마 세마나

3. 감사합니다. Gracias.
그라씨아스

감사합니다.	Gracias. 그라씨아스
대단히 고맙습니다.	Muchas gracias. 무차스 그라씨아스
정말로 고맙습니다.	Muchísimas gracias. 무치씨마스 그라씨아스
대단히 감사합니다.	Muy agradecido. 무이 아그라데씨:도
대단히 고맙습니다.	Mil gracias. 밀 그라씨아스
정말로 고맙습니다.	Un millón de gracias. 운 미욘 데 그라씨아스
천만에요.	De nada. 데 나다 No hay de qué. 노 아이 데 께

4. 어떻게 지내십니까? ¿Cómo está usted?
꼬모 에스따 우스뗄

어떻게 지내십니까?	¿Cómo está usted? 꼬모 에스따 우스뗄
덕분에 잘 지냅니다. 그런데 당신은?	Bien, gracias, ¿y usted? 비엔 그라씨아스 이 우스뗄
저도 덕분에 잘 지내고 있습니다.	Bien también, gracias. 비엔 땀비엔 그라씨아스
어떻게 지내고 있니?	¿Qué tal (estás)? 께 딸 (에스따스)
덕분에 잘 있다. 그런데 너는?	Bien, gracias. ¿y tú? 비엔 그라씨아스 이 뚜
나야 늘 그렇지 뭐.	Como siempre. 꼬모 씨엠쁘레
그저 그렇습니다.	Así, así. 아씨 아씨

5. 얼마입니까? ¿Cuánto es?
꾸안또 에스

얼마입니까?	¿Cuánto es? 꾸안또 에스 ¿Cuánto vale? 꾸안또 발레 ¿Cuánto cuesta? 꾸안또 꾸에스따
100 유로입니다.	Cien euros. 씨엔 에우로스
50 달러입니다.	Cincuenta dólares. 씽꾸엔따 돌:라레스
20 페소입니다.	Veinte pesos. 베인떼 뻬소스

6. 이것은 무엇입니까? ¿Qué es esto?
께 에스 에스또

이것은 무엇입니까?	¿Qué es esto? 께 에스 에스또
나이프입니다.	Es un cuchillo. 에스 운 꾸치요
포크입니다.	Es un tenedor. 에스 운 떼네도르
숟가락입니다.	Es una cuchara. 에스 우나 꾸차라
접시입니다.	Es un plato. 에스 운 쁠라또
컴퓨터입니다.	Es un ordenador. 에스 운 오르데나도르
스페인어 사전입니다.	Es un diccionario español. 에스 운 딕씨오나리오 에스빠뇰

1회 2회 3회

7. 그것은 무엇입니까? ¿Qué es eso?
께 에스 에소

그것은 무엇입니까?	¿Qué es eso? 께 에스 에소
비행기입니다.	Es un avión. 에스 운 아비온
기차입니다.	Es un tren. 에스 운 뜨렌
택시입니다.	Es un taxi. 에스 운 딱시
버스입니다.	Es un autobús. 에스 운 아우또부스
자동차입니다.	Es un coche. 에스 운 꼬체
지하철입니다.	Es un metro. 에스 운 메뜨로

8. 저것은 무엇입니까? ¿Qué es aquello?
께 에스 아께요

저것은 무엇입니까?	¿Qué es aquello? 께 에스 아께요
사과입니다.	Es una manzana. 에스 우나 만사나
배입니다.	Es una pera. 에스 우나 뻬라
바나나입니다.	Es un plátano. 에스 운 쁠라따노
오렌지입니다.	Es una naranja. 에스 우나 나랑하
토마토입니다.	Es un tomate. 에스 우나 또마떼
딸기입니다.	Es una fresa. 에스 우나 프레사

9. 나는 한국 사람입니다. Yo soy coreano.
요 소이 꼬레아노

당신은 한국 사람입니까?	¿Es usted coreano? 에스 우스뗃 꼬레아노
예, 나는 한국 사람입니다.	Sí, soy coreano. 씨 소이 꼬레아노
아닙니다, 나는 한국 사람이 아닙니다.	No, no soy coreano. 노 노 소이 꼬레아노
당신은 스페인 사람입니까?	¿Es usted español? 에스 우스뗃 에스빠뇰
예, 스페인 사람입니다.	Sí, soy español. 씨 소이 에스빠뇰
아닙니다, 스페인 사람이 아닙니다.	No, no soy español. 노 노 소이 에스빠뇰
나는 한국 여자입니다.	Yo soy coreana. 요 소이 꼬레아나

10. 당신은 어디서 왔습니까? ¿De dónde es usted?
데 돈데 에스 우스뗃

나는 한국에서 왔습니다.	Soy de Corea. 소이 데 꼬레아
나는 스페인에서 왔습니다.	Soy de España. 소이 데 에스빠냐
나는 페루에서 왔습니다.	Soy del Perú. 소이 델 뻬루
나는 멕시코에서 왔습니다.	Soy de México. 소이 데 메히꼬
나는 아르헨티나에서 왔습니다.	Soy de la Argentina. 소이 델 라 아르헨띠나
나는 칠레에서 왔습니다.	Soy de Chile. 소이 데 칠레
나는 콜롬비아에서 왔습니다.	Soy de Colombia. 소이 데 꼴롬비아

11. 처음 뵙겠습니다. Mucho gusto.
무초 구스또

처음 뵙겠습니다. (남녀 공통)	Mucho gusto. 무초 구스또
	Encantado. (남자가) 엥깐따도
	Encantada. (여자가) 엥깐따다
저야말로 처음 뵙겠습니다.	El gusto es mío. 엘 구스또 에스 미오
김민수라고 합니다.	Me llamo Kim Minsu. 메 야모 김 민수
반가웠습니다. (헤어질 때).	Mucho gusto. 무초 구스또

12. 성함이 어떻게 되십니까? ¿Cómo se llama usted?
꼬모 세 야마 우스뗄

성함이 어떻게 되십니까?	¿Cómo se llama usted? 꼬모 세 야마 우스뗄
김민정입니다.	Me llamo Kim Minjeong. 메 야모 김 민 정
네 이름은 뭐니?	¿Cómo te llamas? 꼬모 떼 야마스
호세입니다.	Me llamo José. 메 야모 호세
따님의 이름이 뭡니까?	¿Cómo se llama su hija? 꼬모 세 야마 수 이하
그녀의 이름은 김 순자입니다.	Se llama Kim Suncha. 세 야마 김 순자
내 조카의 이름은 훌리오이다.	Mi sobrino se llama Julio. 미 소브리노 세 야마 훌리오

13. 무슨 색입니까? ¿De qué color es?
데 께 꼴로르 에스

스커트는 무슨 색입니까?	¿De qué color es la falda?	데 께 꼴로르 에스 라 팔다
푸른색입니다.	Es azul.	에스 아술
흰색입니다.	Es blanca.	에스 블랑까
검습니다.	Es negra.	에스 네그라
붉습니다.	Es roja.	에스 로하
노랗습니다.	Es amarilla.	에스 아마리야
오렌지색입니다.	Es naranja.	에스 나랑하
녹색입니다.	Es verde.	에스 베르데

14. 어디 가니? ¿A dónde vas?
아 돈데 바스

너 어디 가니?	¿A dónde vas? 아 돈데 바스
스페인에 갑니다.	Voy a España. 보이 아 에스빠냐
마드리드에 갑니다.	Voy a Madrid. 보이 아 마드릴
집에 갑니다.	Voy a casa. 보이 아 까사
시장에 갑니다.	Voy al mercado. 보이 알 메르까도
대학교에 갑니다.	Voy a la universidad. 보이 아 라 우니베르씨닫
공항에 갑니다.	Voy al aeropuerto. 보이 알 아에로뿌에르또

1회 2회 3회

15. 언제 서울에 가십니까? ¿Cuándo va usted a Seúl?
꾸안도 바 우스뗃 아 세울

내일 갑니다.	Voy mañana. 보이 마냐나
모레 갑니다.	Voy pasado mañana. 보이 빠사도 마냐나
월요일에 갑니다.	Voy el lunes. 보이 엘 루네스
다음 주에 갑니다.	Voy la semana próxima. 보이 라 세마나 쁘록씨마
다음 달에 갑니다.	Voy el mes próximo. 보이 엘 메스 쁘록씨모
내년에 갑니다.	Voy el año próximo. 보이 엘 아뇨 쁘록씨모
12월 1일에 갑니다.	Voy el primero de diciembre. 보이 엘 쁘리메로 데 디씨엠브레

부록

16. 이 컴퓨터는 어디 제품입니까?
¿De dónde es este ordenador?
데 돈데 에스 에스떼 오르데나도르

한국 제품입니다.	Es de Corea. 에스 데 꼬레아
스페인 제품입니다.	Es de España. 에스 데 에스빠냐
중국 제품입니다.	Es de la China. 에스 델 라 치나
일본 제품입니다.	Es del Japón. 에스 델 하뽄
프랑스 제품입니다.	Es de Francia. 에스 데 프란씨아
독일 제품입니다.	Es de Alemania. 에스 데 알레마니아
영국 제품입니다.	Es de Inglaterra. 에스 데 잉글라떼르라

1회 2회 3회

17. 이 자동차는 누구의 것입니까?
¿De quién es este coche?
데 끼엔 에스 에스테 꼬체

내 아내의 것입니다.	Es de mi mujer. 에스 데 미 무헤르
제 부친의 것입니다.	Es de mi padre. 에스 데 미 빠드레
제 남편의 것입니다.	Es de mi marido. 에스 데 미 마리도
제 아들의 것입니다.	Es de mi hijo. 에스 데 미 이호
제 형님의 것입니다.	Es de mi hermano. 에스 데 미 에르마노
제 딸의 것입니다.	Es de mi hija. 에스 데 미 이하
제 사촌 누나의 것입니다.	Es de mi prima. 에스 데 미 쁘리마

부록

18. 너 돈 가지고 있니? ¿Tienes dinero?
띠에네스 디네로

돈 가지고 있니?	¿Tienes dinero? 띠에네스 디네로
예, 돈을 가지고 있습니다.	Sí, tengo dinero. 씨, 뗑고 디네로
예, 가지고 있습니다.	Sí, lo tengo. 씨, 로 뗑고
예, 약간 가지고 있습니다.	Sí, tengo un poco. 씨, 뗑고 움 뽀꼬
아니오, 가지고 있지 않습니다.	No, no tengo dinero. 노, 노 뗑고 디네로
아니오, 가지고 있지 않습니다.	No, no lo tengo. 노, 놀 로 뗑고

예, 약간의 돈을 가지고 있습니다.
Si, tengo un poco de dinero.
씨, 뗑고 움 뽀꼬 데 디네로

19. 돈을 얼마나 가지고 있느냐?
¿Cuánto dinero tienes?
꾸안또 디네로 띠에네스

100유로 가지고 있습니다.	Tengo cien euros. 뗑고 씨엔 에우로스	

10달러 가지고 있습니다.
Tengo diez dólares.
뗑고 디에스 돌라레스

50페소 가지고 있습니다.
Tengo cincuenta pesos.
뗑고 씽꾸엔따 뻬소스

천 파운드 가지고 있습니다.
Tengo mil libras.
뗑고 밀 리브라스.

돈을 많이 가지고 있습니다.
Tengo mucho dinero.
뗑고 무초 디네로

돈을 약간 가지고 있습니다.
Tengo un poco de dinero.
뗑고 움 뽀꼬 데 디네로

일 전 한 푼도 없습니다.
No tengo ni un céntimo.
노 뗑고 니 운 쎈띠모

20. 형제가 몇이니? ¿Cuántos hermanos tienes?
꾸안또스 에르마노스 띠에네스

형제가 둘입니다.	Tengo dos hermanos. 뗑고 도스 에르마노스
아들만 셋입니다.	Sólo tengo tres hijos. 솔로 뗑고 뜨레스 이호스
딸이 둘입니다.	Tengo dos hijas. 뗑고 도스 이하스
아들 하나와 딸 하나입니다.	Tengo un hijo y una hija. 뗑고 운 이호 이 우나 이하
아들이 둘입니다.	Tengo dos hijos. 뗑고 도스 이호스
딸만 하나입니다.	Sólo tengo una hija. 솔로 뗑고 우나 이하
자녀가 없습니다.	No tengo hijos. 노 뗑고 이호스

21. 연세가 어떻게 되십니까?

¿Cuántos años tiene usted?
꾸안또스 아뇨스 띠에네 우스뗄

스무 살입니다	Tengo veinte años. 뗑고 베인떼 아뇨스
서른 살입니다.	Tengo treinta años. 뗑고 뜨레인따 아뇨스
마흔 살입니다.	Tengo cuarenta años. 뗑고 꾸아렌따 아뇨스
쉰 살입니다.	Tengo cincuenta años. 뗑고 씽꾸엔따 아뇨스
너 몇 살이니?	¿Cuántos años tienes? 꾸안또스 아뇨스 띠에네스
열 살입니다.	Tengo diez años. 뗑고 디에스 아뇨스
열한 살입니다.	Tengo once años. 뗑고 온쎄 아뇨스

22. 미술관은 어디로 가면 됩니까?
¿Por dónde se va al museo?
뽀르 돈:데 세 바 알 무세오

호뗄은 어디로 가면 됩니까?
¿Por dónde se va al hotel?
뽀르 돈데 세 바 알 호뗄

병원은 어디로 가면 됩니까?
¿Por dónde se va al hospital?
뽀르 돈데 세 바 알 오스삐딸

터미널은 어디로 가면 됩니까?
¿Por dónde se va a la terminal?
뽀르 돈데 세 바 알 라 떼르미날

정거장은 어디로 가면 됩니까?
¿Por dónde se va a la estación?
뽀르 돈데 세 바 알 라 에스따씨온

| 곧장 가십시오. | Siga derecho. |
| | 씨까 데레초 |

| 오른쪽으로 도십시오. | Tuerza a la derecha. |
| | 뚜에르사 알 라 데레차 |

| 왼쪽으로 도십시오 | Tuerza a la izquierda. |
| | 뚜에르사 알 라 이스끼에르다 |

23. 시간이 얼마나 걸립니까?
¿Cuánto tiempo se tarda?
꾸안또 띠엠뽀 세 따르다

지하철로 시간이 얼마나 걸립니까?
¿Cuánto tiempo se tarda en metro?
꾸안또 띠엠뽀 세 따르다 엔 메뜨로

비행기로 시간이 얼마나 걸립니까?
¿Cuánto tiempo se tarda en avión?
꾸안또 띠엠뽀 세 따르다 엔 아비온

자동차로 시간이 얼마나 걸립니까?
¿Cuánto tiempo se tarda en coche?
꾸안또 띠엠뽀 세 따르다 엔 꼬체

버스로 시간이 얼마나 걸립니까?
¿Cuánto tiempo se tarda en autobús?
꾸안또 띠엠뽀 세 따르다 엔 아우또부스

택시로 시간이 얼마나 걸립니까?
¿Cuánto tiempo se tarda en taxi?
꾸안또 띠엠뽀 세 따르다 엔 딱시

걸어서 시간이 얼마나 걸립니까?
¿Cuánto tiempo se tarda a pie?
꾸안또 띠엠뽀 세 따르다 아 삐에

20분 걸립니다.
Se tarda veinte minutos.
세 따르다 베인떼 미누또스

24. 스페인어 하십니까? ¿Habla usted español?
아블라 우스뗃 에스빠뇰

스페인어 하십니까?	¿Habla usted español? 아블라 우스뗃 에스빠뇰
예, 스페인어를 합니다.	Sí, hablo español. 씨 아블로 에스빠뇰
예, 합니다.	Sí, lo hablo. 씨 로 아블로
예, 잘 합니다.	Sí, lo hablo bien. 씨 로 아블로 비엔
영어 하십니까?	¿Habla usted inglés? 아블라 우스뗃 잉글레스
예, 조금 합니다.	Sí, lo hablo un poco. 씨 로 아블로 움 뽀꼬
아닙니다, 못합니다.	No, no lo hablo. 노 놀 로 아블로

1회 2회 3회

25. 무엇을 드시겠습니까? ¿Qué quiere usted tomar?
께 끼에레 우스뗻 또마르

부인, 무엇을 드시겠습니까?
¿Qué quiere tomar, señora?
께 끼에레 또마르 세뇨라

선생님, 무엇을 드시겠습니까?
¿Qué quiere tomar, señor?
께 끼에레 또마르 세뇨르

아가씨, 무엇을 드시겠습니까?
¿Qué quiere tomar, señorita?
께 끼에레 또마르 세뇨리따

메뉴를 보겠습니다.
Quiero ver el menú.
끼에로 베르 엘 메누

메뉴를 부탁합니다.
El menú, por favor.
엘 메누 뽀르 파보르

빠에야를 들겠습니다.
Quiero la paella.
끼에로 라 빠에야

적포도주 한 병 주세요.
Una botella de vino tinto, por favor.
우나 보떼야 데 비노 띤또 뽀르 파보르

부록

26. 아가씨, 무엇을 드릴까요? ¿Qué desea, señorita?
께 데세아 세뇨리따

아가씨, 무엇을 드릴까요?	¿Qué desea, señorita? 께 데세아 세뇨리따
선생님, 무엇을 드릴까요?	¿Qué desea, señor? 께 데세아 세뇨르
부인, 무엇을 드릴까요?	¿Qué desea, señora? 께 데세아 세뇨라
여러분, 무엇을 드릴까요?	¿Qué desean, señores? 께 데세안 세뇨레스
밀크 커피 한 잔 주세요.	Un café con leche, por favor. 운 까페 꼰 레체 뽀르 파보르
블랙커피 한 잔 주세요.	Un café solo, por favor. 운 까페 솔로 뽀르 파보르
와인 한 잔 부탁합니다.	Una copa de vino, por favor. 우나 꼬빠 데 비노 뽀르 파보:르

27. 무엇을 도와 드릴까요? ¿En qué puedo servirle?
엥 께 뿌에도 세르비를레

선생님, 무엇을 도와 드릴까요?
¿En qué puedo servirle, señor?
엥 께 뿌에도 세르비를레 세뇨르

부인, 무엇을 도와 드릴까요?
¿En qué puedo servirla, señora?
엥 께 뿌에도 세르비를라 세뇨라

아가씨, 무엇을 도와 드릴까요?
¿En qué puedo servirla, señorita?
엥 께 뿌에도 세르비를라, 세뇨리따

핸드백을 잃어버렸습니다. He perdido mi bolso.
에 뻬르디도 미 볼소

지갑을 잃어버렸습니다. He perdido mi cartera.
에 뻬르디도 미 까르떼라

여권을 잃어버렸습니다. He perdido mi pasaporte.
에 뻬르디도 미 빠사뽀르떼

운전 면허증을 잃어버렸습니다.
He perdido mi carné de conducir.
에 뻬르디도 미 까르네 데 꼰두씨르

28. 문을 열어 주시겠습니까?
¿Quiere usted abrir la puerta?
끼에레 우스뗃 아브리르 라 뿌에르따

문을 좀 열어 주시겠습니까?
¿Quiere usted abrir la puerta?
끼에레 우스뗃 아브리르 라 뿌에르따

창문을 좀 열어 주시겠습니까?
¿Quiere usted abrir la ventana?
끼에레 우스뗃 아브리르 라 벤따나

가방을 좀 열어 주시겠습니까?
¿Quiere usted abrir la maleta?
끼에레 우스뗃 아브리르 라 말레따

문 좀 닫아 주시겠습니까?
¿Quiere usted cerrar la puerta?
끼에레 우스뗃 쎄르라르 라 뿌에르따

창문 좀 닫아 주시겠습니까?
¿Quiere usted cerrar la ventana?
끼에레 우스뗃 쎄르라르 라 벤따나

짐을 좀 올려 주시겠습니까?
¿Quiere usted subir el equipaje?
끼에레 우스뗃 수비르 엘 에끼빠헤

해 드리고 말고요, 선생님. Con mucho gusto, señor.
꼰 무초 구스또 세뇨르

29. 문을 열어 주십시오.
Haga el favor de abrir la puerta.
아가 엘 파보르 데 아브리르 라 뿌에르따

문을 열어 주십시오.
Haga el favor de abrir la puerta
아:가 엘 파보:르 데 아브리:르 라 뿌에:르따

창문을 닫아 주십시오.
Haga el favor de cerrar la ventana.
아:가 엘 파보:르 데 쎄르라:르 라 벤따:나

앉아 주십시오.   Haga el favor de sentarse.
아가 엘 파보르 데 센따르세

제 사무실에 들려주십시오.
Haga el favor de pasar por mi oficina.
아가 엘 파보르 데 빠사르 뽀르 미 오피시나

내일 나를 방문해 주십시오.
Haga el favor de visitarme mañana.
아가 엘 파보르 데 비씨따르메 마냐나

여기 서명해 주십시오.   Haga el favor de firmar aquí.
아가 엘 파보르 데 피르마르 아끼

계산해 주십시오.   Haga el favor de hacer la cuenta.
아가 엘 파보르 데 아쎄르 라 꾸엔따

30. 바쁘십니까? ¿Está usted ocupado?
에스따 우스뗃 오꾸빠도

바쁘십니까?	¿Está usted ocupado? 에스따 우스뗃 오꾸빠도
예, 바쁩니다.	Sí, estoy ocupado. 씨, 에스또이 오꾸빠도
부인, 바쁘십니까?	¿Está usted ocupada, señora? 에스따 우스뗃 오꾸빠다 세뇨라
아닙니다, 바쁘지 않습니다.	No, no estoy ocupada. 노 노 에스또이 오꾸빠다
아가씨, 바쁘십니까?	¿Está usted ocupada, señorita? 에스따 우스뗃 오꾸빠다 세뇨리따
예, 무척 바쁩니다.	Sí, estoy muy ocupada. 씨 에스또이 무이 오꾸빠다
아닙니다, 한가합니다.	No, estoy libre. 노 에스또이 리브레.

31. 시간 있으세요? ¿Está usted libre?
에스따 우스뗃 리브레

선생님, 시간 있으세요?	¿Está usted libre, señor?
	에스따 우스뗃 리브레 세뇨르

예, 시간 있습니다.	Sí, estoy libre.
	씨 에스또이 리브레

아주머니, 시간 있으세요?	¿Está usted libre, señora?
	에스따 우스뗃 리브레 세뇨라

아닙니다, 시간이 없습니다.	No, no estoy libre.
	노 노 에스또이 리브레

저는 무척 바쁩니다.	Estoy ocupadísima.
	에스또이 오꾸빠디씨마

아가씨, 시간 있으십니까?	¿Está usted libre, señorita?
	에스따 우스뗃 리브레 세뇨리따

예, 시간이 많습니다.	Sí, estoy muy libre.
	씨 에스또이 무이 리브레

32. 결혼하셨습니까? ¿Esta usted casado?
에스따 우스뗄 까사도

결혼하셨습니까?	¿Está usted casado? 에스따 우스뗄 까사도
예, 결혼했습니다.	Sí, estoy casado. 씨, 에스또이 까사도
너 결혼했니?	¿Estás casado? 에스따스 까사도
아니, 아직 결혼하지 않았어.	No, todavía no estoy casado. 노 또다비아 노 에스또이 까사도
나는 독신이다.	Soy soltero. 소이 솔떼로
네 누이 결혼했니?	¿Está casada tu hermana? 에스따 까사다 뚜 에르마나
응, 결혼했어.	Sí, está casada. 씨 에스따 까사다

33. 어디가 아프십니까? ¿Qué le duele?
께 레 두엘레

어디가 아프십니까?	¿Qué le duele? 께 레 두엘레
나는 머리가 아픕니다.	Me duele la cabeza. 메 두엘레 라 까베사
나는 배가 아픕니다.	Me duele el estómago. 메 두엘레 엘 에스또마고
나는 이가 아픕니다.	Me duelen las muelas. 메 두엘렌 라스 무엘라스
나는 목이 아픕니다.	Me duele la garganta. 메 두엘레 라 가르간따
나는 귀가 아픕니다.	Me duelen los oídos. 메 두엘렌 로스 오이도스
나는 온몸이 아픕니다.	Me duele todo el cuerpo. 메 두엘레 또도 엘 꾸에르뽀
나는 팔이 아픕니다.	Me duelen los brazos. 메 두엘렌 로스 브라소스

34. 당신은 무엇을 좋아하십니까? ¿Qué le gusta?
께 레 구스따

당신은 무엇을 좋아하십니까?	¿Qué le gusta? 께 레 구스따
나는 낚시를 좋아한다.	Me gusta la pesca. 메 구스따 라 뻬스까
나는 여행을 좋아한다.	Me gusta el viaje. 메 구스다 엘 비아헤
나는 야채를 좋아한다.	Me gusta las verduras. 메 구스따 라스 베르두라스
나는 사과를 좋아한다.	Me gusta la manzana. 메 구스따 라 만사나
나는 그림 그리는 것을 싫어합니다.	No me gusta pintar. 노 메 구스따 삔따르
나는 고기를 싫어한다.	No me gusta la carne. 노 메 구스다 라 까르네

35. 무슨 일입니까? ¿Qué pasa?
께 빠사

무슨 일입니까?	¿Qué pasa? 께 빠사
너 무슨 일이니?	¿Qué te pasa? 께 떼 빠사
아가씨, 무슨 일입니까?	¿Qué le pasa, señorita? 께 레 빠사 세뇨리따
당신의 딸은 무슨 일입니까?	¿Qué le pasa a su hija? 께 레 빠사 아 수 이하
그는 무슨 일입니까?	¿Qué le pasa a él? 께 레 빠사 아 엘
나는 아무 일도 아니다.	No me pasa nada. 노 메 빠사 나다
우리는 아무 일도 아니다.	No nos pasa nada. 노 노스 빠사 나다

부록

36. 날씨가 어떻습니까? ¿Qué tiempo hace?
께 띠엠뽀 아쎄

마드리드는 날씨가 어떻습니까?	¿Qué tiempo hace en Madrid? 께 띠엠뽀 아쎄 엔 마드릳
날씨 좋습니다.	Hace buen tiempo. 아쎄 부엔 띠엠뽀
날씨가 궂습니다.	Hace mal tiempo. 아쎄 말 띠엠뽀
날씨가 무척 덥습니다.	Hace mucho calor. 아쎄 무초 깔로르
날씨가 무척 춥습니다.	Hace mucho frío. 아쎄 무초 프리오
볕이 납니다.	Hace sol. 아쎄 솔
비가 내립니다.	Hace lluvia. 아세 유비아.

37. 시장하십니까? ¿Tiene usted hambre?
띠에네 우스뗄 암브레

시장하십니까?	¿Tiene usted hambre? 띠에네 우스뗄 암브레
예, 시장합니다.	Sí, tengo hambre. 씨 뗑고 암브레
아닙니다, 시장하지 않습니다.	No, no tengo hambre. 노 노 뗑고 암브레
너 배 고프니?	¿Tienes hambre? 띠에네스 암브레
예, 무척 배가 고픕니다.	Sí, tengo mucha hambre. 씨 뗑고 무차 암브레
나는 약간 배가 고픕니다.	Tengo un poco de hambre. 뗑고 운 뽀꼬 데 암브레
나는 배고파 죽겠다.	Me muero de hambre. 메 무에로 데 암브레

38. 급하십니까? ¿Tiene usted prisa?
띠에네 우스뗃 쁘리사

급하십니까?	¿Tiene usted prisa? 띠에네 우스뗃 쁘리사
예, 저는 급합니다.	Sí, tengo prisa. 씨 뗑고 쁘리사
예, 저는 무척 급합니다.	Sí, tengo mucha prisa. 씨 뗑고 무차 쁘리사
아닙니다, 급하지 않습니다.	No, no tengo prisa. 노 노 뗑고 쁘리사
너 급하니?	¿Tienes prisa? 띠에네스 쁘리사
그래. 비행기를 타야 해.	Sí. Tengo que tomar el avión. 씨 뗑고 께 또마르 엘 아비온
아니. 한가해.	No. Estoy libre. 노 에스또이 리브레

1회 2회 3회

39. 서둘러라 Date prisa.
다떼 쁘리사

서둘러라	Date prisa.
	다떼 쁘리사

서둘지 마라.	No te des prisa.
	노 떼 데스 쁘리사

선생님, 서두르십시오	Dése prisa, señor.
	데세 쁘리사 세뇨르

아가씨, 서둘지 마세요.	No se dé prisa, señorita.
	노 세 데 쁘리사 세뇨리따

우리 서둘자.	Démonos prisa.
	데모노스 쁘리사

우리 서둘지 맙시다.	No nos demos prisa.
	노 노스 데모스 쁘리사

서둘러라, 그렇지 않으면 열차를 놓친다.
Date prisa o perderás el tren.
다떼 쁘리사 오 뻬르데라스 엘 뜨렌

40. 잘 다녀오십시오. ¡Buena suerte!
부에나 수에르떼

잘 다녀오십시오.	¡Buena suerte! 부에나 수에르떼
	¡Tenga buena suerte! 뗑가 부에나 수에르떼
	¡Que tenga buena suerte! 께 뗑가 부에나 수에르떼
잘 다녀오너라.	¡Que tengas buena suerte! 께 뗑가스 부에나 수에르떼

좋은 여행이 되고 행운이 깃들기를!
¡Buen viaje y buena suerte!
부엔 비아헤 이 부에나 수에르떼

행운이 깃들기를 바랍니다.
Deseo que tenga buena suerte.
데세오 께 뗑가 부에나 수에르떼

네가 잘 다녀오길 바란다.
Quiero que tengas buena suerte.
끼에로 께 뗑가스 부에나 수에르떼

41. 정말 안됐군요. ¡Cuánto lo siento!
꾸안또 로 씨엔또

안됐습니다.	Lo siento.
	로 씨엔또

매우 안됐습니다.	Lo siento mucho.
	로 씨엔또 무초

정말 안됐군요.	¡Cuánto lo siento!
	꾸안또 로 씨엔또

네가 감기 걸렸다니 안됐구나.
Siento que estés resfriado.
씨엔또 께 에스떼스 뢔스프리아도

네가 몸이 불편하다니 안됐구나.
Siento que estés enfermo.
씨엔또 께 에스떼스 엠페르모

네가 못 온다니 유감이다.	Siento que no vengas.
	씨엔또 께 노 벵가스

네가 떠난다니 섭섭하구나.	Siento que te marches.
	씨엔또 께 떼 마르체스

42. 여기 있습니다. Aquí tiene.
아끼 띠에네

여기 있습니다.	Aquí tiene. 아끼 띠에네
(하나가) 여기 있습니다.	Aquí está. 아끼 에스따
(두 개 이상이) 여기 있습니다.	Aquí están. 아끼 에스딴
여기 있습니다, 선생님.	Tenga usted, señor. 뗑가 우스뗃 세뇨르
메뉴 여기 있습니다.	Aquí está el menú. 아끼 에스따 엘 메누
제 여권 여기 있습니다.	Aquí está mi pasaporte. 아끼 에스따 미 빠사뽀르떼
여러분, 여기 있습니다.	Aquí tienen, señores. 아끼 띠에넨 세뇨레스

43. 어서 드십시오. Sírvase, por favor.
씨르바세 뽀르 파보르

어서 드십시오.	Sírvase, por favor. 씨르바세 뽀르 파보르
부인, 어서 드십시오.	Sírvase, señora. 씨르바세 세뇨라
어서 들어라.	Sírvete, por favor. 씨르베떼 뽀르 파보르
(당신들) 어서 드십시오.	Sírvanse, por favor. 씨르반세 뽀르 파보르
너희들 어서 들어라.	Servíos, por favor. 세르비오스 뽀르 파보르
여러분, 어서 드십시오.	Sírvanse, señores. 씨르반세 세뇨레스
우리 듭시다.	Sirvámonos. 씨르바모노스

44. 많이 드십시오. ¡Que aproveche!
께 아쁘로베체

많이 드십시오.	¡Buen provecho!
	부엔 쁘로베초
많이 드십시오.	¡Buen apetito!
	부엔 아뻬띠또
루이사, 많이 들어라.	¡Que aproveches, Luisa!
	께 아쁘로베체스 루이사
부인, 많이 드십시오.	¡Buen provecho, señora!
	부엔 쁘로베초 세뇨라
선생님, 많이 드십시오.	¡Buen apetito, señor!
	부엔 아뻬띠또 세뇨르
여러분, 많이 드십시오.	¡Que aprovechen, señores!
	께 아쁘로베첸 세뇨레스
너희들 많이 들어라.	¡Que aprovechéis!
	께 아쁘로베체이스

45. 잘 먹었습니다. Estoy satisfecho.
에스또이 사띠스페초

(여자가) 잘 먹었습니다.	Estoy satisfecha. 에스또이 사띠스페차
잘 드셨습니까?	¿Está usted satisfecho? 에스따 우스뗄 사띠스페초
예, 잘 먹었습니다.	Sí, estoy satisfecho. 씨 에스또이 사띠스페초
루이사, 너 잘 먹었니?	¿Estás satisfecha, Luisa? 에스따스 사띠스페차 루이사
예, 아주 잘 먹었어요.	Sí, estoy muy satisfecha. 씨 에스또이 무이 사띠스페차
아주머니, 잘 드셨습니까?	¿Está satisfecha, señora? 에스따 사띠스페차 세뇨라
예, 잘 먹었습니다.	Sí, estoy satisfecha. 씨 에스또이 사띠스페차

46. 많이 먹었습니다. Estoy lleno.
에스또이 예노

(여자가) 많이 먹었습니다.	Estoy llena. 에스또이 예나
아주 많이 먹었습니다.	Estoy muy lleno. 에스또이 무이 예노
정말 많이 먹었습니다.	Estoy harto. 에스또이 아르또
선생님, 많이 드셨습니까?	¿Está lleno, señor? 에스따 예노 세뇨르
예, 많이 먹었습니다.	Sí, estoy lleno. 씨 에스또이 예노
부인, 많이 드셨습니까?	¿Está llena, señora? 에스따 예나 세뇨라
아가씨, 많이 드셨습니까?	¿Está llena, señorita? 에스따 예나 세뇨리따

47. 몇 시입니까? ¿Qué hora es?
께 오라 에스

1시입니다.	Es la una. 에스 라 우나
2시 15분입니다.	Son las dos y cuarto. 손 라스 도스 이 꾸아르또
오전 9시입니다.	Son las nueve de la mañana. 손 라스 누에베 델 라 마냐나
정각 12시입니다.	Son las doce en punto. 손 라스 도쎄 엔 뿐또
오후 3시입니다.	Son las tres de la tarde. 손 라스 뜨레스 델 라 따르데
밤 10시 30분입니다.	Son las diez y media de la noche. 손 라스 디에스 이 메디아 델 라 노체
12시 10분전입니다.	Son las doce menos diez. 손 라스 도쎄 메노스 디에스

48. 열차는 몇 시에 출발합니까?
¿A qué hora sale el tren?
아 께 오라 살레 엘 뜨렌

열차는 몇 시에 출발합니까? ¿A qué hora sale el tren?
아 께 오라 살레 엘 뜨렌

정각 9시에 출발합니다. Sale a las nueve en punto.
살레 알 라스 누에베 엠 뿐또

서울행 열차는 몇 시에 출발합니까?
¿A qué hora sale el tren para Seúl?
아 께 오라 살레 엘 뜨렌 빠라 세울

오전 11시에 출발합니다.
Sale a las once de la mañana.
살레 알 라스 온쎄 델 라 마냐나

14시 20분에 출발합니다. Sale a las catorce y veinte.
살레 알 라스 까또르쎄 이 베인떼

마드리드행 열차는 몇 시에 출발합니까?
¿A qué hora sale el tren de Madrid?
아 께 오라 살레 엘 뜨렌 데 마드릳

새벽 네 시에 출발합니다.
Sale a las cuatro de la mañana.
살레 알 라스 꾸아뜨로 델 라 마냐나

49. 비행기는 몇 시에 도착합니까?
¿A qué hora llega el avión?
아 께 오라 예가 엘 아비온

비행기는 몇 시에 도착합니까?
¿A qué hora llega el avión?
아 께 오라 예가 엘 아비온

12시에 도착합니다.　　　　Llega a las doce.
예가 알 라스 도쎄

14시 10분에 도착합니다.　Llega a las catorce y diez.
예가 알 라스 까또르쎄 이 디에스

20시 25분에 도착합니다.
Llega a las veinte y veinticinco.
예가 알 라스 베인떼 이 베인띠씽꼬

한국 인천에 몇 시에 도착합니까?
¿A qué hora llega a Incheon, Corea?
아 께 오라 예가 아 인천 꼬레아

아침 6시에 도착합니다.　　A las seis de la mañana.
알 라스 세이스 델 라 마냐나

15시 15분에 도착합니다.　A las quince y cuarto.
알 라스 낀쎄 이 꾸아르또

50. 식사시간입니다. Es hora de comer.
에스 오라 데 꼬메르

점심 먹을 시간이다.	Es hora de almorzar. 에스 오라 데 알모르사르
저녁 식사시간이다.	Es hora de cenar. 에스 오라 데 쎄나르
일할 시간이다.	Es hora de trabajar. 에스 오라 데 뜨라바하르
휴식 시간이다.	Es hora de descansar. 에스 오라 데 데스깐사르
가게를 열 시간이다.	Es hora de abrir la tienda. 에스 오라 데 아브리르 라 띠엔다
가게를 닫을 시간이다.	Es hora de cerrar la tienda. 에스 오라 데 쎄르라르 라 띠엔다
우리 잠자리에 들 시간이다.	Es hora de acostarnos. 에스 오라 데 아꼬스따르노스

51. 식사합시다. Vamos a comer.
바모스 아 꼬메르

아침밥을 먹읍시다.	Vamos a desayunar. 바모스 아 데사유나르
점심을 먹읍시다.	Vamos a almorzar. 바모스 아 알모르사르
저녁밥을 먹읍시다.	Vamos a cenar. 바모스 아 쎄나르
커피 한 잔 합시다.	Vamos a tomar un café. 바모스 아 또마르 운 까페
마십시다.	Vamos a beber. 바모스 아 베베르
한 잔 합시다.	Vamos a tomar una copa. 바모스 아 또마르 우나 꼬빠

밀크 커피를 마십시다.
Vamos a tomar café con leche.
바모스 아 또마르 까페 꼰 레체

52. 제 아내를 소개하겠습니다.
Le presento a mi mujer.
레 쁘레센또 아 미 무헤르

너에게 내 가족을 소개하겠다.
Voy a presentarte a mi familia.
보이 아 쁘레센따르떼 아 미 파밀리아

여러분에게 제 남편을 소개합니다.
Les presento a mi marido.
레스 쁘레센또 아 미 마리도.

제 자신을 소개합니다.
Permítame presentarme a mí mismo.
뻬르미따메 쁘레센따르메 아 미 미스모

처음 뵙겠습니다. **Mucho gusto.**
무초 구스또

김 민수입니다. **Me llamo Kim Minsu.**
메 야모 김 민수

저야말로 처음 뵙겠습니다. **El gusto es mío.**
엘 구스또 에스 미오

저는 한국에서 왔습니다. **Soy de Corea.**
소이 데 꼬레아

53. 오늘은 무슨 요일입니까? ¿Qué día es hoy?
께 디아 에스 오이

일요일입니다.	Es domingo. 에스 도밍고
월요일입니다.	Es lunes. 에스 루네스
화요일입니다.	Es martes. 에스 마르떼스
수요일입니다.	Es miércoles. 에스 미에르꼴레스
목요일입니다.	Es jueves. 에스 후에베스
금요일입니다.	Es viernes. 에스 비에르네스
토요일입니다.	Es sábado. 에스 사바도

54. 오늘은 며칠입니까? ¿Qué día del mes es hoy?
께 디아 델 메스 에스 오이

오늘은 며칠입니까?	¿Qué día del mes es hoy? 께 디아 델 메스 에스 오이
1월 1일입니다.	Es el 1 (primero) de enero. 에스 엘 쁘리메로 데 에네로
2월 2일입니다.	Es el 2 (dos) de febrero. 에스 엘 도스 데 페브레로
7월 30일입니다.	Es el 30 (treinta) de julio. 에스 엘 트레인따 데 훌리오
5월 11일입니다.	Es el 11 (once) de mayo. 에스 엘 온쎄 데 마요
10월 10일입니다.	Es el 10 (diez) de octubre. 에스 엘 디에스 데 옥뚜브레
12월 말일입니다.	Es el último día de diciembre. 에스 엘 울띠모 디아 데 디씨엠브레

55. 한 잔 하시겠습니까? ¿Quiere tomar una copa?
끼에레 또마르 우나 꼬빠

잘 있었어, 후안. 어떻게 지내나?
Buenos días, Juan. ¿Cómo estás?
부에노스 디아스 환 꼬모 에스따스

덕택에 잘 있어. 한 잔 할래?　　Bien, gracias.
비엔 그라씨아스

¿Quieres tomar una copa?
끼에레스 또마르 우나 꼬빠

좋아. 어디로 갈까?　　Bueno. ¿Dónde vamos?
부에노 돈데 바모스

길모퉁이에 있는 카페에 가자. Al café en la esquina.
알 까페 엔 라 에스끼나

아, 그래. 우리 무얼 마실까?
¡Ah! Sí. ¿Qué vamos a tomar?
아 씨 께 바모스 아 또마르

적포도주 한 잔 마시자. Vamos a tomar una copa.
바모스 아 또마르 우나 꼬빠

de vino tinto.
데 비노 띤또

ESPAÑOL-COREANO
COREANO-ESPAÑOL

서한 한서 입문소사전

2010년 12월 1일 초판 1쇄 인쇄
2010년 12월 5일 초판 1쇄 발행
編著者 김 충 식
發行人 서 덕 일
發行處 도서출판 문예림
등록 1962년 7월 12일 제 2-110호
주소 서울 광진구 군자동 1-13호
　　　문예하우스 101호
전화 　(02) 499-1281~2
팩스 　(02) 499-1283
http://www.bookmoon.co.kr
Email:book1281@hanmail.net

ISBN 978-89-7482-590-4(11790)

정가 15,000원

* 잘못된 책은 구입하신 서점에서 교환해 드립니다.